KB253902

내가 만나 본 하나님

내가 만나 본 하나님

초판 1쇄 인쇄 2012년 9월 10일
초판 1쇄 발행 2012년 9월 15일

지은이 이의석
발행인 이명수
발행처 도서출판 세줄(등록번호 2-4000)
　　　　서울시 중구 인현동 1가 115-1
　　　　☎ 02)2265-3748~9

값 10,000 원
ISBN 978-89-92211-69-7   03230

내가 만나 본 하나님

– 하나님의 손에 붙잡힌 70여년의 인생 여정 –

이의석 목사 지음

도서출판 세줄

　　자서전을 어떻게 쓰는 것인지 알기 위해 기독교 서적이 가장 많이 있는 종로5가의 기독교서회에 들렀다. 아쉽게도 목사님들이 쓰신 자서전은 찾기 어려웠다.

　그러므로 내가 쓴 것이 자서전답게 잘 썼는지 엉터리인지도 잘 모를 일이다. 다만 나는 태어나서 지금까지 하나님께서 허락하신 인생길을 걸어오면서 기억나는 인생 행로를 가감없이 일기처럼 정직하게 적어 나가기로 하였다.

　내 평생 지나온 일을 더듬어 적다 보니 새삼 어머니 뱃 속에서 맨 주먹만 쥐고 나온 연약한 인생의 길을 섭리하시고 인도하시며 지켜주신 우리 하나님의 은혜에 감격하지 않을 수 없다.

　가난했지만 부모님의 따뜻한 사랑과 형제들의 우애로 충만했던 어린 시절, 배움에의 열정을 쏟아 부었던 학창 시절, 하나님의 은혜로 몇 만 배의 성장을 이루었던 사업 시절, 또 주의 종으로 부름 받아 신학 공부에 매진하고 주께서 사랑하시는 양떼들을 돌보던 목회 시절, 낙향하여 고향에서 전도의 씨앗을 뿌리는 지금까지 모든 것이 감사하다. 지나보면 모든 것이 하나님의 은혜였고 역사였음을 고백하게 된다.

나는 내가 만난 하나님에 대해 쓴 이 작은 책을 통하여 믿지 않는 많은 영혼들이 주님께로 돌아오는 역사가 있기를 간절히 기도한다. 또한 이미 신앙생활하고 있는 성도님들은 현재 내 신앙정도면 성령충만한 생활인가? 아니면 언제나 육적이며 세상 일을 앞세우는 이름만의 신자인가 돌아볼 수 있기를 바란다. 소아시아 7교회처럼 교인도 하나없고 교회 기둥 뿌리만 남아 있는 처참한 교회! 개인적으로 주님 앞에 서는 날, 너는 나를 잘 아는지 모르나 나는 너를 전혀 모르겠다고 하는 너무 엉뚱한 일이 벌어지지 않기를 바라면서….

이 책을 읽는 많은 사람들이 내 생을 통하여 만나 주신 하나님, 그분의 한없는 사랑과 다함없는 은혜를 체험할 수 있기를 바란다. 또한 믿음 가운데 있는 형제 자매들은 이 책을 읽으면서 우리를 눈동자 같이 지키시며 머리카락 하나까지 세신 바 되신 우리 하나님의 은혜를 함께 나눌 수 있기를 바란다.

하나님을 믿는 사람들, 저 천성을 향해 달려가는 사람들은 육체가 노쇠해져도 결코 늙는 것이 아니다. 오랜 세월 동안 하나님의 은혜를 체험한 사람들은 세월이 지나면서 쌓이는 하나님의 은혜가 더욱 충만함을 경험하게 된다.

또한 그 세월 속에서 하나님의 사랑에 대해 증언할 것이 더욱 풍성해지니, 우리는 나이 듦이 괴로운 것이 아니라 오히려 감사하고 기뻐해야 할 일이 되는 것이다.

지난 세월 돌아보니 나는 어렸을 때나 지금이나 하나님 앞에 서는 어린 아이처럼 하나님의 보호하심 가운데 살았음을 감사하게 된다. 바로 그 하나님께서 우리를 그 나라에 부르실 때까지 돌보아 주실 것이다.

하나님을 경외하는 자, 하나님을 의지하고 끝까지 믿음을 지키는 자에게 주시는 하나님의 은혜를 기억하면서 다음 성경 구절로 나의 부족한 글을 시작할까 한다.

"야곱의 집이여,
이스라엘 집에 남은 모든 자여 내게 들을지어다.
배에서 태어남으로부터 내게 안겼고,
태에서 남으로부터 내게 업힌 너희여,
너희가 노년에 이르기까지 내가 그리하겠고,
백발이 되기까지 내가 너희를 품을 것이라.
내가 지었은즉 내가 업을 것이요,
내가 품고 구하여 내리라."
이사야 46:3~4

(큰 딸이 보내 준 구절에서)

2012년 여름에

이 의 석

차례

차례

내리막길은
천천히 운행합시다
여수시장 여수경찰서장

내가 만나 본 하나님

– 하나님의 손에 붙잡힌 70여년의 인생 여정 –

나의 고향 마을

내가 출생한 고향 마을은 충북 괴산군 감물면 광전리 하미전 204번지이다. 평온하고 산수가 수려한 시골 마을이었다. 마을 앞에는 박달산이 병풍처럼 둘러 있어서 풍경이 아름다웠다. 박달산에는 활엽수나무가 울창하고 정상에는 얼음내기가 있다.

얼음내기에는 한여름에도 두꺼운 얼음이 있어서 곡괭이나 호미로 얼음을 캐어 소쿠리에 담아 와서 먹은 기억이 있다. 햇볕 쨍쨍한 한여름에 시원한 얼음은 별미 중의 별미였다.

생각해보자. 섭씨 30여도의 뙤약볕 아래 그것도 해발 825m 산 정상에 맑은 물이 얼마나 많이 나면 얼음을 캘 정도가 되겠으며 또 얼마나 추우면 그 많은 물이 한 여름에 얼겠는가?

높은 산 위에 많은 물이 나는 것도 희귀한 일이지만 한여름에 최소한 영하 5℃ 이하가 되지 않고 많은 물이 어떻게 얼겠

는가? 그래서 내 고향 박달산은 명산 중에 명산이라고 생각
한다.

초등학교 6학년 때로 기억되는데 얼음내기까지는 가지 못
했지만 산 정상에는 가보았다.

거기에는 여름에도 찬 바람이 불어왔다. 찬 바람 때문인지
수년 간 묵은 낙엽이 쌓여 있어서 걸을 때마다 발이 푹푹 빠져
서 발걸음을 옮기기 어려웠던 것을 기억한다.

55년이 지난 오늘날은 얼마나 울창할까? 요 근래는 박달산
에는 너무 나무가 울창해서 산에 들어가 본 사람이 별로 없을
것 같다.

유아 시절의 기억

나의 큰형님이 9살 위이신데 초등학교 5학년이었으니 나는
4살 정도 되었을 것이다. 형님이 학교 학비 문제였는지 어떤
문제로 기분이 나빠서 학교 안 가려고 어머니와 다투던 기억
이 이 땅에 태어난 뒤의 처음 기억되는 4~5살 때의 일이다.

어머니는 학교로 빨리 가라 하고 형님은 울며 안 간다 하고
서로 실랑이를 하던 일이 유아시절의 큰 사건으로 유일하게
생각이 난다.

내가 만난 한국전쟁

내 나이 8살. 초등학교 입학한 지 몇 개월 만에 한국전쟁이 발발하였다. 아버님은 보급대에 가시고 어머님 혼자서 당시 5남매들을 데리고 피난 갔다. 지금 생각하니 같은 괴산군 칠성면에 소재한 지금의 괴산 수력발전소 밑에 있는 마을로 갔다. 우리가 거처한 집은 앞마당에 털지 않은 보리와 밀이 쌓여 있고 그 집 사람들은 다른 데로 피난 가고 없었다.

바로 앞에는 강물이 있어서 소라를 잡기도 했다. 어린 나는 전쟁이 무엇인지 잘 몰라서 그저 지금의 여름수련회 정도로 생각했었다. **오늘날 내가 자녀를 거느리고 타지방으로 피난 간다면 우선먹이고 재우는 일 때문에 얼마나 노심초사 했을까 하는 생각을 하니 부모님의 은혜가 새삼 감사하다.**

그래서 나는 지금도 새벽에 빼놓지 않고 다시는 이 땅에서 동족끼리 피 흘리는 전쟁이 없도록 막아주시고 지진과 화산 폭발 같은 천재지변을 막아달라고 기도한다.

겨울 피난은 어디로 갔는지는 잘 모르지만 눈이 엄청나게 많이 내려서 발이 푹푹 빠질 정도였는데 밤에 잠잔 곳이 방 하나에 25명 정도 자야할 정도로 좁았다.

피난민이 너무 많아서 **눕지 못하고 앉아서 밤을 새워야 했고 식사는 멀건 쌀죽에 반찬은 깨소금 한가지인데** 우리 어머니는 그것도 잡수시지 못했다. 다섯 자녀의 죽 한 그릇씩 얻어 먹이자니 자신 것까지는 염치가 없었으리라…….

얼마나 안타깝고 눈물 나는 이야기인가? 칼바람이 쌩쌩 부는 밖에서 순경이 칼빈총을 거꾸로 메고 총구에 솜을 끼우고 왔다 갔다 하면서 보초를 서느라 고생을 했다. 아직 어렸던 나는 당연한 일을 한다고 생각했다.

두 주 만에 우리는 집으로 돌아가게 되었다. 형님은 크다고 쌀로 만든 백설기 떡과 아기를 지게에 지고 다섯째 동생은 어머니가 업었다. 나부터는 크다고 걸어가라고 해서 내가 화가 나서 집으로 돌아가는 반대 길로 뛰어가니 어머니가 울며 그리로 가면 안 된다고 따라오며 뛰기를 시작하셨다. 어머니가 엎어지며 일어나시며 뛰어오는데 사방에서 쉴 새 없이 대포 소리가 진동하고 있었다.

지금 생각하면 그때 내가 참 철이 없었다는 후회가 밀려온다. 도망가는 아들을 잡으려고 눈이 많이 오던 시절, 눈밭에 넘어지시면서 까지 좇아오신 어머니의 심정은 어떠했겠는가? 조금만 인내할 걸 그랬다고 몹시 후회가 된다.

집에 돌아와 보니 피난민이 울타리를 전부 뽑아서 때버렸고 울타리 있는 자리뿐 아니라 앞마당 뒷마당 심지어 장독대까지 화장실이 되어 있었다.

이채규 씨 집을 내려다보니 총을 멘 인민군이 보였는데 모자도 상의, 하의도 청색도 노란 색도 아닌 중간 색 군복기지인데 선명하게 빨간 줄이 있는 군복을 입고 있었던 것을 기억한다.

얼마 후, 동리 같은 또래 아이들이 다섯 명 정도 이웃 홍영표 집에 모여 있는데 뒷동산에는 경찰이 건넛마을인 광지실로 가는 냇가에서 인민군과 총격전이 벌어졌다.

총성이 문풍지를 울리는데 우리는 누구가 먼저라 할 것 없이 이불속으로 들어갔고 강아지는 아궁이로 들어가면서 죽는 소리로 깨갱거리던 기억이 난다. 지금 생각하면 총소리 날 때 어떻게 너나할 것 없이 이불 속으로 재빨리 들어갔는가?

그것은 **어린 우리도 총알이 솜은 뚫지 못한다 하는 소리는 들은 풍월로 알고 있었기 때문이다.**

많은 사람들이 죽어갔고 떨었던 전쟁의 기억은 참으로 무서웠다. 우리 가족 중에 북으로 끌려가거나 죽은 사람은 없지만, 전쟁의 기억은 무서움으로 남아 있다. 대포 소리와, 굶주림, 공포 등은 오랫동안 내 기억 속에 남아 있다.

또 뒷집 마당에 방공호를 팠는데 마치 겨울에 무우광처럼 땅을 파고 위에 나무를 서까래처럼 걸치고 솔가지를 위에 덮고 마지막에 흙을 덮고 사람이 들고 날 수 있는 문을 내었는데 물도 약간 나고 습기가 많아서 이상한 냄새 때문에 장시간 버티기 어려웠다. 그래서 기도하기를,

"이 땅에 다시는 동족간의 전쟁의 소식이 없게 하여 주시고 지진이나 화산 폭발의 재앙이 없게 하시옵소서. 이런 재앙이 없게 하기 위하여 위정자들이 정직하게 정치하게 하시고, 특히 장로님이신 이명박 대통령이 과거보다 더 새벽에 기도 많이 하게 하셔서 성령 충만하여 하나님 주시는 지혜와 명철로 이 나라를 통치하게 하여 주시옵소서!"

이 일뿐 아니라 내 조국, 내 민족에 대한 기도라면 어떤 것이든 교회에서 힘을 합하여 기도해야 하는 사명이 있다고 생각한다.

2011년 7월 첫 주에 2018년 동계올림픽 개최지에 대한 투표

가 있었다. 강원도 평창이 두 번 탈락하고 이번이 세 번째 도전이었다. 동계 올림픽 개최를 놓고 TV에서 시간마다 계속 광고하면서 촉각을 곤두세웠다. 그런데 정작 전국 교회에서는 간절한 기도가 없는 것을 보았다.

이번에 평창이 2018년 동계올림픽 개최지로 선정이 되면 20조원의 경제적 유익도 중요하지만 후보 국가인 선진국 독일과 프랑스를 제치는 영광스러운 일이 되는 것이다.

이는 국가적으로 얼마나 중대한 기도의 제목인가? 지금은 얼마나 많은 국가들이 문제를 가지고 있는가? 이웃 중국이 경제가 발전되는가 싶더니 얼마 전에는 중국항공모함에 핵까지 탑재하겠다 하고 그뿐인가 며칠 후에는 사람을 태운 인공위성을 달에 보내되 그중에 여성도 동행하게 되어 인공위성 내에 여성전용 화장실까지 제작한다고 하는데…. 중국에서는 지금도 시골 곳곳에 시멘트로 벽만 가리고 지붕도 없는 화장실이 많은데, 언제 갑자기 이런 준비를 했는지…. 이웃 일본에서도 자기들의 항공모함에도 핵을 탑재하겠다고 했다.

호시탐탐 남침의 기회를 노리고 있는 북한도 핵을 소유하고 있다면 **우리가 믿고 의지할 분은 전능자인 하나님밖에 없다.**

이런 상황에서 **기도 응답의 열쇠를 쥐고 있는 성도까지 다른 것은 열심히 기도하면서 나라와 민족을 위해서는 별 관심이 없는 것 같아 씁쓸해지는 것이 사실이다.**

이후로도 모든 교회는 내 교회와 가정, 자녀, 사업 등 자신에게 당면한 문제만 기도하지 말고 조국을 위한 기도에 심혈을 기울여야 한다고 생각한다. 조국은 하나님께서 생을 마칠 때까지 우리의 안식처로 허락하신 소중한 땅이요, 어머니이기 때문이다.

8살에 감물초등학교에 입학했다. 하지만 한국 전쟁 때문에 이듬 해 9살 때 재입학하였다. 당시 학교 정문에서 왼쪽 끝 큰 포플라 나무 옆이 포격으로 자동차 20대 정도를 합쳐논 것만 한 크기의 웅덩이가 생겨서 학생들이 청소한 뒤 나오는 오물을 거기에 버리던 것이 생각난다.

초등학교 시절

당시 내 딴에는 공부를 잘한다고 생각했지만 지금 생각해보니 60여명 한반에서 6등 안에 들기도 힘들 정도였던 것으로 기억한다. 우등상은 타본 기억이 없고 분단장은 여러 번 한 기억이 있다. 제일 창피스럽게 생각되는 것은 옷차림이다.

당시는 어른 아이 할 것 없이 모두 한복을 입을 때였다. 겨울철이면 **다른 아이들은 저고리 위에 조끼를 입어서 더러워지면 조끼만 빨면 되었다. 하지만 나는 바지 저고리도 기운 곳이 많은 데다 그것보다 심각한 것은 조끼가 없으니 저고리에 음식물이 떨어지면 말라붙어서 반질반질 할 정도였다.**

그래도 선생님이나 동료, 선배들이 그것에 대해 뭐라고 한번도 말하지 않은 것이 지금 생각하니 너무너무 부끄럽기도 하고 참 고맙기도 하다. 얼마나 가난했으면 연필이 없어서 토막 난 것을 다른데 끼워서 쓴 기억이 많고 집은 흙집이어서 도배는 흙을 물에 타서 짚을 나무에 묶어서 흙물에 담가서 흙물을 바람벽에 칠하는 것이었다.

2년에 한 번 정도 한 것으로 아는데 이것을 '맷질'이라고 했다. 벽이 흙이므로 종이에 중요한 것을 써서 벽에 붙이면 흙을 안고 일어나서 떨어지게 된다. 방바닥은 당시 왕골로 짠 자리를 깔았는데 너무 오래 사용해서 색깔도 새까맣고, 가시처럼 일어나서 간혹 살에 박히기도 하였다.

우리 부모님은 부지런하시고 깨끗하신 분들이셨지만, 우리가 사는 환경은 너무 초라해서 나는 나중에 방에 푸대 종이와 콩데미를 바르고 장판을 손수 했다. 하지만 이것도 지금같이 시멘트에 바른 것이 아니라 흙 위에 장판을 바른 것이라 잠자고 마르고 나면 전부 들고 일어났던 것이 생각난다. 그 때 내 어린 마음에는 잘한다고 한 것이나 부모님이나 가족, 그리고 나 자신도 실망시키는 일이 되었다고 생각한다.

삶의 환경이 얼마나 열악한지 공동우물을 사용했는데 우리 집은 언덕에 있고 우물은 아래에 있되 약 100m 정도 떨어져 있었다. 우물 기르는 방법은 물지게로 져오기도 하고 동이로 이고 오는데 더운 날 학교에서 돌아오면 덮어 논 물동이에 입을 대고 벌떡벌떡 먹어 본 기억이 난다.

나는 어렸을 때 이를 제대로 닦아 본 적이 없다. 이와 이 사이가 뜬 것도 있었고 특히 초등학교 5학년 때까지 칫솔 자체가 없었고 부모님도 농사일에 바쁘셔서 새벽에 들에 나가셨다가 별을 보고 들어오시는 생활을 하다 보니 무슨 마음에 여유가 있어서 8명이나 되는 자녀에게 이는 닦았느냐고 물어보며 확인 할 수가 있었겠는가? 여느 부모 못지않게 자애롭고 자식을 아끼시는 부모님이었지만 환경이 여의치 않았던 것을 잘 알고 이해할 수 있다.

그리고 이의 건강은 식수에도 관계있다는데 우리는 공동우물을 사용하되 우물이 직선거리로 해도 100m는 족히 되는 거리인 데다 심한 비탈이 졌었다. 오고 가는 길 넓이가 사람 하나 간신히 지나갈 정도의 넓이라서 나도 물지게를 져 보았지만 눈 오고 비 온 뒤의 얼어붙은 얼음길에는 언 땅이라도 파헤치고 흙을 뿌리지 않으면 여간 위험한 길이 아니었다.

우리 형수님이나 어머님은 물지게로 물을 기르기 이전에는 물동이를 머리에 이고 물을 길어왔으니 물의 양도 얼마 되지 않았다. 물지게는 넘어져도 덜 위험하지만 물동이는 머리에 이고 양손으로 물동이에 달린 고리를 잡아야 하니 얼마나 위험천만한 일인가? 어쨌든 공동우물은 과학적으로 검증되지 않은 우물이라 치아 건강에 좋은지 나쁜지도 모를 일인데 70여년을 사용했으나 이 하나 뺀 것 외에 별 탈이 없다는 것은 또한 하나님의 은혜가 아니겠는가?

기왕 우물이야기가 나왔으니 말인데 이 우물은 반석(돌틈)에서 나오는 물이라 여러 가지 특징이 있다.

첫째, 장마가 오면 객수가 들어가지 않는 이상 물이 불어나지 아니하고 가물어도 크게 줄지 않으며

둘째, 여름에는 얼음장 같이 차갑고 겨울에는 따뜻하되 우물 밖에 콘크리트 깨진 틈 사이로 직접 나오는 물은 김도 무럭무

럭 나지만 장작불에 일부러 데운 것처럼 따뜻하다.

과학적인 이유가 있었겠지만 과학적인 것은 본인이 잘 모르나 이 내용은 '반석 같은 성도의 믿음'을 잘 상징한다고 생각된다. 마치 성도도 **이 세상 살 때 늘 즐거운 일만 있는 것이 아니라 궂은 날도 있고 밝은 날도 있듯이 즐거운 일도 있고 또 곤고한 날도 있으나 성령 충만하면 데살로니가전서 5장 16절 말씀처럼 '항상 기뻐하고' 18절 말씀처럼 '범사에 감사할 수 있는 능력'이 오게 되는 것이 아니겠는가?**

우물물의 이야기가 나온 김에 빼놓지 않고 하고 싶은 말은 시골 마을 앞 개천의 말을 하고 싶다.

물론 당시는 돌다리(징검다리)였는데 얼기미(체의 일종) 가지고 새우 잡으러 가면 그 징검다리(큰 돌) 밑에는 미꾸리가 많아서 자세히 들여다보고 어떻게 하면 그 큰 돌 밑의 미꾸리를 잡을까 고심하던 추억이 있다.

고향 개천의 이야기로 돌아가면 여름에 홍수가 나면 학교를 갈 수 없게 되되 그래도 공부 열심히 한다는 말을 듣던 나도 은근히 비가 와서 개천을 건널 수 없기를 바란 것 같다. 등교시까지 만일 개천을 못 건너는 것이 확실하면 학교에 전화를 했다.

당시 이장님 댁에만 군용 전화기처럼 옆에 꼭지를 쥐고 돌려서 교환해 주는 전화기가 한 대 있었다. 면소재지에 있는 교환 아가씨가 나오면 학교를 바꿔달라고 해서 광전리 하미전에 있는 학생들이 홍수 때문에 돌다리가 넘쳐서 홍수 때문에 위험해서 갈 수 없다고 전달했다. 6학년 때는 동리마다 부락 반장이 있었는데 이런 통지는 6학년 중 부락 반장의 의무이기도 했다.

문제는 겨울철에 부녀자들의 빨래 문제이다. 지금처럼 세탁기도 없고 또 먹는 샘물가에서는 빨래를 못하도록 되어서 가정마다 빨래 다라를 머리에 이고 냇물에 가서 심지어는 얼음을 깨고 손을 호호 불며 빨래를 했다. **지금처럼 고무장갑도 없어서 충혈된 손을 불어보기도 하며 품에 넣어 녹이며 빨래를 하여 자녀를 기르고 가족을 돌보았다.** 오늘날 문명을 누리며 사는 이 시대에는 좋은 환경을 주신 전능자에게 감사해야 할 것이다.

그 뿐 아니라 지금처럼 지은 옷을 사서 입는 것이 아니라 **직접 목화를 기르고 그것으로 실을 만들고 베틀에서 광목을 짜서 바지 저고리를 직접 지어서 입었다.** 당시 어머니들은 밥하고 **빨래하고 농사짓고 자녀만 돌보는 것이 아니라 옷까지 만드는 옷 공장까지 해야 했다.**

지금처럼 TV도 없고 라디오도 없어서 밤이면 이장님 댁에 있는 라디오를 듣기 위해 동네 사람들이 모두 이장님 댁에 모여 함께 듣던 일이 어젯일처럼 생생하다.

남자들의 생활도 쉽지 않기는 마찬가지였다. 남자들은 겨울에 방안에서 따뜻하게 지냈느냐? 아니다. 집집마다 남자들은 아침식사 후 나무 한 짐하고 대개 식은 밥 볶아 먹고 오후에도 나무를 하러 갔다. 형님을 보면 떨어진 양말을 기워서 누덕누덕하고 땀으로 다 젖은 것을 다시 신고 저녁 나무를 해 가지고 해 질 무렵에야 집에 돌아왔다.

지금도 잊지 않는 것은 나무를 하던 기억이다. 나는 하루에 두 번은 안 해보았지만 2km가 넘는 큰 산에 다녀 오려면 여간 힘들고 어려운 일이 아니다. 거리가 멀어서 가까운 야산에 가려면 산 주인의 경계가 심하기에 여간 가슴이 두근거리는 일이 아니다.

나무를 할 때는 나무의 종류에 따라 크게 3가지로 나뉘었다. 갈대와 같이 수풀이 자라서 가을에 마른 나무, 대개는 나뭇잎을 긁어서 소나무가지를 밑에 바치고 칡을 잘라서 묶는 갈퀴나무와 잔나무가지를 자르는 가지나무, 나무를 베고 남은 나무 뿌리를 도끼로 뿌리까지 캐는 고주박 나무로 나뉘었다.

나는 여러 가지 나무를 다해 보았다. 제일 힘들고 어려운 것은 응달에서 겨울에 나무 하러 갔다가 너무너무 손이 시려워서 낫을 놓고 맨손이라 입으로 호호 불어도 빠지듯 시리고 발도 얼어오기 시작하던 기억이다. 나는 어쩌다 하는 나무도 이렇게 힘든데 형님은 매일 두 번씩 하셨으니 얼마나 힘들고 어려웠을까 생각하니 지금도 죄송한 생각이 든다.

한번은 형님이 박달산에서 짐승을 잡으려고 만들어 놓은 쇠로 만든 덫에 치여서 살려달라고 소리소리를 질렀다. 마침 지나가던 상인이 듣고 구해주어서 살아 돌아오기도 했다. 짐승 잡는 덫을 놓고 짐승을 속이기 위해 마른 풀이나 나무로 덮어 놓으니 모르는 사람은 다치게 되어 있는 것이 아닌가?

한국 전쟁이 끝난 직후에는 겨울에는 점심을 못 먹는 날이 많았다. 온 식구가 하루하루 끼니를 이어가는 것이 가장 중대한 문제였다. 너나없이 가난한 시절이었으니 새삼 가난에 대한 얘기를 할 필요도 없는 시절이었다. 하지만, 가난과 배고픔에 대한 기억은 아무리 오랜 시간을 지났어도 생생하다.

나보다 3살 적은 남동생이 있었다. 동생은 나보다 키도 크고 건장한데도 어려서부터 잔병치레를 많이 하여 부모님께서 노심초사 걱정하셨다. 그래서 다른 형제들이 밥을 굶을 때도 동생은 몸이 약하다고 점심에 밥을 볶아 먹였다. **동생이 겨울에 밥을 볶아 점심을 먹을 때면 나도 먹고 싶어서 내 시선이 그 숟가락을 따라 다닌 기억이 있다. 숟가락이 입으로 가면 입으로 따라가고, 빈 수저로 내려오면 내려오는 데로 따라다녔다.**

지금 생각해보니 그것을 지켜보시던 **어머니의 가슴은 얼마나 쓰리고 아프셨겠는가** 생각하니 나 같은 불효자도 없는 것 같다. 춘궁기에 얼마나 양식이 모자랐으면 보리가 익는 것을 기다릴 수 없어서 **밭에 가서 먼저 익은 보리 끝 부분만 잘라서 떡보리를 해먹었다.** 떡보리는 풋풋한 냄새가 나면서 맛이 있기는 하나 덜 익은 보리가 재료였기에 초록색이었던 것을 기억한다.

2 어린 날의 추억

우리 가족은 부모님 두 분과 8남매였으니 총 10 명 가족의 생계를 책임지시는 아버님은 생계 자체를 책임지시기에 얼마나 짐이 무거웠을까 생각된다.

당시 논 6마지기(900평)이었고 밭이 1500평되었으므로 조 농사를 많이 짓되 최고 많이 지을 때는 9섬(18가마) 고구마 20가마니를 농사하여 좁쌀로 양식을 늘여먹고 고구마로 밥을 대신하게 되었다.

그런 가정 형편에 나 자신도 중학교 진학을 포기하게 되었고 아버님도 나의 진학을 찬성하지 않은 것은 당연하다.

농촌 환경은 너무 열악하였으니 단 4평도 안 되는 안방에서 형제 8명과 부모님과 10명의 생활은 조금의 여유도 없는 생활이었다.

특히 식구가 많았기 때문에 옷을 여유있게 입을 수가 없었다. **여름에는 속에 런닝셔츠도 없이 풀 먹여 말린 무명 옷도리**

를 입었다.

그러나 풀 먹여 말린 무명이 맨살에 닿을 때 얼마나 따갑던지 지금도 잊을 수가 없다. 겨울이면 다른 아이들은 조끼를 입었는데 나는 조끼가 없어 저고리만 입었다.

그나마도 자주 갈아입지 못해서 음식물이 저고리 앞부분에 떨어져 시커멓게 되고 반질반질하게 되기 일쑤였다. 지금 생각하면 그런 모습으로 어떻게 선생님 앞에 갔으며 친구들 앞에 섰는지 너무너무 창피한 생각이 든다.

지금 생각하면 자녀에 대해 남다른 애착과 사랑을 가지신 어머니께서도 자녀에게 좋은 옷을 입힐 여유가 없었던 것으로 생각된다.

나는 지금 양변기를 사용하는 좋은 시설에 사는 것을 남달리 감사하고 있다. 내가 자랄 당시에는 가족이 10명이 되니 제일 문제 되는 것이 화장실 사용이었다.

특히 아침에는 모든 가족이 화장실을 같은 시간에 사용해야 하는 형편이라 기다리는 것이 문제가 되었다. 아버님께서 아랫집에 양해를 얻어 담 밑에 작은 화장실을 새로 만들었다.

아버님께서는 흙으로 사방 반평 정도의 벽을 만들고 가마니를 짜서 문을 달았다.

땅에는 김치 항아리 큰 것을 묻어서 인분 항아리로 사용했다. 그런데 이게 너무 작은 데다가 10명 가족이 사용하니 얼마 안 되어 오물이 가득 차서 너무 역겨울 정도로 불결했다. **그러나 이 인분 항아리가 가득 차면 치워야 되는데 인분장군**(지게에 지고가는 항아리)**은 대충 60kg 정도 되고 물 때문에 출렁거**

리기 때문에 아무나 지고 갈 수 있는 무게도 아니다.

윗 부분을 짚을 묶어 만든 것으로 막는데 출렁이면 오물이 나올 수 있으며 밭에 뿌리는 일은 더 어렵기 때문에 아무나 치울 수 없었다.

나중에는 행랑채 끝에 콘크리트로 50 장군 이상 들어갈 수 있는 대형 화장실을 만들었다. 그런데 그곳은 거의 물로 채워 놓아서 볼일 보면 오물이 튀어 오르곤 하였다.

지금은 화장실에서 화장지를 사용하나 그 시절에는 짚이나 짚을 벗긴 북데기를 사용하였다.

이런 과거의 생활을 생각하면 현재 좋은 환경에서 자라고 있는 우리의 꿈나무들은 좀 환경이 좀 힘들지라도 잘 인내하며 용기 있게 살라고 말씀 드리고 싶다.

6학년 때 담임이신 정해진 선생님께서 독학으로 중학교 과정을 공부하도록 안내해주셔서 시작하게 되었다. 그 과정조차 그 선생님의 도움 없이는 불가능하였다.

어느 때는 책이 제때에 도착하지 않았다. 우체국은 면소재지에도 없고 괴산군 소재지에 있으므로 어디에 연락해야 되는지조차 어린 나는 알 수 없었다.

물론 서울에 전화 번호는 있었지만 우리에게는 전화도 없었기에 증자동이 자택이신 선생님이 하교 시에 우리 동네 앞을 지나가시는 시간에 맞추어 만나서 여쭙는 방법밖에 없었다. 그래서 나는 빈손으로 만날 수 없어서 당시 고급 담배로 알고 있는 아리랑을 여러 갑을 살 형편은 못 되어 두 갑을 사서 사례로 드리면서 책에 대한 궁금증을 풀었다. 공부를 하고 싶었지만, 할 수 없는 환경에서 공부에 대한 갈증은 커져만 갔다. 독학으로 공부하면서라도 하나씩 하나씩 알아가는 것밖에는 달리 방법이 없었다.

농촌은 사시사철 바쁘되 담배 경작을 하는데 양력 2월이면 담배 묘판의 바람을 막기 위해 울타리를 만들고 방풍장을 만들되 묘판에 들어가는 솔갈비 나무는 형님이 마련해서 넣었다.

정직과 성실을 몸소 보여 주시며 사랑으로 길러 주신 부모님

나는 묘판 위에 덮는 거적을 아침과 낮에는 열어 놓고 저녁에는 덮는 일을 주로 하고 여름에는 소 풀 베어 오는 것을 거들었다. 그래도 집안에서는 내가 공부한다고 여러 가지로 편리를 봐주었다.

지금도 잊혀지지 않는 것은 밖에서는 보리 타작이나 벼 타작할 때도 나는 방에서 먼지를 마시며 공부한다고 앉아 있었다. 그러나 일을 하면서 나는 시끄러운 소리와 불안한 마음에 공부가 제대로 될 리가 없었다.

그런 환경에서 독학하는 나에 대해 그 엄한 아버님도 관대하셨고 위로 형님이나 3살 아래인 동생도 내가 해야 할 일을 대신해주었던 고마운 형제였다. 소 풀 베어오기, 겨울이면 여물 썰기, 쇠죽 끓이기 특히 여름에 비오는 날이면 풀 벨 장소도 없고 서글픈데 형님이나 동생이 내 대신 많은 일을 해주셨다.

그때도 나는 몸이 약해서 비를 맞고 일을 하거나 넘치게 일을 하면 편도선이 부어 침을 삼키기 곤란할 때도 있었다. 그럴 때면 그 바쁘신 중에도 우리 어머니는 좋다는 약을 다 동원하셨다. 또 편도선에는 개기름이 좋다고 했지만 시골에서는 보신탕을 살 수 없었다.

어느 날 어디서 사 오셨는지 보신탕 국물을 화롯불에 뜨겁게 하여 목을 지지던 일이 기억난다. 아들에게 먹이기 위해 구하기 어려운 보신탕을 구하고자 버스도 없는 시절 발로 뛰시면서 백방으로 찾아보셨을 어머니를 생각하면 지금도 마음이 울컥해진다.

어쨌든 어느 시대를 막론하고 어머니의 헌신적인 사랑에는 감사의 눈물이 안 날 수가 없다. 그럭저럭 중학교 2학년 과정까지는 공부했으나 이제는 바쁜 농촌에서 나만 집안에서 공부하기가 너무 눈치 보여 같이 들에 가는 횟수가 늘게 되었다.

농사도 걱정하고 공부도 걱정하여 안절부절하는 나의 모습은 지금 생각해도 처량하기만 하다. 이런 내 마음을 눈치채셨는지, 나보다 9살 위인 형님이 경북 상주에 사립중학교를 건립하여 교장으로 친척 아저씨가 계신다고 하여 함께 가서 3학년 편입을 부탁드려 보자고 하셨다.

지금 생각하면 무례하게도 상대편에는 편지 한 장 없이 걸어서 하루 만에 그 곳에 도착하였다. 내 발이 부르튼 것은 당연하나 나 때문에 버스도 타지 못하고 100리가 넘는 길을 물어물어 나를 데리고 가신 형님의 배짱이 보통이 아니었다.

형님의 그 깊은 사랑과 헌신이 나의 끊어질 뻔했던 학문의 길을 이어주셨다는 생각을 하면 은혜를 잊을 수 없다.

중학교에 편입학하다

물어물어 100리를 걸어서 찾아간 상주 아저씨 댁은 오른쪽에는 양조장 건물이 있고, 바깥 왼쪽에는 정미소가 있고 논과 밭이 많은 부잣집이었다.

그 당시에는 농촌에서 막걸리가 농주로 많이 팔리는 시절이었기 때문에 좋은 수입을 얻어 꽤 넉넉한 살림이었다.

나는 양조장 건물에 양조장 직원들이 사용하는 숙소 옆 방을 주셔서 감사하게 사용하였고, 식사는 직원들과 함께 하면서 학교에 다녔다. 우리 집보다 음식도 고급이고 생활 환경이 훨씬 좋았다. 그러나 속옷도 손수 빨아 입어야 하고 옷도 직접 사 입어야 하니 여러 가지로 불편한 것이 많았다.

무엇보다 2년간 독학하고 3학년에 편입하니 영어와 수학이 많이 어려워서 따라가지 못했다. 제대로 1학년부터 다녔다면 영어와 수학이 내 취미에 제일 맞는 과목인데 하는 아쉬움이 있었다. 쉬는 시간에는 배구 시합이 있어서 재미있었고 하학 후에는 수업료는 내지만 잠자리와 식사는 교장이신 아저씨 댁에서 제공하므로 감사하고 눈치가 보여서 다리기를 메고 돼지풀도 베어 먹이기도 하였다.

가을에는 감이 많은 곳이고 아저씨 댁에도 울안에도 텃밭에도 감나무가 많았으므로 익은 감만 골라서 따먹은 재미가 추억으로 남았다. 아저씨 댁에는 자녀들이 많았는데 윗사람으로 현재 은성중앙교회 권사님이신 강정은 권사님이 계셨다. 한국전쟁 통에 남편을 잃은 미망인이셨다.

그 때 당시 어린 내 눈에도 서울에서 많은 여인을 뵌 오늘날도 그만한 미모는 보기 드물다고 생각이 된다. 그 다음은 초등학교교사인 누님, 그 다음은 현재 장호원에 사시는 당시 육군 대위이신 형님, 그 다음에 남매가 있었다.

어느덧 1년이 다가고 졸업 때가 되었다. 아버님이 내왕하셔서 교장 되시는 아저씨에게 사범학교를 시험 볼 수 있게 해달라고 하셨는데 아저씨는 그것은 불가하다고 하셨다.

이 학교는 미인가 학교라 시험 볼 자격이 없고 또 내 실력으로는 불가능하다고 하셨다. 이 학교를 졸업하면 오직 함창에 있는 함창고등학교에 진학할 수 있다고 하셨는데, 나는 아버지와 가족들에게 너무 죄송하게 생각되었다.

아버님을 뵈오니 한 가지 생각나는 것이 있는데 여름방학을 마치고 학교로 가려는데 내를 건너게 되었고 비가 많이 와서 냇물을 신발을 벗고 건너야 될 형편이 되었다. 아버님이 등에 업히라 하시면서 말씀하셨다.

"이담에 장성해서는 네가 나를 업고 건너야 한다"

중학생인 어린 나이에도 나는 "그런 것은 말씀 안 하셔도 잘 알고 있는데요"하고 싶었다. 어쨌든 졸업을 앞두고 그 바쁜 농촌에서 두 번씩이나 먼 길을 찾아 오셨으니 그 관심과 사랑은 역시 혈육이 아니면 불가하다고 생각된다.

내가 일찍이 하나님의 부르심을 입은 것도 아버님의 덕분이라고 할 수 있다. 아버님은 정직하시되 우리에게 늘 아무리 아쉬어도 남의 물건은 지푸라기 하나라도 손대서는 안 된다고 늘 강조하셨다. 그래서 형님이나 나나 다른 모든 형제들도 아버님의 부탁을 존중히 여기고 실천하였다.

예를 들면 벼가 익어가는 가을이 되면 길가에 고개 숙인 벼가 황금색을 띄고 길 쪽으로 고개를 늘어뜨린다. 나는 지게를 지고 가면서 벼를 오른손으로 훑은 적이 가끔 있었는데, 그때마다 같이 걷는 형님은 하지 말라고 만류하셨던 것을 기억한다.

하나님을 만나다

형님이나 동생과의 고향에서의 잊을 수 없는 추억이 있다. 논에 풀 뜯는 일을 우리 삼형제가 같이 했다. '논에 풀 뜯는다'고 하는 것은 유기질 거름을 만들기 위해 모심기 전 산에서 갈참나무 잎을 베어서 이앙하기 전 논에 미리 뜯어 넣는 것이다.

우리 삼형제가 같이 차볼 밭 뒷산에서 채취하여 지게에 지고 와서 논에 넣었다. 삼형제 중 일을 가장 못하는 내가 제일 저조한 성적이었다.

내 나이 20세 때 우리 논 6마지기(900평)위에 작은 저수지가 있었는데 장마 때 무넘기 쪽이 터져서 한마지기 반 정도가 그 해 7월 중순경에 묻혀 버렸다. 동리 사람들이 오셔서 묻혀있는 모래 속에서 벼를 꺼내는 작업을 도와주었다.

지금도 7월이 되면 거의 다 자란 벼를 모래 속에서 꺼내던 가슴 아픈 추억이 생각난다. 특히 우리 윗집에 사는 여동생이 함께 수고한 것을 아직도 기억하고 있다.

우리 삼형제는 일도 같이 했지만, 힘든 중에도 함께 한 좋은 추억들이 많다. 충북 괴산군 감물면에서 제일 높은 산이 우리 마을에서 2km정도 떨어진 박달산이 있다.

우리 삼형제는 그 박달산 초입인 작은 산에서 풋나무를 깎게 되었다. 양력 7월 중순이 지났기 때문에 농사도 어느 정도 한가해졌을 때다. 아직 싱싱한 작은 나뭇가지와 풀을 베어 놓으면 여름 햇볕에 바짝 마르면 땔나무가 되는 것이다.

점심은 보리밥과 무 장아찌를 싸 가지고 가서 소풍 온 초등학생처럼 즐겁게 먹었다. 우리 바로 옆에는 한승 씨가 풋나무를 깎고 있었다.

이분은 지금은 원주에서 목회하고 계시는 이한승 목사님이시다. 그분은 나보다 두 살 위이었으나 모든 면에서 나보다 한참 선배였다. 초등학교도 여러 해 선배였을 뿐만 아니라, 특히 신앙생활에 있어서 굉장한 선배였다. 내가 아직 어린 신앙이었을 때에 그분의 지도를 많이 받아서 지금도 감사하게 생각한다. 그분은 대전에 있는 감리교신학대학에 진학하셨다.

한번은 동네 청년들과 4-H 회원들이 함께 감물면에서 제일 높은 박달산 아래 도로 근처에 천막을 치고 합숙을 하며 보리 풀(유기질 거름을 위한 풀)을 하기 위한 풀을 베었다. 밥은 보리밥에 반찬은 호박을 썰어 넣고 국처럼 물을 많이 부어 만든 장국과 장아찌 두 어 가지가 전부였다.

8월 말이라고는 하지만 높은 산 아래 기온이 많이 떨어지는 데라 밤에는 많이 추웠다. 선천적으로 장이 약한 나는 설사가 자주 났다. 그때 나는 친척 동생벌 되는 이내영 씨와 바로 옆

자리에서 풀을 베었다. 이내영은 신앙생활을 열심히 하고 학교 성적도 좋았다. 나중에는 괴산군 4-H 연합 회장까지 지낼 정도로 리더십이 뛰어났다. 잡풀이나 작은 나무 하나 없이 높은 산 특유의 청초하고 깨끗한 풀이 가득하였다.

지금도 잊혀지지 않고 그리울 정도의 아름다운 풀들이었다. 기억이 희미하지만 식사 당번도 돌아가면서 순번제로 하였다. 그렇게 모은 풀들은 증평에 있는 37사단 군용 트럭으로 동리 앞 개천 가에까지 하차하여 가져다 주면 각 가정에 적절하게 분배되었다.

풀을 베는 작업은 20여 일 정도 계속 되었다. 20여 일만에 하산한 것을 기뻐하시던 우리 부모님은 그 어려운 형편에도 돼지고기를 사 두셨다가 하얗게 푹 삶으셔서 웃방에서 도마 위에 놓으시고 숭숭 썰어서 먹으라고 권하셨다. 오랫동안 얼굴 못 본 자식에게 그렇게 반가운 마음을 표현하셨던 부모님의 그 사랑을 잊을 수 없다.

고향에서는 한번도 소고기를 먹어 본 기억이 없다. 돼지고기도 추석 때나 구정 때 동네에서 공동으로 도축하여 몇 근 씩 구입하여 먹어볼 수가 있었다.

명절 때 고기를 사서 광에 매달아 두면 살점을 조금씩 베어 종이에 싸서 불에 구워 먹었다. 종이에 싸서 불에 구우면 고기에서 나온 기름 때문에 타지도 않고 잘 익어서 얼마나 맛있던지 구수한 그 맛을 잊을 수가 없다.

하나님을 찾을 만한 마음을 주시다

내가 어릴 때에 교회로 돌아온 것은 우리 아버님의 덕분이다. 정직하시고 경우 바르시고 동네 센 일은 막히는 것 없이 잘하시기로 소문이 나신 분이셨다. 하지만 성품이 급하신 것과 술 취하신 후 관리가 잘 안되셔서 가족들이 매우 힘들었다.

특히 겨울이면 면소재지인 벌터에 가시면 저녁 늦도록 안 돌아오셨다. 그러면 형제들이 거기에 가서 술집마다 들려 찾아다닌다. 만나게 돼도 혼자 걷지 못하시기에 부축하기를 수없이 해야 했다.

어린 맘에도 이것이 매우 힘들어서 낙담되었던 기억이 난다. 그러나 집에 돌아오신 후가 더 큰 문제였다. 밤이 새도록 방바닥을 발로 쾅쾅 굴러가며 주정하셔서 당시 8남매의 어린 자녀들은 앉지도 서지도 못하면서 울면서 두려움에 떨어야 했다.

어머니의 고충은 말로 다 할 수 없었다. 아버님이 선천적으로 장이 약하셔서 밤새도록 설사하시는 아버님을 따라 밖에 있는 화장실까지 따라다니며 옷을 내려드리고 올려드리면서 밤을 새셨다. 그러시다가 혼절한 적도 있으셨다. 지금 생각하면 나라면 장에는 술이 나쁘고 밤새도록 고생했으면 다시는 술을 안 마실 것 같다. 그런데 아버님은 다른 것은 잘 하시면서 술 절제는 평생 결심만 하시고 실천은 안 되던 경우였던가 보다.

어린 나는 10식구가 함께 사용하는 시골 작은 촌방 모서리

에 몸을 붙이고 서서 떨면서 방바닥을 발로 쾅쾅 구르시는 아
버님을 보면서 울기만 했다. 그러면서 농부의 둘째 아들인 나
는 단단한 결심을 하였다. 아버지처럼 살지 않으리라고…….
어린 내가 보기에도 아버지의 모습은 사람다운 모습이라 할
수 없었다. **이런 모습 말고 분명히 사람답게, 아름답게, 사람
창조의 본성을 지키면서 멋지게 사는 길이 있을 것만 같이 생
각되었다. 하나님께서는 그때부터 내 심령에 찾아 오셔서 사
람답게 사는 방법을 가르쳐주시기 시작하신 것이다.** 어린 나
의 마음에 하나님의 존재와 하나님의 형상을 따라 사는 아름
다운 모습에 대한 작은 소망의 불씨를 지펴 주신 것이다.

옛날에는 다른 동네에도 비슷한 수준이었겠지만 우리 동네
에는 얼마나 우상을 많이 섬기는지 가을 추수가 끝나면 떡을
만들어서 부뚜막에 놓았다. 그 이유는 내년에도 아궁이에 불
이 끊어지지 않게 해달라는 이유였다. 소 밥통인 여물통에도
갖다 놓았다. 내년에도 소가 건강하여 농사일에 차질이 없게
해 달라는 이유였다.

특히 농한기에는 무당이나 점쟁이가 가정집을 방문하면 동
네 여인들이 많이 찾아가서 가정의 길흉을 점쳤다. 그 내용은
주로 몇 월달에는 "서북쪽으로 가지 마라, 화가 있다" 등과 같
이 두리뭉실한 내용이었고, 생각하기에 따라 여러 가지로 해
석될 수 있는 내용이었지, 믿을 만한 내용은 아니었는데도 많
은 사람들이 그것을 믿고 따르고 있었다.

우리 어머니도 동네 사람들을 따라 점쟁이와 무당을 찾아 갔
었다. 한번은 나에 대해서 점괘를 받아 오셨다.

"열여덟 살 8월에 큰 화가 있으니 조심하라"는 내용이었다. 자동차도, 찻길도 없는 두메 산골에서 조심할 대상도 별로 없었으나 그런 말을 들은 후에는 괜히 마음이 불편한 한 해였던 것을 지금도 기억한다.

그 외에도 우리 동네에는 어설픈 무당이 셋이나 있었다. 그 무당집에서는 사월 초파일이나 칠월칠석 등 특별한 때, 자기네 무당집에 속해 있는 가정의 가족 이름을 부르며 고사를 지냈다. 얇은 문종이 같은 것을 잘라서 촛불에 불을 붙여서 태운 다음에 공중으로 띄워 높이 올라가면 길한 것이요, 조금 올라가면 흉한 것이라고 하였다.

우리 어머니는 거기에다가 한 술 더 떠서 이웃집 아이가 아프면 흰 죽이나 조당수를 끓여 놓으라 하시고 그 가정 앞에 그 죽을 쏟으며 부엌칼로 방문을 '주욱' 긁어서 풀어주시고 하셨다. 마을에는 공동으로 사용하는 우물이 두 개 있었다.

1년에 두 번 명절 때도 못 먹는 쌀밥을 따로 짓고 생전에 먹어 보기는 커녕 구경도 못해 본 조기를 구워 샘가에 볏짚을 깔고 그 위에 제물을 올려놓고 섬기기도 했다. 그리고 나 혼자 따라가서 절하라면 **그것이 하나님이 가장 싫어하시는 우상 섬기는 것인지도 모르고 절을 했는데 사랑하시는 어머님의 부탁이기도 해서였겠지만 수 년 만에 맛보는 조기도 먹어 보고 쌀밥도 먹을 수 있는 좋은 찬스이기도 했기 때문이다.** 그 쌀밥과 조기의 맛은 지금도 잊을 수 없는 별미였다.

그래서 동네 사람들이 우리 어머니 보고 '보살님' 이라 불렀다. 나는 그때도 정확한 의미를 모르면서도 별로 기분이 나쁘지 않았는데 지금 생각하니 **우리 예수님은 그렇게 우상을 섬기는 자의 자녀 중에 하나님의 종으로 부르셨으니** 하나님의 사랑과 섭리는 지극히 크고 감사한 일이다.

그렇기 때문에 **나는 다른 사람보다 더 크게, 더 많이 예수님의 은혜에 보답해야 한다는** 생각을 매 순간하게 된다. 미천한 곳에 있는 부족한 자를 들어 쓰시는 것은 전적으로 하나님의 은혜이다. 이처럼 하나님께서 관용하심과 같이 나도 다른 사람에게 관용해야 한다고 늘 새롭게 결심하게 된다.

나의 모 교회, '감물제일교회'

감물면 소재지에 있는 유일한 교회가 감물제일교회였다. 나의 첫 신앙 생활이 시작된 곳이 감물제일교회이고, 지금도 한 달에 한 번 방문하여 신앙의 교제를 나누는 곳이기도 하다. 이렇게 처음 신앙을 가졌던 곳에서 예배하고 기도할 수 있는 것은 참으로 복된 일인 것 같다.

당시 나는 4H 감물면 연합회장을 하고 있었는데, 지금은 장로님이신 박상자 장로님은 당시 유초등부 교사를 하고 계셨다. 나는 그때 교회를 자주 못 가고 있었다. 박 장로님이 위에는 흰 저고리, 아래는 까만 치마를 입으시고 교회에서 나를 만나시면 상냥하게 웃으시면서 "회장님, 회장님"하면서 반가워했던 것을 지금도 잊지 못하는 것은 그 말이 굉장히 기분이 좋았던 가보다.

그래서 지금도 나는 처음 전도할 때 전도 대상자를 할 수 있는 대로 높여주고 선생님이 아니더라도 '선생님' 하면서 전도해야 한다고 생각한다. 복음이 들어가기 위해서는 먼저 마음 문을 열어야 하는데, 그러기 위해서는 상대방을 배려하여 최대한 존중해주는 지혜가 필요하기 때문이다.

지금 생각해 보면 박 장로님은 얼마나 지혜로운 분이신가 새삼 존경스럽게 생각된다.

서울 본 교회를 은퇴하고 감물 모 교회에 와 보니 그 오랜 세월 동안 김영재 장로님, 라광순 권사님 그리고 이병찬 장로님, 박상자 장로님, 이재남 권사님이 교회를 지키고 계신다. 세월은 변해도 교회를 위해서 평생을 한결같이 헌신하고 봉사하시는 분들이 있다는 것은 믿음에 큰 도전이 아닐 수 없다. 현재 담임 목사님이신 이기봉 목사님은 겸손하기도 하시지만 얼마나 설교 은사가 많으신지 모른다.

아무튼 목사님께서 오래 시무하셔야 나 자신부터 은혜를 받을 텐데 하는 마음이 든다. 영력이 넘치는 장로님들의 기도는 정말 많은 은혜가 된다. 또한 현실적으로 많은 시련을 겪지만 오직 하나님 한 분만을 바라보며 의지하시는 권오순 권사님의 기도는 온 성도들에게 많은 은혜와 도전이 되고 있다.

나는 아직도 청소년 때 세례 받은 기억을 잊을 수가 없고, 내가 목사가 되어 세례식을 집례할 때도 그때의 기억이 새록새록 떠오르곤 한다.

불신자이신 아버님은 우리 형제들을 모두 교회에 가는 것을 반대하셨다. 하지만, 하나님을 구주로 영접한 나는 교회에 못

가게 되면 마음이 공허했다.

또한 예수 믿는 사람이 주일을 지키지 않는 것은 범죄라고 교회에서 배웠기 때문에 어떻게 하든지 주일만은 하나님 앞에 예배를 거룩하게 드리려고 노력하였다. 주일에 아버님께 발견되면 교회 못 가게 하므로 나도 한 꾀를 내었다.

우리 집은 아랫집보다 집 높이 하나 정도 차이로 위에 있었다. 그래서 우리 집과 아랫집 사이에 울타리에 구멍을 뚫어 놓고 여차하면 그리로 도망하여 교회로 직행했다. 보통 때는 경우 바르시고 엄한 아버님 말씀에 순종하였으나 교회 가는 것만은 내 믿음대로 배짱있게 행동하였다.

그렇게 노력해도 한창 농사가 바쁜 농사철에는 새벽부터 떨어지는 아버님의 불호령에 교회에 가지 못하고 농사일에 매달려야 한 적도 많았다. 그런데 문제는 하필 '세례 받는 날' 일어났다. 그 날 나는 어떻게든 교회에 가서 세례를 받으려고 전날부터 노심초사 긴장하며 밤잠을 못 자고 기다리고 있었다.

그런데 하필이면 새벽부터 아버님께 붙잡혀서 교회로부터 2km 정도 떨어진 상미전 밭 위에 있는 여수고개에 있는 밭에 가서 일을 하게 되었다. 놀라운 사실은 그 때 예배 전에 전도사님이 밭까지 찾아오셔서 오늘은 멀리 충주에서부터 손피득 감리사목사님이 오셔서 세례를 베푸는 날이라 아드님을 꼭 보내주셔야 한다고 간청하셨다.

나는 **아버님이 무서워서 가까이 가지도 못하고 가슴을 졸이며 일하던 괭이를 잡고 서서 어떻게 결정되는가를 유심히 바라보았다.** 아버님은 처음에는 안 된다고 하셨다. 하지만 **전도**

사님이 눈물이 글썽하시며 사정하자 어쩔 수 없이 "데려가슈" 하고 허락하셨다.

그 때 내 마음은 요즘 세상에서 로또에 당첨된 만큼, 아니 그 이상으로 가슴이 벅찼다. 아버님의 허락이 떨어지기가 무섭게 교회로 달려가서 예정대로 감물감리교회 세례교인이 되었다.

목회를 마무리한 지금도 **나 같으면 밭에까지 찾아가서 교인을 세례 받도록 할 수 있는 열심이 있을까** 하는 생각을 해 본다. 그리고 나는 너무 안일하게 목회한 것이 아닌가 하고 뒤돌아 보게 된다. 겨울이면 당시 교회 건너편에 있던 사택에서 친목 모임을 가졌다. 음식은 옥수수 튀긴 것이 전부였지만 같은 교회 다니는 성도들이 갖는 모임은 항상 화기애애하고 진지했던 것으로 기억된다.

수 십년 후 내가 목사가 되어 아버님을 전도하여 드디어 내 손으로 아버님께 세례를 드리던 날을 아직도 잊을 수 없다. 그런데 잊고 있던 그 때의 기억이 새록새록 생각나는 것이다. 그 날의 기억이 몇 십년이 지난 후에 이렇게 생생하게 되살아나리라고 누가 생각을 했겠는가? 나는 아버님께 세례를 드리면서 그 날이 기억이 겹쳐져서 남모르는 감사의 기도를 하나님께 올려드렸다.

그 옛날 교회 가는 아들을 핍박하던 아버님이 예수를 영접하시게 된 것도 기적이지만, 세례가 무엇인지도 모르시고, **세례 받는 주일에도 다른 날과 마찬가지로 농사일을 시키시던 분이** 이제 하나님 앞에 나오셔서 겸손히 무릎 꿇고 **아들 목사에게**

세례를 받는 자리에 계시게 된 것은 더 큰 기적이요 이것이 하나님의 은혜요, 섭리가 아니면 무엇이겠는가?

생각해 보면 나 같이 부족한 사람에게 하나님의 사랑하시는 백성을 맡기신 것부터가 하나님의 전적인 은혜다. 불신자의 가정에서 몰래 교회에 다니고, 가까스로 세례를 받은 부족한 나에게 은성중앙교회와 그 양떼를 맡기실 줄을 꿈엔들 생각하였겠는가?

몇 대에 걸쳐 하나님을 섬기고 교회에 헌신한 쟁쟁한 믿음 좋은 자녀들이 많은데, 부족한 나를 택하셔서 하나님의 거룩한 일을 맡기신 것을 생각하면 몸둘 바 모르게 감사하다.

인간은 하루 앞을 못 보고, 당장 몇 분 후의 일을 모르고 사는데, 하나님은 수십 년을 내다보시면서 인간 개개인의 생사화복을 주관하신다.

또한 사람의 **장래를 섭리하시되 한 사람 한 사람의 일생에 대한 계획을 세우시고 그 계획을 마무리하시는 전능하신 하나님!** 또한 성령 받기 전에도, 받은 후에도 개개인의 **모든 계획**뿐만 아니라 **마음 속에 품은 생각까지도 통찰하시는** 능력의 하나님! **한번 약속하신 것은 어기실 이유가 없으신 하나님!** 사람은 약속을 이행하려 하지만 이행할 능력이 안 되어서 못 지키지만 하나님은 어떤 경우에도 그럴 필요가 없는 분이시기에 이 세상에서는 물론 내세에 대한 약속도 변함없이 이행하시는 **전능하시고 사랑 많으신 아버지 하나님!** 1분 1초의 걸음걸음을 인도하시는 분이심을 실감한다.

시골 교회에서의 성탄절

교회 생활을 생각하면 가장 인상 깊은 것은 역시 성탄절의 추억이 아니겠는가? 예나 지금이나 성탄절은 그리스도인들에게는 가장 뜻깊은 절기이고, 가슴 설레는 절기이다.

고향에서 성탄절에 새벽송을 돌던 추억은 한 장의 성탄절 카드처럼 내 기억 속에 아름답고 따뜻한 기억으로 자리잡고 있다. 온 교인들이 성탄 전야에 모여서 교회 주위로부터 시작하여 새벽송을 돌았다.

온 교인 댁을 모두 방문하게 되니 새벽녘이 되어야 새벽송이 모두 끝나게 되었다. 새벽녘에는 교회에서 가장 멀리 떨어진 '아시리'라는 동네를 마지막으로 마치게 된다. 해마다 동리 입구 비탈길에 함박눈이 쌓여서 다져지면 임시 스케이트장으로 변했다.

그러면 새벽송을 도는 교인들은 모두 아이처럼 일부러 미끄러지기도 하면서 아시리에 사시는 권사님 댁에 도착했다. 권사님 댁은 작은 토담집이었는데 종이 바른 작은 문을 열고 들어가면 훈훈한 따스함은 밤새 덜덜 떨었던 우리들을 포근하게 감싸 주었다. 권사님은 밤새 불을 지펴서 온돌방을 따뜻하게 데워놓고, 따끈한 국수와 고구마, 식혜 등 갖가지 맛있는 음식을 한 상 가득 차려 우리를 기다리고 계셨다.

밖에서 덜덜 떨다가 따뜻한 방에 들어섰을 때의 훈훈함, 출출하던 시장기에 먹는 사랑과 섬김의 아름다운 음식은 지금도 잊지 못하는 사랑의 추억이다.

　사랑과 정성이 가득 담긴 음식으로 섬기고, 또 예수 나신 기쁜 소식을 함께 나누었던 예수 안에서의 교제가 지금도 내 마음 속에는 아름다운 추억으로 남아있다. 예수 안에서 서로 섬기며 아껴주는 모습, 주 안에서의 교제란 이런 것이 아니겠는가 하고 생각한다.

　군 입대 하기 전 나의 신앙 생활에도 잠시 위기가 찾아 왔다. 우리 동네 윗동리에 한 부잣집이 있는데 그 아들이 외지에 가서 살면서 통일교에 심취하여 상당한 지위에 이르게 되었다. 그래서 고향에 돌아와 통일교 모임을 주관하게 되어서 청년들을 중심으로 모이게 된 것이다.

　나도 처음에는 통일교에 대해서 아는 것이 없어서 다른 청년 몇 명과 함께 참석을 했다. 그런데 나중에 지금은 장로님이 되신 감물 제일 교회 이병찬 장로님과, 목사님이 되신 이한승 목사님이 통일교의 이단성에 대해서 자세히 설명해 주시고 권면해 주셔서 이단의 유혹에 넘어가는 위기를 모면하게 되었다.

　지금 생각해 보면 그 분들의 도움이 없었다면, 당시 이단에는 무지했던 내가 잘못된 길을 갔을 수도 있을 것이라는 생각이 든다. 신앙 생활에 있어서 믿음 좋은 신앙의 선배들의 역할이 얼마나 중요한가하는 생각을 하게 된다.

　지금도 이병찬 장로님, 박상자 장로님과 이한승 목사님의 도움에 감사하고 있다.

군대에서 도우신 하나님

23세 되던 2월 23일 징집 영장에 의해 충주에 있는 초등학교로 소집되었다. 그때도 형님은 나를 배웅하러 충주까지 따라가 주셨다. 지금 생각해도 동생에 대한 형님의 사랑에 대해서는 감사하지 않을 수 없다. 동생 일이라면 자신의 일처럼 안쓰러워하고 세심하게 살펴 주시던 형님이 아니신가?

그때 당시에는 1차 신체검사에서 '3급 을'을 받았는데도 징집 대상이 되었다. 충주에서 기차로 출발하여 새벽에 도착해 보니 논산 훈련소라고 하는데 밤중에 침상에 들어가서 자라고 하는데 도대체 비집고 들어가서 누울만한 틈이 없었다.

간신히 겨우 겨우 비집고 들어갔더니 내 옆에 훈병이 불평하기를 늦게 온 새까만 군번이 이렇게 해도 되느냐 하였다. 나중에 알고 보니 나보다 겨우 이틀 먼저 온 사람이었다.

우리는 이곳에 머물면서 신체검사를 다시 하여 합격한 사람은 3년 군 생활을 다해야 하며 불합격된 사람은 집으로 다시 돌아가게 되는 것이었다.

　나는 5일 간의 신체검사에서 합격하였으나 키를 관리하는 의무관이 너는 지금이라도 군영생활이 너무 싫다고 생각되면 말하라고 했다. 본인 권한에 의해 집으로 돌려보낼 수도 있을 것 같다고 하였다. 내가 잠깐 생각할 때 집에 돌아가 특별하게 할 일이 있는 것도 아닌데 군대 간다고 갔다가 며칠 만에 불합격 판정받고 다시 돌아왔다고 하는 것보다 군생활 동안 인생에 대해 모르는 것을 배우고 돌아가는 것이 나겠다 싶어 입영을 원한다고 답하였다. 나는 군대에 입대하게 되어 다른 장병들과 같이 입었던 옷을 벗어서 싸서 고향집으로 우송하였다.

　입영하고 처음 맞는 주일이 돌아왔다. 내무반에서 부선임 하사(계급 이등병)가 교회 갈 사람 나오라고 하여 나갔다. 나갔더니 다른 선임자에게 인계되어 소본부 교회를 향해 가는데 뒤를 돌아보니 줄이 끝이 보이지 않는 것이다. 부모와 가정을 떠나 의지할 것이 없어 처음 교회 오는 장병이 많은 것 같았다.

　소본부교회 담임목사님은 소령 계급장을 달고 계셨다. 교회에 모여 있는 장병들에게 **"사랑하시는 여러분, 부모와 고향을 떠나 얼마 외롭고 힘든 일이 많겠습니까?"**라고 했다. 내무반에서 이등병만 돼도 이 새끼, 저 새끼 하는데 하나님의 세계는 엄청나게 다르다는 생각이 들면서 은혜가 되었다.

　나는 소본부교회에서 큰 영적 체험을 했다. 눈을 감았는데 뒤에서 솜처럼 부드러운 두 팔이 나를 조용히 감싸 안았다. 웬일인지 솜처럼 부드럽고 따뜻함을 느낄 수가 있었다. 그리고 내 심령 속에 이렇게 속삭이는 음성의 확신이 왔다.

**"군대는 계급사회다. 냉정하고 인정이란 없는 차가운 세계
다. 그러나 네가 경외하는 나 전능자가 너에게 때를 따라 은
혜를 베풀리라"**

생활은 풍족하지는 않았지만 그래도 사랑과 인정이 많은 가
정에서 심적으로는 큰 부족이 없이 자라 왔다. 그러나 가정을
떠나 외롭고 힘든 훈련생활 때문에 얼굴에 버짐이 피기까지
어려우니 하나님이 만나주셨다고 생각된다.

야곱은 부자인 부모와 함께 있을 때는 하나님을 만났다는 기
록이 없지만 형 에서에게 쫓겨 벧엘 광야에 도착하여 하나님
께 살려달라고 울부짖을 때 창 28:15에 3가지 내용으로 응답
하셨다고 생각이 된다.

첫째, 네가 가는 곳마다 내가 동행하리라

둘째, 네가 세상에서 하는 일에 동업자가 되리라

셋째, 본향(아버지집)을 가는 길도 동행하리라

야곱은 벧엘 광야에서 하나님을 만나기 전 그가 가지고 있던
3가지 보물을 포기해야만 했다.

첫째 」 사람이다. 잠시도 떠날 줄 몰랐던 어머니를 이별해야
했다. 남들은 마마보이라고 비웃을지 모르지만 야곱에게 어머
니는 영적으로 그를 하나님의 축복을 받게 하는 주의 종, 곧
목사님과 같은 입장이 아닌가? 지금도 우리에게 주시는 교훈
은 영적인 가이드와 마찬가지인 담임 목사님께 순종해야 축복
된 길로 인도될 수 있다는 것은 진리라고 믿는다.

둘째 ⌟ 자기에게 돌아오는 아버지의 유산을 포기해야 했다.

성도는 언제 거룩한 성도가 되는가? 데살로니가 후서 2장 13절에 "성령이 거룩하게 하시고"라고 했으며, 베드로전서 3장 15절에 "예수 그리스도를 주인 삼을 때 거룩해진다"고 약속했다.

딤전 4:5에는 말씀과 기도로 거룩하게 된다고 약속하셨다.

우리는 신앙생활하면서 하나님께서 제일 싫어하는 우상을 섬기고 있는 성도가 많이 있기 때문에 기도해도 응답받지 못하는 사례가 많이 있다고 생각된다.

하나님이 어떤 분인가를 알게 하시고 또 이 세상 창조자만 되시는 것이 아니라 나 자신의 창조자요, 섭리자요, 심판주가 되심을 알고 준비할 수 있는 것이 얼마나 큰 행복이며 축복인가? 티벳지방에 대한 TV 방송을 보니 하나님을 모르는 세계는 애견만도 못한 인간임을 실감하게 된다.

불교 사원을 중심하여 수십 리 밖에서부터 세 발자욱을 걷고 나서 땅에 엎드려 절하는 삼보배를 하며 흙먼지를 뒤집어쓰고 땀투성이가 되어 사원으로 가는 행렬이 이어진다.

사원에 도착해서는 계속 불상 앞에 서서 삼천 배를 하며 스님이 언덕 위에서 물주전자로 따라주는 물을 받기 위해 서로 다투어 컵을 내미는 모습이 마치 지옥에서 물 한 모금을 먹기 위해 아귀 다툼을 하는 모습 그대로였다.

받은 물은 마시기도 하지만 얼굴을 씻기도 하는데 그렇게 하면 그 물이 죄를 씻게 한다고 믿으니 너무 맹랑한 일이 아닌가? 예식이 끝난 다음 모든 사람이 땅바닥에서 무엇인가 열심히 찾는다. 그것은 스님들이 뿌려 논 것인데, 노란 좁쌀 같은 것으로 먹으면 건강에 좋다고 하여 자그마치 1시간을 엎드려서 찾는다. 어떤 사람은 겨우 한 알을 찾아서 종이에 쌌는데 기자가 무엇에 쓰는 것이냐고 물으니 역시 먹으면 건강에 좋다고 말한다. 얼마나 우스운 일인가?

성령 받은 성도까지 불상이나 다른 형상에 절하는 것만이 우상 섬기는 것이라고 잘못 생각하고 있지만 하나님은 우상에 대해 어떻게 정의하고 있는가?

로마서 1장 25절에 "피조물을 조물주보다 더 사랑하는 것이 우상 섬기는 것이다"라고 정의하고 있다. 그렇다면 성령 받은 성도가 100명이라면 몇 명이나 세상의 피조물보다 하나님을 더 사랑하는 데 합격되겠는가? 생각할 때 극히 소수라 생각되니 씁쓸한 입장이 될 수밖에 없다.

왜냐하면 목회를 31년 간 하고 부흥회 인도까지 합쳐 1만 번 이상이나 설교한 나 자신도 가끔은 예수님보다 피조물을 더 사랑한 것이 아닌가 하는 생각이 들기 때문이다.

셋째 」야곱은 이제까지 나면서부터 살아온 정든 고향을 형에서의 추격 때문에 도망치듯 쫓겨서 가니, 얼마나 억울하고 슬펐겠는가?

그러나 하나님은 이와 같이 믿기 전에 가장 아끼고 사랑하던 것을 정리해야 하나님을 만나 주시고 하나님이 주인이 되셔야 그때부터 내 주장을 포기하고 하나님께서 좋아하시는 대로 살게 되며, 내가 손해나더라도 하나님이 유익한 대로 살게 되며,

모든 삶의 우선 순위를 하나님께 드리는 삶을 살게 되는 것이다.

이처럼 영권이 회복되면 하나님께서 보실 때 죄 짓는 일이 줄어들며 이런 거룩한 성도가 기도할 때 거룩한 하나님께서 그의 기도를 응답 안 하실 이유가 없다. 매사에 하나님께서 동행하시니 무엇을 하든 영육간 축복을 받게 되니 이 땅에서도 행복한 사람이 될 수밖에 없지 않겠는가?

오늘날도 성도들은 여러 가지 시련을 만난다. 하지만 군 시절의 나처럼, 야곱처럼 하나님을 만나기 위한 전주곡의 시련도 있는 것을 기억하여 시련 중에도 담대한 하나님의 사람이 되어야 할 것이다.

'군대' 라는 광야에서 만난 하나님의 도우시는 손길

군 훈련소에서 몇 가지 잊을 수 없는 일이 있다. 한번은 교회에 다녀왔더니 이등병인 부조교가 교회 다녀 온 사람은 자기 총을 가지고 침상에 집합하라고 했다.

그래서 총을 가지고 섰더니 다른 사람들은 교회 간 사이에 총 청소를 하였으니 총구를 볼 수 있게 열어보라하여 보더니 총이 엉망이라 하면서 빳다를 치는 것이 아닌가? 나중에 훈련을 마치고 알아보니 그 총은 한국전쟁 때 쓰던 것이라 아무리 닦아도 총구가 녹이 슬어서 안 닦이는 총이었다.

신앙 생활을 제대로 하는 것도 아니고 주일 낮에만 참석하는 것인데도 애매한 매만 맞은 것 같다. 훈련 중간 쯤 되던 비 오

는 어느 날 저녁 장교 우의를 착용한 장기 하사가 나를 찾아오
셨다.

그분은 다름 아닌, 한 동리에 사시는 이정근 씨로 나에게는
아저씨 벌 되시는 분이셨다. 나는 너무 반갑고 감사하여 눈물
까지 글썽였다. 알고보니 같은 훈련소에 근무하신다니 세상은
넓고도 좁은 셈이다. 우리 소대 최고책임자가 병장이니, 장기
하사면 계급이 대단한 것이다.

그 아저씨는 나에게 무엇이 제일 어려우냐고 하셨는데 나는
**제일 어려운 것은 힘든 훈련 때문에 항상 배가 고픈 것이요,
내가 밥을 늦게 먹기에 연병장 집합할 때 시간이 늘 부족한 것
이라고 말씀드렸다.** 아저씨는 나의 고충을 듣고 위로해 주시
고 돌아가셨다.

이것 외에도 군 생활은 고난의 연속이었다. 한번은 연병장에
서 있는데 뒤에서 뺑 차길래 내 옷차림을 보았더니 상의의 첫
단추가 둘째 단추 구멍에 가서 꿰이기 시작하여 계속 잘못 꿰
여져 있었기에 옷차림 불량으로 지적된 것이었다.

다음으로 어려운 것이 있다면 군대의 살벌한 분위기다. 모자
없는 **훈련병이 화장실에서 볼일 보고 있는데 같은 훈련병이
모자를 벗겨 가기도 하고, 배식을 받으러 가면 잘 지키고 있어
도 언제 없어졌는지 김치통도 부족하여 서로 채우기 위해 뺏
고 빼앗기는** 악순환이 계속되었기에 항상 정신을 놓을 수가
없었다.

훈련 종료 날짜가 다 되어 사격을 하게 되었다. M1 총사격
을 하는데 첫 번째 쏜 총알이 타겟 정중앙인 까만 점을 관통하

였다. 교관도 와서 칭찬하였는데, 두 번 째 세 번째 총알은 아예 표적에도 흔적이 없었다. 나도, 주위 사람도 두 번 째와 세 번 째 총알이 첫 번째 정중앙의 까만 점을 관통한 줄 알았다.

그러나 심사결과 두 번째와 세 번째 총알은 아예 타겟 종이에도 맞지 않았던 것이다. 두 번째부터는 당황했든지 총이 오래되어 가늠쇠가 내려갔든지 둘 중 하나에 원인이 있을 것이다. 어쨌든 사격을 마치고 부대로 돌아왔는데 지금 생각하면 어떻게 돌아왔는가 싶다. 그 벌로 배낭을 메고 M1 소총을 들고 오리 걸음으로 왔으니 말이다.

어쨌든 세월은 흘러서 드디어 훈련을 끝내고 연병장에 전체 연대 훈련병 수 백명이 한자리에 모였다. 중사계급장단 사람이 훈련 후 갈 곳을 명령하는 자리이다. 헌병학교 OOO, 부관학교 OOO, 제2훈련소 OOO, 그 많은 사람이 다 불려나가고 어떤 훈련병과 나만 남았다. 나는 불안하기도하고 답답하기도 했지만 이등병이 중사에게 말할 용기가 나지 않아서 입술만 달싹거리고 있었다. 그러다가 할 수 없이

"중사님! 중사님!"

하고 불렀다. 몇 번이나 부르니 중사가 가던 길을 멈추고 내가 있는 쪽으로 오셨다.

"왜 그러느냐?"

"예, 저희 두 사람도 어디로 가라고 해야 하지 않겠습니까?"

그때는 얼마나 믿음이 떨어지는지 훈련소에 와서 두 번째 신체 검사할 때, 정 집에 돌아가고 싶으면 보내주겠다고 하던 군의관의 말씀이 생각나면서 나는 원래 고향으로 돌아가는 것이

었는데, 잘못되어 **입술은 터지고 얼굴과 온 몸이 버짐투성이**가 되어 이제야 고향으로 돌아가는가 보다 하는 생각이 들었다.

지금 생각하면 평소 조금만 몸이 피곤하면 편도선이 부었는데 그 고된 훈련을 다 마치도록 의무대에 가지 않고 건강하게 마친 것도 기적 중 하나라 하겠다. 믿음 없는 눈으로 나와 함께 남은 한사람을 보니 한쪽 눈이 조금 찌그덕해 보였다.

그제서야 그 중사가 장부를 보더니 너희 두 사람은 군대학교 중 아주 좋은 학교인 정보학교로 배정됐다며 학교로 가는 길을 자세히 가르쳐 주었다. 감사하되 군대는 체력인데, 어떻게 나 같이 연약한 자가 이런 엄청난 대우를 받을 수 있는가?

이 일을 통하여 나는 하나님의 크신 섭리를 깨달았다. 하나님께서는 **당신의 백성을 어디서든 도우시고, 돌보신다.** 우리가 상상할 수 없는 좋은 것을 예비하시고 필요한 때에 우리에게 주시는 것이다. **편안한 집에 있을 때도 하나님께서 동행하시고 도우시지만 그것을 깨닫지** 못하는 것뿐이다.

그러나 야곱이 경험했던 벧엘 광야 같은 곳에 있게 되면 살아서 역사하시는 하나님이 **그 사랑하는 자의 한 걸음 한 걸음을 어떻게 동행하시고 섭리하시는지 너무나 선명하게 깨닫게 되는 것이지 않는가?** 하나님께서 성도에게 약속하신 것은 '보호'이다.

고린도전서 3장 13절에 "사람이 감당할 시험밖에는 너희가 당할 것이 없나니 오직 하나님은 미쁘사 너희가 감당하지 못할 시험 당함을 허락지 아니하시고 시험 당할 즈음에 또한 피할 길을 내사 너희로 능히 감당하게 하시느니라"라고 약속되어 있다. 성도가 어디 있든지 지키시고 붙드시는 하나님, 그 분이 우리의 아버지이신 것이다.

또한 사람은 실수와 허물을 용서하는데 인색하지만 하나님은 30년간 신앙생활을 중지하고 많은 죄를 지은 자도 회개하고 다시 교회로 돌아오니 지난 죄는 묻지도 않고 깨끗이 사해주시고 다시 축복하시는 하나님임을 경험하였다.

정보학교에서 7주간 공부가 시작되었다. 물론 훈련소처럼 제식 훈련도, 총 쏘는 일도, 배낭 메는 일도 없어 많은 시간을 책상에 앉아서 공부하게 되었고, 해군과 공군에서 한명씩 상병 계급장 단 사람이 같이 교육을 받았다. 해군이나 공군은 인원이 적기 때문에 정보학교가 따로 없어서 육군정보학교에서 함께 교육을 받게 된 것이다.

그 학교에서 7주 동안은 대대장님 청소를 맡게 되었는데 같은 학번의 나의 1기 위의 선배가 군화를 빌려달라고 했다. 외출 갔다 오면 바로 벗어주겠다고 하면서 간곡히 부탁하여 고이고이 모셔두었던 군화를 빌려주었다.

그러나 한 주가 지나고, 두 주가 지나도 군화를 돌려주지 않았다. 나는 이제까지 예배 시간에는 늘 정한 시간 30분 전에 교회에 도착하였고 다른 사람과 약속하면 그가 내 윗 사람이든지 아랫 사람이든지 먼저 가서 기다리는 습관이 있다.

그 이유는 세상 사람도 **'신용이 생명'**이라고 했는데 돈 드는 일도 아닌데 신용을 잃으면 너무 가치 없는 사람으로 전락한다는 신념으로 살아 왔기 때문이다. 그랬는데 이런 경우를 당하니 선배이지만 이제까지 신뢰하고 존경하던 마음이 와르르

무너지는 것이 아닌가? 물론 내 군화는 신어 보지 않은 새 것이지만 선배의 욕심 때문에 생긴 일로 생각된다.

하나님 말씀이 진리 중 진리인 것이 **"욕심이 잉태한 즉 죄를 낳고 죄가 장성하여 사망을 낳는다"**고 했는데 어쨌든 상대가 고유 넘버의 한 기수 선배이니 어떻게 마음 다치지 않게 해결할 수 있을까 생각하다가 알맞은 지혜가 떠올랐다.

그 선배와 내가 같은 고유 넘버이니까 같은 대대장님 방 청소 당번이었다. 그래서 나중에 그 선배를 대대장실에서 만났을 때 나는 대대장님 명패 앞으로 그를 데리고 갔다.

그 명패에는 '이병희'라고 되어 있었는데, 나는 그 '희'자를 가리키면서 '희'자는 우리 조카벌 돌림자라고 말하면서 오늘 내로 군화를 가져오지 않으면 대대장님께 알릴 수밖에 없다고 하였다. 다행히도 저녁 때가 다 되어 그렇게 아끼던 군화를 돌려 받을 수 있었다.

육군정보학교를 수료하고 우리정보학교 동기생이 21명이 양주에 있는 모사단으로 갔다. 그 사단에는 정보학교 졸업생이 **5년만에 처음 왔기에 한꺼번에** 많은 인원이 배정되었다.

사단 대기병실에서 이틀째 되던 날 충북 괴산군 감물면 구무정이 고향이요, 아저씨 벌되는 이계승병장이 찾아오셨다. 반갑게도 **정보학교 여러 해 선배로 사단방첩대에서 근무하고** 계셨다. 오랜만에 후배 졸업생이 많이 왔는데 졸업생 명단에 내 이름이 있어서 찾아왔다고 하셨다.

얼마나 반갑고 감사한 일인가, 그분 고향은 우리 마을에서 3Km 정도 떨어져있으나 이정근 장기 하사가 고종 사촌이라 우리 동리에 가끔 오시기는 하였으나 지금 생각해도 내 이름까지 기억한다는 것이 의아스럽다. 어쨌든 생각지도 못한 만남을 통하여 하나님은 **하나님의 사람을 도우시되 환경과 사람을 통해 도우시고 일하시는 것을 체험하게 되었다.**

그 후 약 35년 후인가? 목회한 지도 25년이 지난 어느 날 이계승 아저씨의 전화번호를 수소문하여 알아냈는데, 어느 은행 지점장을 하시다가 정년 퇴직하시고 자전거포를 하고 계셨다. 자그마한 선물을 가지고 사업장을 찾아갔는데 워낙 훤한 인물에 건강한 체력이라 건강하신 모습, 평온한 얼굴 그대로이셨다. 그간 30년의 세월이 지났다고 누가 말할 수 있겠는가? 세월은 유수와 같다는 말이 새삼 실감났다.

군대에서 동료와

연대 정보과까지 내려가다

사단대기실에서 며칠만인가 사단정보참모가 우리 졸업생을 면접한다고 해서 정보처 앞에 한 줄로 서서 면접이 시작되었다. 정보참모는 중령계급장을 달았고 정보처에 근무하는 사병이 종이와 볼펜을 모든 졸업생들에게 나눠 주고 주소와 성명을 써 보라고 하였다. 글씨체를 보는 것이다.

정보참모님은 한 사람 한 사람 아래 위를 훑어보고 얼굴도 자세히 보는데 아무리 계급이 이등병이지만 여러 사람을 한 줄로 세워놓고 나무 고르듯 하는 데는 군대밖에 없으리라 생각되었다. 인격을 가진 인간으로서 얼마나 기분이 나빴는지 지금도 그때 일을 잊을 수가 없다.

나중에 알고 보니 내가 개인적으로 가까이 지나던 음성이 고향이라던 '허인무' 라는 친구와 또 다른 한 사람과 두 명이 사단정보처에 남게 되고 나머지는 3개 연대로 다 흩어지게 되었다. 내가 명령받은 연대에는 5명이 가게 되었다.

연대에 도착하여 차에서 내리자마자 사단정보처에서 연락받은 연대 정보과 직원이 나오되 감관중이라는 하사가 우리를 한 줄로 세우고 사단에서와 마찬가지로 역시 아래위를 훑어보고 종이와 볼펜을 주고 주소와 이름을 적어보라고 하였다.

그리고는 등사(프린트) 경험이 있는 사람이 있으면 손을 들라고 하였다. 나는 많은 경험은 없지만 감물면 4-H 연합회장 시절 여러 번의 경험이 있었고, 연대정보과에 떨어져야 되겠다는 생각에 손을 번쩍 들었더니, 5명 중 외롭게도 나 혼자만 연대정과에 남고 4명은 3개 대대로 각각 나누어 배치되었다.

몇 개월이 지난 후 졸업생 누구나 사단정보처나 방첩대 곧 상급부대에 근무지가 정해지기를 원했지만 실제 근무가 시작되고 보니 대대정보과에 근무하는 자가 제일 좋은 근무지임을 알게 되었다. 대대에 도착한 **정보학교 졸업생들은 부대 밖 영외에 거주하며 근무를 하고 연대정보과부터 행정부대이기에 바빴지만, 사단정보처는 연대보다 업무가 훨씬 더 많아** 더 바쁘다는 것을 알게 되었다.

제대 후 45년 지난 후 사단 정보처에 남아서 근무하던 허인무 씨를 찾으려고 음성군 삼성면 사무소에까지 전화하여 거처를 알려고 했지만 아직도 알지를 못하고 있다.

큰 키에 붉은 얼굴이었는데, 여자처럼 수줍어 하고 부드러운 마음씨에 정직하고 신용있던 분이었던 걸로 기억한다. 근무지가 각각 달라진 후에도 서로 위로하며 격려하던 사람다운 사람인 그를 한번 만나보고 과거의 안부를 묻고 싶은 사람이다.

우리 과는 4-5명이 정원이었으며 평화 시에 정보과는 너무 한가하여 시간이 안 갈 정도였으나 정보과장인 김 대위는 바짝 마르고 작은 체구에 얼마나 히스테릭한지 내 바로 위의 상급자인 김 병장에게 별 이유없이 소리 지르고 발로 차고 하므로 사무실 분위기가 영 썰렁했다.

연대에 군인교회가 있어서 매 주일마다 군인들만 20여 명 모였다. 사회에서 강도사 인허를 받은 조상병이 운영하고 설교도 하였다. 지금 기억에 남는 것은 정보과나 군종과는 본부

중대에 소속되어 있는데 본부중대에서 집합시킬 때 군종병인 조상병은 교회 일로 집합 시에 자주 빠졌다.

그로 인해 선임하사에게 여러 번 체벌당하는 것을 목격하게 되었다. 하지만 그때마다 조상병은 별 아픈 기색도, 억울한 기색도 없었다. 당시 나와는 천지차이로 성령 충만한 사람이었음을 알 수 있었다.

나는 훈련소에서는 열심을 내었으나 정보학교 때도 부대배치 받은 이후에는 예배에 빠진 일이 많았다.

그 이유 중 하나가 세상에 아쉬운 일이 없었기 때문인 것 같다. 그런 나에게 성령의 불을 주시고, 설교의 은사를 주시고, 부흥사로 쓰시고 또 교단의 교단장까지 올려 쓰신 하나님. 내가 나를 생각해도 원래의 나대로라면 하나님이 쓰실래야 쓸 데도 없었을 것이다.

어려울 때는 매달리고 환경적으로 살만할 때는 하나님을 멀리하던 나를 사람 같으면 '나쁜 놈, 이기주의자' 라며 발길로 차버렸겠으나 자비하시고 긍휼이 풍부하시고 전능하신 하나님은 때가 되니 성령의 불을 주시고 무지하고 작고 때를 굶던 가난한 나를 영육간 다른 사람을 만드신 후에 아름답게 사용하셨음을 생각할 때마다 눈물로 감사한다.

서울에서 사업을 시작하다

기적적으로 구한 사업장

제대 후 제일 먼저 서울 장위동에 이모님 댁에 들렀다. 군부대에 있을 때도 외출이나 휴가 시에는 딱히 갈 데가 없어서 자주 신세를 졌었다.

이번에 들린 것은 큰 목적이 있어서이니 고향 선배가 쓰다가 물려 준 인장칼로 그간에 고향에서 철쭉꽃 뿌리를 캐어 다듬어서 인장 새기는 것을 연습하였고, 또 의형제로 남달리 가깝게 지내던 홍영표와 함께 충북 괴산군 감물면과 칠성면 아주 두메 산골까지 눈길을 헤치며 주문을 맡아 20건 안쪽의 인장을 제작 배달한 경험이 경력의 전부인 것 같다.

누가 봐도 철쭉꽃 뿌리 몇 개로, 그것도 누가 쓰다가 준 인장도로 서울에서 개업한다니 내가 생각해도 참으로 어처구니없는 일이다.

하지만, 이렇게 시작한 일이 제대일로부터 6년 후 지금 장위 2동 주민센타 건너편 큰 길가의 약 대지 45여 평의 집을 사고,

작고 미약하게 시작한 그 사업과 집이 오늘 날의 은성중앙교회의 모태가 될 줄을 누가 그때 상상이나 했겠는가?

참으로 하나님의 인도하심과 섭리는 사람이 능히 측량할 수 없을 만큼 오묘하고 신묘막측하시다. 이런 기적이 많아서 이렇게 서투르게 정직한 마음으로, 있는 그대로 가감없이 자서전을 쓰게 되었다.

1968년. 군 제대 후 나는 현재 장위동 입구, 장위감리교회로 올라가는 오른 쪽 차도 옆 작은 거리에 사람 둘이 간신히 누울 만한 장소를 지금 돈 2만원(2012년 가치) 전세자리가 있어서 복덕방 할아버지에게 부탁하기를 제대훈련 마치고 약 15일 후에 꼭 올라올 테니 이 장소를 얻어달라고 부탁했다. 복덕방 할아버지가 염려 말고 다녀오라 하여 마음 놓고 고향 충북 괴산으로 내려갔다.

서울로 출발하기 전 아버님께 서울로 올라간다하고 2만원을 준비하여 주시기를 부탁드려서 2만원 돈 봉투를 받았다.

아버님께서 단서 붙일 일이 있다고 하시면서 돈 봉투를 도로 달라고 하여 도로 드렸더니 이 돈을 가져가서 성공하면 다행이고, 혹 실패해도 이 돈은 너에 대한 상속금이나 마찬가지니 가져 가려면 가져가고 싫으면 지금 포기해도 좋다고 하셨다. 나는 선택의 여지가 없어 받아들고 집을 나섰다.

지금 생각하면 간신히 두 사람 누울 만한 가게를 2만원에 얻는다면 잠은 그곳에서 자면 되지만 당장 살림은 어디서 하고 식사 준비할 돈은 어떻게 하겠다는 아무런 계획도 없는데 **아무 걱정도, 염려도 없이 상경하였다.**

당시는 중부고속도로도 없고 지방도가 비포장길이라 지금은 괴산에서 서울까지 두 시간이면 오는 거리를 당시에는 여섯 시간 이상 걸렸고, 차에서 내리면 온몸에 흙먼지가 벌겋게 내려앉았다. 젊은 나이였는데도 서울에 도착하니 그동안 쌓인 피로감이 몰려왔다.

그보다 더 어려운 것은 당시 **논, 밭을 합쳐서 3000평은 되었는데 차자인 내게 2만원이 상속이라고 하시는 아버님의 말씀이 도무지 이해가 되지 않았다.**

땅 한 평 없이 남의 집 머슴살이도 하시며 자수성가하신 아버님 입장에서는 절대 실패해서는 안 된다고 하는 결심을 심어 주시기 위해서였다는 생각을 지금에서야 하게 된다.

논농사는 약 900평이 되었고 밭은 2000평 되었는데 봄에 양식이 떨어지지 않게 하기 위해 조 농사를 많이 지었다. 많을 때는 20가마를 수확하였는데도 식구가 많으니 봄에는 모자를 때가 많았다.

그러나 1년 추수한 것을 돈으로 계산한다면 얼마 되겠는가? 큰 빚 없이 지낼 수 있었던 것은 **부모와 8남매, 형수 조카들 합쳐서 12명이 넘는 가족이 큰 질병이나 사고 없이 지냈기 때문이다.** 어쨌든 나는 덜덜거리는 비포장 도로, 낡은 버스에 몸을 싣고 봉투가 젖도록 기도했다.

"하나님 아버지, 저의 육신의 아버지 말씀 잘 들으셨죠? 제 손에 든 2만원이 1만 배, 수 천 만배로 불어나야 합니다. 그래야 정직하시고 부지런하시고 굶기를 많이 하신 우리 아버님이 하나님의 사심을 인정하시고 주께로 돌아올 것입니다."

약속했던 장소를 놓치다

상경 후 제일 먼저 약속했던 복덕방으로 달려갔다. 나를 보더니 잠시 말을 못하시는 복덕방 주인, 뭔가 불길한 예감이 머리를 스쳤다. 미안하게 됐소, 2만원 전세로 나와 있던 가게는 35세 노처녀에게 계약이 끝났다는 것이다.

당시 가게다운 가게는 아무리 싸도 20만원은 가져야 전세다운 전세를 얻을 수 있었는데 20만원의 1/10인 2만원 짜리를 놓쳤으니 내겐 너무나 청천벽력과 같은 일이었다. 제가 제대 후에 그렇게 꼭 올테니 맡아달라고 했고 또 얻어 주시기로 약속했는데 어떻게 된 거냐고 물었으나, **계약금을 주지 않고 고향집에 간 것이 화근이었고, 사회경험이 부족한 탓이었다.**

창피한 일이었으나 계약한 그 여인을 **나흘간 찾아가서 나는 거기서 제대하고 첫 사업을 시작하려 하니 '양보' 해달라고 사정했으나 전혀 반응이 없었다.** 마지막으로 4일째는 지금의 은성중앙교회 명예 권사님인 이모님을 대동하고 갔으나 대답은 마찬가지였다.

2만원짜리 전세를 놓치고 나니 그만한 전세를 얻을 가능성이 전혀 보이지 않았다. 그렇게 안타깝고 아쉬울 수가 없었다. 이제 어떻게 해야 한단 말인가? 집을 떠나 와 홀홀단신으로 서울에 홀로 떨어져 천지에 의지할 곳이 아무 데도 없었다. 갈 곳도 없고 잘 곳도 없어진 나는 **하나님 앞에 엎드려 눈물, 콧물, 입에 침이 흐르는 3부 합창 기도가 저절로 나왔다.** 창자를 비틀어 짜는 듯한 절규 속에 외치는 기도는 처음이었다.

정말, 야곱이 광야에서 하나님의 이름을 부른 것처럼, 야곱이 앞뒤로 꽉 막힌 상황에서 하나님 외에는 의지할 것이 없었던 것처럼, 나도 하나님의 이름을 부르는 것밖에는 아무것도 할 수 없었다. 이러한 고통에서 누가 나를 건져낼 것인가? 누가 나를 도와줄 것인가? 이런 기도는 처음 체험하는 것이었다.

계속 기도하는 중에 갑자기 온몸이 머리까지 선듯하고 내 심령에 "아래쪽으로 내려가라"는 확신이 왔다. 하나님께서 응답하신 것이다. 지금으로 말하면 멀게는 석계역 쪽이요, 가깝게는 장위2동사무소 쪽이었다.

기도하는 중에 즉석에서 내 심령의 세미한 음성으로 확신을 주신 것은 처음 있는 일이었다. **즉석에서 확실한 응답도 처음이요, 신령한 응답도 처음인데, 나는 눈물, 콧물, 입에 침이 흐르는 일명 3부 합창의 기도 때가 영이 제일 맑다는 것을** 이때 처음 체험을 통해 알게 되었다.

그리고 내가 부흥회를 인도하게 되어 어느 강단에 서든 나는 기도의 응답을 간절히 사모하는 성도들에게나 전도할 때, 이때의 경험을 간증하고, 하나님 앞에 영이 가장 맑은 상태로 기도하라고 당부한다.

또한 밝혀두고 싶은 것은 이 시절 나는 신앙 생활을 오래한 것도 아니고 성령의 불을 체험하기 이전이며 군대에서도 주일을 제대로 성수하지 못하던 시절이었다.

나약한 신자에 불과했는데도 이렇게 하나님께서 확신 있는 응답을 주신 것은 하나님의 전적인 은혜임을 고백할 수밖에

없다. 문제는 하나님의 전적인 은혜를 구하기 위해 눈물, 콧물, 침의 3부 합창의 간절하고 절박한 기도이냐 별 아쉬움 없는 기도이냐가 관건 아니겠는가 생각된다.

하나님은 언제든지 우리의 기도를 들어 주시길 원하시는 분이다. 그 분은 우리가 진심으로 기도할 때 그 기도를 헛되이 버리시는 분이 아니다. 그 분은 진심어린 우리의 기도를 들으시고 친히 응답하시기를 기뻐하시는 분이다.

왜냐하면 그 분은 우리를 사랑하시는 우리의 아바 아버지이시기 때문이다. 다만 우리의 기도가 **응답되지 못하는 것은 아직 때가 되지 않았든지, 우리가 전심으로 구하지 아니했든지, 아니면 자범죄를 가지고 기도하든지, 아니면 하나님의 뜻에 맞지 않는 정욕적 기도이든지 아니면 우리의 영이 맑지 않아서이기 때문이다.** 우리는 우리의 기도가 응답받는 기도가 되게 하기 위해서 맑은 영으로 기도하기를 힘써야 한다. 맑은 영으로 전심으로 구하는 자의 기도를 때가 되면 신실하신 우리 아버지 하나님께서 응답하실 것이다.

오늘도 하나님 아버지는 우리가 이렇게 기도하기를 원하고 계신다. 하나님은 영이시기 때문에 우리도 맑은 영으로 기도해야 하나님께 상달되는 기도를 할 수가 있다. 응답되지 않는 기도는 없다. 특히 3가지 중 하나로 응답하신다.

첫째 」 즉시 응답하시는 경우이다. 우리 사람은 아무리 가까운 사이라 해결해주고 싶어도 해 줄 수 있는 실력이 없어서 못해준다. 하지만 **하나님은 "전지전능자"이시라** 실력이 모자라서 해결 못하시는 일이 없기 때문이다.

둘째 」 "안 된다"고 응답하시는 경우이다. 마치 어린 아이가 칼을 달라고 하면 부모는 주지 않는 경우이다. 왜냐하면 주면 해롭기 때문이다.

셋째 」 "기다리라"는 경우이다. 선민이 해방 후 약 3년 경에 하나님은 12지파에 한 명씩 대표를 뽑아 장차 들어갈 가나안 땅을 정탐하러 보냈는데 정탐하고 돌아 온 10명의 대표는 그 땅은 젖과 꿀이 흐르는 기름진 땅은 틀림없으나 그 성들은 공격하기에 너무 견고하고 그 땅에 살고 있는 주민은 너무 크고 장대하여 이길 수 없다고 했을 때 여호수아와 갈렙만은 그 말이 사실이나 하나님만 우리를 도와주시면 그들은 우리의 밥이라고 선포했다.

여기서 '밥' 이란 우리가 먹는 음식을 말한다. 밥이 우리 몸에 들어와 힘과 생명을 주듯이 그들은 선민에게 도움이 될 자들이라고 말한 것이다.

이렇게 하나님을 전적으로 신뢰하는 긍정적인 발언을 한 그들은 하나님의 약속대로 애굽에서 나온 장정만 60만 명이나 되는, 셀 수 없는 많은 사람들 중에서 **단 둘만 가나안 땅에 들어가게 된 것이다.** 그렇다면 부정적 믿음을 가진 10명과 그들을 따르던 모든 선민을 하나님이 버리셨는가? 아니다.

이제까지 하나님은 선민에게 하나님은 전능하셔서 사람으로는 불가능한 것을 얼마든지 하실 수 있는 분임을 "신임하고 **믿게 하기 위하여**" 그들 앞에서 홍해를 갈라 보여주시고 "낮에는 구름 기둥, 밤에는 불기둥"으로 인도하시고 쌀 한 톨 없는 선민에게 만나와 메추라기를 내려 주셔서 하나님의 전지전능을 믿게 하려 했지만 아직도 하나님께서 도와주실 것을 믿지 못하는 선민에게 믿음이 생길 때까지 기다려주기 위해 40년 광야에서 왔던 길을 반복하다 보니 **하나님께는 40년이 한 순간이었으나 사람에게 40년은 생로병사의 기간이기 때문에 하나님은 기다리셨으나 사람의 수명은 한계가 있어서** 기다리지 못한 것이다.

하나님이 기도 응답에 대한 약속을 보면 너무 확실하셔서 감격스럽고 감사하되 민수기 14장 28절에 **"그들에게 이르시기를 여호와의 말씀에 내 삶을 두고 맹세하노라 너희 말이 내 귀에 들린 대로** 내가 너희에게 행하리니"라고 하셨다.

신앙생활을 오래 한 사람이 범하기 쉬운 실수가 하나님께 서원하고 그 서원을 사람에게 한 것보다 더 가볍게 여기는 경우이다. 그러면 하나님은 우리가 서원한 것에 대해 어떻게 약속하고 계시는가?

신명기 23장 21절에 "네 하나님 여호와께 서원하거든 갚기를 더디하지 말라 네 하나님 여호와께서 반드시 그것을 네게 요구하시리니 더디면 그것이 죄가 될 것이라.

성도가 하나님께 죄인으로 인정되면 하나님께로부터 오는 은혜의 우로가 막히게 약속되었으니 예레미야 5장 24절에 "이른 비와 늦은 비를 주시기로" 약속한 것인데, 무엇때문에 막히게 되는가? 예레미야 5장 25절에 "너희의 허물이 이러한 일들을 물리쳤고 **너희 죄가 너희로부터 좋은 것을 막았느니라"** 약속하셨기에 죄 때문에 하나님께로부터 오는 축복의 통로가 막히지 않도록 해야 된다. 어떻게 하면 하나님께로부터 오는 축복의 통로가 막히지 않는 것인가?

　첫째 」영적 레이다가 녹슬지 않도록 예배에 빠지는 일이 없
　　　　도록 하고

　둘째 」기도를 쉬는 일이 없도록 하고

　셋째 」맡겨진 사명에 게으르지 않아야 하고

　넷째 」위로는 하나님께 뱃장 있게 헌신하고 아래로는 불쌍한
이웃을 입으로만 아니라 신령한 것과 물질로 도와주는 것이다.

　성자 어거스틴은 어머니 모니카 때문에 구원 받았다. 16년
간 방탕한 아들을 하나님께 돌아오게 해 달라고 기도하되 "나
는 할 수 없지만 하나님은 하실 수 있음을 믿습니다"라는 믿음
으로 기도했다. 이 **믿음의 기도로 말미암아 기적이 일어났는
데 어거스틴의 꿈에 어머니가 무릎 꿇고 기도하며 흐느끼는
모습을 보고 그 강퍅했던 가슴이 어머니의 눈물의 기도 때문
에 무너져 내렸다.**

　사업 장소를 놓치고 4일 간이나 찾아가서 주야로 사정해도
못 들은 척 하던 35세 먹은 그 여인에게도 양보할 수 없는 특
별한 사유가 있었을 것이라고 생각된다.

　나는 응답의 말씀을 믿고 1km 정도 내려갔다. 지금의 장위
제2동 주민자치센터 맞은편에 복덕방, 대서소의 간판이 보였
다. 그곳은 복덕방과 대서소를 겸하고 있는 곳이었다. 들어가
니 후덕해 보이는 인상 좋은 사장님이 반갑게 맞아 주셨다.

　나는 여차저차 사정 이야기를 하며 전체 가진 돈이 2만원
(2012년 현재 가치)밖에 없다고 말씀드렸다. 사장님은 자신이 세
든 대서소를 함께 쓰자고 제안하셨다. 그리고는 못을 가지고

나오시더니 약 1평의 경계선을 그리며 이 선을 넘어오지 말라고 하셨다. 그리고 전세금을 1만원만 내라고 하셨다. 나중에 알고 보니 사장님이 대서소 볼 일 때문에 자리를 비우게 되면 내가 대신 가게도 봐 주고 오는 전화도 받게 하기 위해서였다.

지금은 도시 계획으로 일부만 남았지만 당시 그 건물은 153평의 넓은 대지 위에 안채는 여관이고 밖은 상가가 있는 큰 건물이었다. **대서소는 여관집에 세 들어 있었고 나는 세 들어 있는 대서소에 다시 세 든 셈이다.** 그 분은 장위동 토박이로, 면장을 역임하신 분의 셋째 아들이셨다. 그 분도 전직 면사무소 직원이셨다.

나는 상속금으로 받은 2만원 중에서 1만원을 전세금으로 주고 남은 1만원에서 5천원으로 당장 필요한 책상을 맞췄다. 그리고 **남은 5천원은 아버님께 다시 송금하였다. 상속금의 1/4인 5천원을 송금함으로 상속금이 아직 남아 있는 계산이 되는** 것이다. 당시 내 나이 26세였으니 2012년인 오늘날에는 벌써 44년 전 이야기가 되는 것이다.

히브리서 4장 16절에 은혜의 보좌 앞에 담대히 나가는 자에게는 두 가지 은혜가 약속되었으되,

첫째, 하나님이 용서하시고 불쌍히 여기시는 "긍휼히" 여기심이요,
둘째, "때를 따라 돕는 은혜를 주시겠다"는 약속이다.

내가 처음 얻으려다 놓친 장위동 입구는 44년이 지난 오늘날도 인장업이나 인쇄소는 될 수 없는 곳이었다. 서울 물정도

알지 못하고, 무엇보다 가게 얻을 자금이 없으니 급한 마음에 그곳을 놓친 것을 억울해 하며 분통해 했지만, 지나고 나니 그곳은 워낙 인장업이 안 되는 자리였던 것이다. 왜냐하면 그곳은 일반 주택만 있되 그것도 장위동 초입이기 때문에 주택도 많지 않고 따라서 사람의 왕래도 적은 곳이다.

하나님의 음성을 따라 와서 얻은 새 장소는 첫날부터 손님들이 많았다. **왜 손님이 많은가 했더니 바로 길 건너에 장위동 주민자치센터가 있었고, 인장업은 우리 가게 하나밖에 없었다.** 주민자치센터의 규모가 꽤 커서 지금은 장위 1, 3동이 분리되어 나갔고 석관 1, 2동이 분리되어 나갔다. 그러니 출장소나 마찬가지의 규모였다.

원래 마음에 두고 있던 가게 자리를 놓치고 지금의 주민자치센터 앞에 온 것은 **안될 자리를 놓치게 하시고 잘될 자리로 인도하신 하나님의 은혜이다.** 나에게는 홍해를 가르는 기적 중의 하나인 것이 분명하다. 만약 원래 자리를 안 놓쳤더라면 사업에 실패했을 것이고 사업에 실패했더라면 주민자치센터 바로 건너편 45평 짜리 집도 살 수 없을 것이요, 집은 고사하고 가족의 식생활도 어려웠을 것이며, 오늘날의 은성중앙교회는 이 땅 위에 세워질 수 없었을 것이다.

수 십년이 지난 오늘날 생각해보니 성경의 약속대로 때를 따라 돕는 은혜를 주시고 합력하여 선을 이루어주시겠다는 하나님의 약속은 틀림이 없는 것임을 체험을 통하여 확신하게 되었다.

만약 그 때에 하나님을 믿는 신앙이 없었다면 나는 어떻게

이 난관을 헤쳐 나갔을까 생각하니 암담했다. 이런 경우 신앙이 없는 **사람은 자포자기하거나 자살하는 경우도 있지 않았겠는가** 생각된다.

나는 여기에서 일평생 인간으로써는 도저히 이룰 수 없는 기적과 이사가 성도의 남다른 구별된 생활과 헌신의 대가로 어루어지는 것을 알았고, 또 그런 의미로 하나님의 말씀을 증거했으나 은퇴 후 3년이 지난 오늘에서야 하나님이 베푸시는 기적과 이사가 크게 두 가지로 나눠진다는 것을 깨달은 후 여기에 밝혀 두고자 한다.

출애굽한 선민도 거의 같은 입장이었을 것이다. **앞에는 홍해 뒤에는** 당시 세계적인 유명한 애굽의 마병, 오직 바라볼 곳은 하늘 밖에 트인 곳이 없었다. **하나님만 바라 보는 선민에게 홍해를 갈라놓고 건너 가게 하시고 애굽 군대를 홍해에 수장한 것은** 앞으로 너희가 가는 광야 40년 길은 이보더 더 막막한 때가 있을지 모른다.

그러나 오늘 홍해를 갈라 보여준 것 같이 **사방으로 우겨싸임을 당할 때 전능자인 나 여호와가 해결하리라는 언약을 보여준 것이다.** 과연 밤낮으로 행군하는 선민에게 농지는 어디 있으며 있어도 경작이 불가능한 저들에게 모든 영양이 들어 있는 만나를 내려 주시고 철옹벽 같은 여리고성을 부셔 주시고, 약속의 땅 가나안에 들어가게 하신 것이다.

우리 모두에게도 앞뒤로 막힐 때가 하나님 만날 절호의 기회임을 믿고 낙심하거나 과학이나 의학이나 사람만 의지하지 말고 전능자 앞에 나와 항복의 손을 들자! 홍해가 갈라지며 요단강이 멈춰 서리라!

특히 홍해의 기적은 초신자적 신앙의 단계를 의미함이다.

홍해 갈라질 때 선민은 아무것도 한 일이 없이 하나님이 갈라주시고 대적을 물리쳐주신 영적 메시지는 무엇인가?

첫째 」 하나님이 '전능자' 임을 선민에게 공개한 것입니다.(우리도 하나님의 전능하심을 얼마나 신임하느냐에 따라 믿음의 척도가 달라짐을….)

둘째 」 앞으로 광야 40년에는 더 큰 시련이 있어도 '의심하거나 두려워말라' 인간(선민)은 약하나 전능자가 도와주시면 당할 대적이 없으리라. 마치 세계적으로 마병을 자랑하는 애굽 군대를 홍해에 수장한 것처럼!

셋째 」 과연 쌀을 비같이 내려 준다 해도 밥을 지을 수 없는 그들이요, 밥을 내려준들 부식이 없는 저들에게 '만나' 를 매일 비같이 내려주시되 안식일(오늘날 주일)에는 안 내려주신 것은, 주일은 하나님의 날이요, 이 날은 하나님이 쉬신 것 같이 아무 일도 하지 말라는 것이 하나님의 부탁이니 출애굽기 31:14~15에 '너희는 안식일을 지킬지니 이는 너희에게 거룩한 날이 됨이니라 그 날을 더럽히는 자는 모두 죽일지며 그 날에 일하는 자는 모두 그 백성 중에서 그 생명이 끊어지리라 엿새 동안은 일할 것이나 일곱째 날은 큰 안식일이니 여호와께 거룩한 것이라 안식일에 일하는 자는 누구든지 반드시 죽일지니라'

우리는 믿음을 가지되 '만나' 속에는 밥만 아니라 부식에서 얻어지는 모든 영양분이 들어 있었음을!

넷째 」 만나를 언제 마지막으로 주셨는가? 수 5:12절에 그 땅 소산물(가나안 곡식)을 먹은 다음 날에 그쳤다 …. 이 말씀의 영적 의미는 선민은 이세상 살 동안 먹을 것, 입을 것은 전능자가 끊어지지 않도록 책임져 주실 것을 믿으시라!

그러면 누구에게 '홍해'의 기적이 약속된 것인가? 주님께 헌신한 것 하나 없는 초신자라일지라도 롬 8:28절에 조건을 말씀하시되, **하나님의 뜻에 따라 부름 받은 자 모두에게!**

처음 상경하여 44년이 지난 오늘날도 안 될 자리를 놓치게 하시고, 애통하며 울부짖는 여리고 연약한 나에게 작은 출장소와 같았던 주민센타 앞으로 보내실 때에는 신앙이 엉터리였기에 이때에 기적의 도우심을 주신 것은 홍해는 갈라 놓고 건너가게 하시고 같은 홍해 바다에 애굽(대적)은 수장하시고, 선민은 살리고 승리케 하신 것은 초신자이나 하나님의 뜻대로 영적 선민으로 선택되어 부름 받은 자였기 때문이었음을 고백한다.

그러나 요단강이 멈춰 선 것은 장성한 신앙의 단계이니, 홍해는 선민이 아무것도 한 것없이 하나님이 갈라 놓으시고 건너게 한 것이다. 그러므로 초신자에 대한 모형이나 요단강이 멈춰 서는 데는 두 가지 조건이 있었다.

1) 수 3:5에 **'성결'** 하라 하셨으니, 이 말씀은 **'구별되게 살라'** 는 말씀이다. 오늘날도 구별되게 살 것이 많겠으나 한마디로 요약한다면 하나님의 소유를 정확하게 구별하라는 말씀이다. 그중에 **첫째가 엿새동안은 열심히 세상 일을 하고 주일 하루는 온전하게 하나님께 드리라는 말씀이다.**

앞에서도 잠깐 증언한 것 같이 출 31:14에 구약시대 당시는 안식일을 범하는 자는 '죽이라'고까지 했다. 그러나 지금도 진보적 교단에서는 교회의 최고의 평신도 지도자까지 주일 날 영업하고, 돈벌고 들에 나가 일하는 것을 보고, 너무 충격적이었음을 증언한다. 만일 태풍이 주일 날 불어서 다 익은 벼가 쓰러졌다고 하자, 주일 날 일으켜 세우지 않고 다음 날 세우면 수확이 반으로 줄더라도 손을 대지 말아야 한다.

그렇다면 하루 늦게 세워서 수확이 반으로 줄어드는 것은 누가 보상하겠는가? 이와 같이 **하나님의 부탁의 말씀때문에 손해 본 것이 있어야 하나님도 갚을 것이 있게 되며 하나님은 때로는 헛지출을 막아 주시기도 하고 때로는 '죽을 자리'에서 살리는 것으로 반드시 보상하실 수 있는 하나님!** 그리고 **내 일생을 두고 매달려도 안 될 일을 '전능하신 하나님'은 한순간에 해결하실 수 있는 '전능자'임을 믿는 것이 믿음이다.**

내가 잘 아는 50대 여집사님 중에 예수를 계속 믿으려면 두 자녀와 함께 집을 나가라는 '무지막지한' 남편 때문에 그 소중한 가정을 포기한 분이 계신다. 나는 목사라지만 내 믿음은 여기에 비하면 얼마나 초라해보이는지 부끄럽기만 하다. 그래서 나는 보수적 신앙인을 귀하게 생각하며 보수적 신앙인으로 살다가 주님 앞에 서게 하신 주님께 감사한다.

그 다음은 수입의 9는 내가 쓰고, 1은 하나님께 드리는 것인데 우리는 이 **두 번째 관문도 정확하고 냉정하게 계산해야 하며** 그외에도 **발이 가는 곳, 손으로 하는 일**(직업), **눈으로 하는 일, 입으로 말하는 것**(언약한 것), 그리고 **먹는 것을 비선택자와**

는 구별되야 한다.

2) 하나님이 베푸는 이적의 주인공이 되려면 두 번째 조건은, 수 3:15에 (보리 추수기) 요단강이 범람할 때에 여호수아(목사 모형)는 제사장(장성한 신자의 모형)에게 '넘치는 요단강에 들어가라' 고 명령하되 빈몸으로 들어가도 빠져 죽을 것이 뻔한 일이다. 그런데 그 무거운 법궤를 메고 들어가라 '명령했을 때' 16절에 보면 **제사장들의 발이 '요단강에 잠기자' 요단강이 멈춰 섰더라 했으니!**

우리에게 주시는 영적 교훈은 하나님의 말씀(명령)이 분명하면 **죽을 자리까지라도 순종하되** 제사장들의 발이 요단강 물에 잠기자 강물이 멈춰섰다는 것은 어떤 의미인가? 죽을 자리지만 **순종을 시작할 때 하나님이 기적을 베푸시겠다는 약속이 아니겠는가!**

사랑하는 선택 받은 영적 선민 여러분, 인간인 목사님의 말씀이지만 그 내용이 하나님의 말씀(성경에 있는)이 분명하거든 **손해나는 것, 죽는 것 겁내지 말고 그대로 시작해 보시라!** 시작할 때, **과학적으로, 의학적으로, 물리적으로, 인간의 권세로** 안되는 것이 해결될 줄 믿는다.

믿음으로 사업을 시작하다

나는 점포 밖으로 가로 1m, 세로 60cm정도의 크기의 진열장을 2층으로 제작하여 모든 인장 견본을 진열하였다. 그리고 일과를 마치면 진열장을 닫고 자물쇠를 잠갔다.

지금 생각해도 인장 몇 개 일한 경력도 없고 고작 철쭉나무 뿌리로 연습해 본 것이 고작이면서 무슨 배짱으로 서울 갈 생각을 했는지 신기할 따름이다. 인장을 제작하는 것도 어느 정도 연습이 되어서 손에 익은 후에나 잘 할 수 있다.

당시에는 한자 이름으로 된 인장을 많이 사용했다. 어렵고 획이 많은 한자를 제한된 규격에 거꾸로 새겨야 하는데 짧은 경력으로 어찌어찌하여 실수없이 해나갔는지 감사할 따름이다.

그래도 손님이 잘못되었다고 반품된 일이 없었으니 이 모든 것이 기적 중 기적이라 생각된다. 특히 고무인은 특별히 배운 일이 없었는데도 내 나름대로 고안하여 한지에 축필로 써서 고무에 뒤집어서 붙인 다음 물을 묻히고 문지르면 잔 글씨가 그대로 고무에 글씨가 거꾸로 나타나는데, 그것을 그대로 새기면 된다.

순간순간 지혜를 주시고, 모든 일에 세밀하게 간섭하시는 하나님의 은혜가 아니라면 의지할 곳 없는 서울에 와서 그렇게 담대하게 버틸 수 있었을까 하는 생각이 든다. 그때는 닥치니까 해냈지만, 지금 생각해 보면 나의 의지를 뛰어넘은 하나님의 간섭하심이 순간순간 나를 따라 다니고 있었음을 깨닫게 된다.

당장은 잠자리가 없어서 대서소에 비치된 긴 나무 의자에서 잠을 잤다. 그 긴 의자는 가운데 조밀하게 짠 왕골자리를 깔되 그 폭이 35m 정도 되어 사람이 간신히 앉을 수 있을 만해서 잘못하면 떨어질 수도 있었다. 식사는 매식을 주로 하였다.

그러기를 얼마 지난 후 세든 가게 바로 옆 집에 나이 많은 두 아들과 어머니가 단칸방에서 살림하며 살고 영감님은 차고로 쓰는 옆 공터에 붙은 블럭으로 지은 임시 건물에 있는 차고사무실 방 한 칸에서 주무셨다. 누가 연결하셨는지 나도 그 방에서 그 영감님과 같이 방을 쓰기로 했다.

연탄불은 내가 넣어주기로 하는 조건이었다. 아궁이가 지붕이 없는 난달이요, 연탄불 박스를 앞으로 당겨서 갈아야 했다. 시간에 맞춰 가서 갈아야 했는데, 별 어려움이 없이 지냈다.

그때부터는 매식하던 것을 중단하고 혼자 자취를 시작했다. 주로 콩나물국을 끓여 먹었다.

조미료라고는 고추가루 조금 넣는 것이 전부였지만 그렇게 맛이 있을 수 없다고 생각되었는데 이것도 나로서는 너무 넘치는 은혜이기에 감사함으로 끓이고 먹었기 때문인 것 같다.

매일 콩나물국만 먹어도 감사한 것은 시골에 살 때에는 콩나물무침은 아버님 상에나 오르는 귀한 식물이었기 때문이다. 하지만 콩나물국 냄비를 사람들이 지나다니는 길에 들고 다니는 것이 어려운 점이었다.

그 길은 당시 버스가 다니는 큰 길이라 많은 사람들이 왕래하는 길이었다. 그래도 내가 직접 식사를 준비하여 굶지 않고 먹게 된 것을 감사했다. 밥은 양은솥에 세 끼 먹을 양을 해서 솥을 이불 속에 묻어 두면 한겨울에도 차갑지 않았다.

타지에서 혼자 자취하는 아들을 위해 어머니께서 새 솜을 넣어 소청으로 싼 이불을 보내주셨다. 여간 따뜻하고 포근한 것이 아니었다. 객지에서 혼자 지내는 외로움도 잊은 채 하루하

루 지내고 있었지만, 어머니가 보내주신 이불을 덮고 자면, 온
종일 일을 하느라 쌓인 피로가 봄눈 녹듯이 사라졌다.

내가 자는 방은 사무실로 쓰던 방이라, 생각할 수 없을 정도
로 추운 허술한 부르크 단칸방이었으나, 어머니가 보내 주신
이불을 덮고 자면 따뜻한 양달로 변하는 듯하였다. 여호와 이
레로 예비해 주신 것이다

이 방으로 오기 전에는 이모님이신 이복순 권사님네 공장 기
술자와 함께 자기도 했다. 방도 임시로 지은 허술한 방이었지
만 기와 공장 기름 냄새와 땀 냄새가 범벅되어 여간 힘든 일이
아니었다. 또한 이미 그때 시골에서 어머님이 솜이불을 보내
주신 터라 다른 사람은 새카만 이불을 덮고 자는데 혼자만 새
이불을 덮고 자는 것도 여간 부담 되는 일이 아니었다.

지금도 감사드리는 것은 현재 은성중앙교회 권사님이신 이
복순 권사님이 아니었더라면 장위동에 내가 정착하지 않았을
것이다. 돌이켜 보면 이 모든 것이 은성중앙교회를 이 땅에 세
우고자 하는 하나님의 계획이요, 섭리라고 생각하여 하나님과
이모님께 다시 한번 감사하고 싶다.

장위동에는 당시 가발 공장이 많았는데 특히 '동화통상'이
란 회사가 규모가 컸다. 그 회사에서는 많은 일거리를 정기적
으로 단체 주문하여서 가게 운영에 많은 도움이 되었다. 언제
인가 주민등록증을 일제히 발급할 때는 주문이 밀려서 식사할
시간도 없이 바쁜 나날을 보내기도 하였다.

맞선과 결혼

서울에 온 지 약 1년 만에 괴산군 칠성면 목골에 사는 처녀와 맞선을 보게 되었다. 당시 중매는 우리 고향 동네에 사시는 신부 고모부가 하셨다. 나를 한 동네에서 신용 있게 보신 것 같다. 목골 처녀 집으로 가서 맞선을 보게 되었다.

나는 키가 작은 사람이라 키 큰 것이 소원이었다. 중매하신 분이 이런 내 마음을 아셨는지 긴 치마를 입어서 키가 커보이되 실제 나보다 키가 컸다. **결혼 조건으로 결혼하면 신앙생활 하기로 약속하고 몇 개월 교제 후 그해 초겨울 신부 집 마당에서 전통식 혼례식을 올렸다. 당시에 결혼예식장에서 목사님의 주례하에 혼인하였다면 얼마나 좋았겠는가?** 당시 신랑 친구로는 이병찬 장로님 한 분이 참석해 주셨다.

이 분은 내가 목회할 당시에도 모든 특별한 일이 있을 때마다 원거리를 멀다 않으시고 참석해주셨다. 지금이야 그나마 길이 좋아져서 시간이 조금 단축되었지만 옛날엔 길도 안 좋고 차도 여러 번 갈아타야 하는 상황에서 바쁜 농사일을 접어두시고 서울까지 오셔서 챙겨주신 것을 생각하면 그리스도의 마음이 아니면 가능했겠는가 하는 생각이 든다. 그리스도의 사랑을 실천하기 위해서 시간과 정성을 내는 사랑을 보여 주신 것이다. 나뿐만 아니라 감물제일교회 출신들의 애경사에는 빠짐없이 찾아 돌아보시는 아버지 같은 분이시다.

장롱도 서울에서 살림할 것이라 사지 않아서 짐이 별로 없었지만 트럭을 대절하여 타고 우선 10리 밖인 우리 고향 감물면으로 옮겼다가 두어 달 후에 신부가 상경하였다.

첫 번째 얻은 전세방은 모가 나고 길쭉한 연탄방이었다. 방 하나에 살림살이를 놓고 나머지 공간에서 생활하였다. 아내가 있으니 나는 그동안 자취하면서 밥하고, 살림하던 것을 안 해도 되어 일에 한결 집중하기가 좋았고 심리적으로도 많이 안정이 되었다.

연탄은 예전에 나무를 해다가 때던 것에 비하면 얼마나 값도 싸고 좋은가? 하루 석 장이면 따끈따끈하게 지낼 수 있는데 부피도 얼마 안 되고 값도 얼마나 저렴한가?

만약에 서울에서 나무를 직접 해서 때든지 집집마다 다 사서 땐다면 어떻게 되겠는가? 연탄의 연료가 기름으로 발전하고 다음에는 가스로 발전하고 일반 가스에서 도시 가스로 발전했으니 26세에 군대에서 제대하여 40여 년 동안에 많이도 바뀌

3째 지희,
장위초등학교
입학기념

고 발전했다고 생각된다.

다른 것도 위험하기는 하나 특히 연탄은 밤에 가스가 새어 그로 인해 소천한 사람이 얼마나 많은가? 처음 쪽방을 전세로 얻었는데 마침 아버님이 올라오셨는데 그날따라 날이 궂었다. 내가 화장실이 밖에 있어서 소변보러 나갔는데 별이 헛보이며 어질어질 하더니 얼어붙은 빙판에 뒤로 쓰러졌다.

지금 생각해도 머리를 다치지 않은 것에 감사하다. 마지막으로 하나님께 소천할 때도 이렇게 되는 것 아닌가 싶다. 물론 김칫국을 먹고 누워 있으니 젊은 나이였기에 바로 일어날 수 있었다. '인명은 재천'이라고 하지 않았던가? 불신자들도 그렇게 말하는데 진리 중 진리라고 생각된다. 어떤 사람은 태풍 중에 직장에서 퇴근해 돌아오는 아내 마중 나갔다가 돌아오는 길에 기왓장에 머리가 맞아 사망하는가 하면, 비바람 벼락 칠 때 두 사람이 걸어가다가 한 사람은 살고 한 사람은 죽었다는 것은 '인명이 하나님께 있다는 것'을 잘 증명하고 있다.

사업장의 이모저모

생각해보니 목회사역을 시작하기까지 제대하고 서울에서 세상 사업은 꼭 10 년 동안이었다. 사업을 시작하고 수 년이 흘러갔다. 같은 사무실에서 대서소를 경영하시는 윤수환 선생님은 면사무소 퇴직 후 행정서사를 하시지만, 일에는 별관심이 없으셨다.

개업한 지 수년이 지나니 손님들이 명함도 부탁하고 프린트도 부탁하여서 주인집에 양해를 얻어 부엌에 수동식 석판 인쇄기를 설비하였다. 주인집에는 주인 두 내외분과 자녀 5남매가 살았는데, 모두 심성이 착하였다.

안주인 되시는 이순자 씨는 성이 나와 같아서 누님으로 부르게 되었는데, 인정이 많고 경우가 밝으셨으며, 누님답게 매사를 잘 돌보아주셨다. 친형제라도 자신의 부엌에 인쇄 잉크 냄새나는 시설을 허락하기 쉽지 않을 것 같다.

손님 중에 김씨 할아버지라고 본토인으로 키가 작으시고 부티 나는 분으로 우리 사무실에 단골손님이셨다. 장위동 토박이로 많은 농지로 농사를 지으시던 농부셨는데 이 곳이 서울로 발전하면서 땅값이 뛰는 바람에 갑부가 되신 분이시다. 천성이 착하시고 정직하신 분이시다.

이 분은 가끔 우리 사무실에 들르시고, 주인집 내외 분과 술동무를 잘하셨으며 나중에 은성중앙교회 집사가 되신 삼거리집 아주머니와 늘 어울려서 술로 소일하셨다.

한번은 김씨 할아버지 사랑채를 전세 계약을 했는데 같은 여관 사업하는 친한 분이 내가 계약한 것을 다른 사람에게 뺏어주려고 했다. 김씨 할아버지는 당신이 인심을 잃어가며 먼저 계약한 사람의 것을 빼앗아 다른 사람에게 주는 것이 경우에 맞지 않는다고 여관집 주인을 설득하여 그 집으로 이사 갈 수 있도록 도와주셨다. 나는 그때 내 돈 주고 전세 사는 것도 힘이 필요한 것이라는 것을 경험하였다.

계약한 집으로 이사할 수 있었던 것도 안집 주인인 이순자

씨의 도움이 컸다. 같은 여관을 경영하시는 입장에서 경우가 바르지 못함을 분명하게 말씀해 주셨다. 경우보다 사람의 눈치를 본다면 같은 여관을 경영하며 오랫동안 친분을 쌓았던 여관 주인 편을 들었을 것이다.

오늘날도 내가 불이익을 당해도 경우 바르게, 양심 따라 말하고 살아가는 사람이 많아야 바른 사회가 될 수 있다고 믿는다. 또한 그런 사람들이 당장은 곤란한 입장이 된다 하여도 하나님께서 그 마음을 아시고 축복해 주시리라 믿는다.

6
사업을 번성케 하신 하나님

상경하여 보니 당시 장위동에는 장위감리교회밖에 감리교회가 없었는데 집에서 너무 멀었다. 바로 눈 앞에 장석교회(통합측) 교회가 있어서 출석하였다.

당시 장석교회에는 담임목사님이신 장 목사님이 계셨고, 부목사님으로 이 목사님이 오셨다. 이 목사님은 특별한 설교은사가 있으셔서 많은 교인들이 이 목사님 설교를 들으려고 했다. 그래서 담임목사님이 이 목사님 설교 횟수를 줄였다.

이로 인해 지금의 장위중앙교회를 이 목사님이 개척하시게 되었다. 나와 가까이 지내시던 분들이 모두 이 목사님이 새로 개척하신 장위중앙교회를 따라가셔서 우리 내외도 따라 가게 되었다.

당시에는 살림집도 사업장에 있는 집으로 옮겨와서, 사업장도 살림집도 여관집에 속해 있었다. 그런데 주인집은 불신자인 데다가 굿을 도와주러 다니시는 분이니 예배드리는 것을

너무 싫어하였다. 그래서 구역예배를 드릴 때는 찬송을 소리 내어 부르지 못하고 성경 읽듯이 읽으며 예배를 드릴 수밖에 없었다. 한번은 남전도회원들이 우리 집에서 회의를 하게 되었는데 손님 접대를 위해 준비한 사이다와 과자를 손님이 잡수시기 전 여관 주인집부터 갖다 드렸다.

인생의 시련(구치소에서의 100여 일)

서울에서 사업이 발전하여 처음 시작할 때의 10배 정도 크기로 확장하여 여관집 좌측에 딸린 가게로 장소를 넓혀서 이

전하였다. 반자동 활판기계도 들여놓고 약 30여 교회 주보 인쇄도 하게 되었다. 지금도 죄송하게 생각되고 부끄러운 일은 주보는 토요일까지 각 교회에 배달되어야 한다. 그래서 집사람도 아기 업고 서대문구 달동네까지 주보를 이고 배달해도 시간이 모자라는 형편이었다. 주보 원고를 주말에 다같이 늦게 해주기 때문이었다.

그런 와중에 내가 출석하고 있는 장위중앙교회 주보를 하게 되었다. 어느 주인가 토요일 늦게까지 두 세 교회 주보가 늦게 되어 월곡동에 사는 동생인 이내영 집사까지 와서 밤을 새워 도와주었다. 주일 예배 전까지 간신히 배달하였으나 내가 봐도 오자와 탈자 투성이었다.

그 때 일을 지금 생각해도 부끄럽고 죄송한 마음이다. 교인은 물론 별 말 없었고, 담임 목사님이신 이 목사님도 아무 말씀이 없으셨다. 지금 생각하니 예수 그리스도를 닮은 온유한 성품 때문인 것 같다. 나였다면 얼마나 화를 많이 내었을까하는 생각하니 부끄러운 생각이 든다.

사업이 번창되어 전보다 장소도 10 배 이상 커지고 일하는 사람도 늘어나 인쇄물도 한창 많아지던 때였다. 나는 반자동 활판기를 들여 놓고 본격적으로 인쇄를 하게 되었다.

그러던 어느 날 큰 사건이 터지고 말았다. 대구에서 두 명의 형사가 내 이름을 확인하며 찾아왔다. 이유인즉 얼마 전에 같은 교회 여 집사님 동생이 모 기관에 다니므로 그 기관의 직인, 계인 신분증, 도장과 인쇄물을 해주었다.

그런데 원판과 똑같지 않아도 정상적으로 기관장의 허락을 받지 않은 것은 위조라는 것이었다. 나에게는 청천벽력과 같은 소식이었다.

물건을 해 간 사람이 먼저 것대로 복사품으로 한 것이 아니라 도장이나 신분증을 잊어 버렸으니 먼저 것과는 상관없이 새 것으로 만든 것인데, 문서 위조라는 큰 범죄를 한 것이 되고 말았으니, 이렇게 억울할 데가 없었다.

그렇다고 사전에 내가 그 일에 대해서 안 것도 아니었고, 그 일의 특별한 대가를 받은 것도 아니었기에 더욱 억울한 일이었다. 신분증을 해 간 사람이, 그 신분증으로 대구에서 운전하다가 교통 위반되자 면허증 대신 신분증을 제시했다가 발각이 된 모양이다.

많은 사람들이 위조는 실제 도장이나 인쇄물을 원판 그대로 복사하여 똑같이 하는 것이라고 생각하나 해당기관장의 의뢰서 없는 조각이나 인쇄물은 위조가 되는 것임을 그때서야 알게 되었다.

나는 결국 두 형사와 함께 대구 경찰국을 경유하여 경북 영천 구치소에 수감되었다. 나는 그 여 집사님 동생이 재판 받을 때 옆에 서서 판사가 질문하는 것에 답변해야 했다. 대개는 그분에게 질문이 많았고 나에게는 한 마디도 질문하지 않을 때가 많았다.

질문과 답변은 아주 간단하게 이루어졌다.

"신분증을 인쇄해주었는가?"
"예."

"도장도 새겨주었는가?"

"예."

이것으로 모든 질문과 답변이 모두 끝났다. 전후 사정 들을 것도 없이 사실에 대한 확인 질문과 답변으로 모든 것이 끝났다. 다음에는 더 물어 볼 것이 없었기 때문이다. 허무했다. 이 일로 나는 구치소 신세를 지게 되었다.

구치소는 4방 12자 정도의 방에 15~20명이 수용되었고 음식은 꽁보리밥에 콩이 들어 있고 양은 그릇에 된장 국물 조금과 장아찌, 간혹 멸치도 조금씩 나왔다.

억울하기도 하고, 괴로운 심정이 이루 말할 수 없었다. 내 죄도 아니고, 다른 사람에게 이용당한 생각을 하니 더욱 분한 생각이 들었다. 하지만, 나의 일거수 일투족을 아시고, 어디서나 나와 함께 하시는 하나님이 함께 하시니 일순간 평화가 밀려왔다. 성령께서 함께 하시니 심령이 너무나 평안하였다.

구치소 오기 전 경찰국에 도착해서도 나도 모르게 코를 골며 자고 있을 정도였다. 내가 생각해도 나는 마음이 약하고 당시는 믿음도 약하고 몸도 왜소하고 약한데 어디서 이런 배짱이 나왔나 의아하다.

한번은 목욕을 시켜 준다고 하여 옷 벗고 기쁘게 목욕탕으로 달려갔으나 뒷 사람이 다 도착도 하지 않았는데 인도자가 "목욕 끝!"이라고 외쳤다. 나는 몸에 물도 못 묻히고 돌아온 기억이 있다. 자그마한 방, 방안에 구식 화장실, 지금은 환경이 많이 좋아졌겠지만 아무리 죄짓고 재판 결과를 기다리는 미결수이지만 정기적으로 목욕을 시켜주고 식사도 영양부족은 되지 않게 해야 질병에 걸리지 않지 않겠나 생각된다.

어쨌든 재판만 끝나면 나가게 될 것이라는 믿음으로 하루하루를 감사하며 지나게 되었다. 상황을 보면 기가 막힌데, 알 수 없는 평안이 나를 매일 감쌌다.

감사할 수 없는 상황이었지만, 내 입에서는 날마다 감사가 나왔다. 얼마나 남이 보기에도 감사를 많이 했으면 나보다 20세 정도 연장자이면서 얼굴도 하얗고 핸섬하게 생긴 분이 2층에서 창가로 나를 불렀다. 가까이 갔더니 **이렇게 힘들고 어려운 환경에서 무엇이 그렇게 감사할 것이 있느냐 하면서 오늘은 진짜 감사할 것을 하나 알려 주겠다** 하였다. 그러더니 저 건너편 막사 1층에는 사형 확정 받은 기결수가 1명씩 있는데 우리 같은 미결수가 돈을 거출하여 사형수에게 사식(매식) 음식을 접대 한다고 하였다.

그 방에서는 사형수가 왕인데, **평소 그의 말을 안 들으면 밤에 잘 때 젓가락으로 눈을 찌르는 사건이 발생한다는 소문을 들었다고 하였다.** 그러니 **사형수 방에 안 가게 된 것을 감사**하라고 가르쳐 주었다. '열 길 물 속은 알아도 한 길 사람 속은 모른다' 고 했던가? 지금 같이 있는 방에도 왼쪽 새끼손가락이 굽고 키가 작으며 얼굴도 곱상하게 생긴 사람이 있었다.

그 사람은 자기를 소도둑이라고 소개했다. **자기는 작은 칼만 있으면 30분 내에 황소를 잡아 각을 떠서 차에 실을 수 있다** 하며 큰 소리 치는 사람이었다.

내 생각에는 30분 내에 소를 훔쳐서 각을 뜨는 것이 전혀 불가능할 것 같았다. 그런데, 그것을 자신 있게, 그리고 그것이 얼마나 부끄러운 일인지 모르는지 자신만만하게 말하는 사람이었다. 내 생각에는 저렇게 작은 체구(나보다는 크지만)에 곱상한 얼굴에 어떻게 남의 소를 훔쳐서 그런 엄청난 일을 할 수 있을까 하면서도 내심 무서웠다.

사형수 방에서의 25일

건너편 막사에 사형수가 평소 자기 말을 순종치 않은 자를 젓가락으로 눈을 찌른 일이 있었다는 말을 듣자 그 방에 안 가게 하신 것도 감사했지만, 당시 나는 소화가 안 되는 편이라 살이 찌지 않고 **마른 편이었고 따라서 신경이 예민하여 갑자기 내 눈이 찔린 것처럼 눈이 근질근질 해지는 것 같았다.**

참으로 기적의 하나님을 이해하지 못 할 사건은 사형수 방에 안 간 것을 무한히 감사한 바로 **그날 재판받는 출정을 나갔었고 출정 했다가 2층 방에 돌아와 보니 사형수방 9호실로 배정이 났다는 것이다.** 아니 오늘 오전에 사형수 방에 안 간 것을 참으로 감사했는데 출정했다가 오후에 돌아오니 오늘 당장 사형수 방이라니……. 참 이상하다는 생각이 들었다.

사형수 방으로 가기 전 1시간 동안 단단히 마음의 준비를 하였다. 무엇보다 다른 방에 처음 전입되어 가면 문 앞에서 사람이 지키고 섰다가 발로 차든지 주먹으로 치는 신고식이 있을 것을 예비하여 1시간 전부터 이를 힘껏 물었다. 아무리 세게 치더라도 남달리 약한 내가 턱이라도 다치지 않게 하기 위해서였다.

시간이 되어 담당 교도관이 사형수방 9호실로 안내하였고 문을 노크하자 문을 안에서 열어주었다. 준비한대로 방에 들어설 때 이를 단단히 다물었으나 발로 차거나 주먹으로 치지 않았다. 오히려 1시간 전부터 얼마나 이를 앙물고 있었던지 **입 주변이 얼얼하고 정신만 더 얼떨떨하였다.**

정신을 차리고 보니 왼쪽 모서리에 20채 정도 쌓아 놓은 이불에 기대앉은 분이 그리로 오라고 손짓을 하였다. 나는 그가 사형수임을 직감하고 순간적으로 겸손하게 행동해야겠다고 판단을 했다. 그 앞에 무릎을 꿇고 얌전히 앉았다. 그 사람은 자그마한 키에 까무잡잡하고 둥근 얼굴 그리고 왼쪽 눈가에 작은 흰 점이 있었다. 아무리 봐도 무서워 보이지도 험상궂지도 않은 얼굴이요, 더구나 사형수와는 거리가 멀어 보이는 체구와 인상이었다. 그의 말로는 계단에서 어린 조카와 다투다가 잘못되어 조카가 죽었고, 사형 언도를 받은 지가 5년째라 하였다.

무릎을 꿇고 앉아 불안해 하고 있는 나에게 사형수의 질문이 시작되었다.

"종교가 뭐요?"
"기독교입니다."
"교회 나간 지 몇 년 됐소?"라는 질문에 엉겁결에
"15년 넘었습니다."라고 대답했다.
"집사님이 되었습니까?"
"예, 됐습니다."

"집사된 지 몇 년 째요?"

나는 당황해서 "5년쯤 되었습니다."라고 대답했다. 하지만 나중에 생각해보니 집사된 지 1년밖에 안된 것을!

그때 그 사형수는 내 무릎을 반갑다고 탁치는 것이었다. 나는 내 무릎을 만져 보았다. 왜냐하면 사형수이자 살인자가 쳤기에 별일 없는가 해서 말이다. 그의 다음 말에 내 눈에는 이슬이 맺혔다. 그 사형수는 나지막하지만, 절절한 음성으로 이렇게 말했다.

"집사님, 오늘 오실 줄 알고 기다리고 있었습니다."

사유인 즉 며칠 전에 이 방에서 예배를 인도하던 집사님이 재판을 받고 출소했다는 것이다. 그런데 사형수가 자기 방에 온 많은 미결수(재판 받기 전 사람)를 5년 동안 겪어보니 교회 집사나 장로인 사람들은 재판 받으면 거의 나가더라는 것이었다.

그 말을 들으니 굉장히 위로가 되고 확신이 되었다. 내가 올 때를 기다린 이유를 말하되 예배 인도하던 집사님이 이 방에서 나가고 나서 다시 예배를 인도할 수 있는 집사님이나 장로님을 보내 달라고 여러 날 기도 했다는 것이다. 그런데 어젯밤 꿈에 하나님께서 응답 주시기를

"내일은 잘 믿는 집사를 너희 방에 보내 주리라"

라는 응답을 받았다는 것이다. 그러면서 나에게 아주 반가운 웃음을 보이면서 오늘 들어 오셨으니 오늘은 쉬시고, 먼저 집

사님은 매 식사 후에 하루 3번씩 예배를 드렸는데 집사님은 은혜 많이 받았다니까 내일부터 하루 4번씩 예배를 인도해 달라고 부탁하였다.

나는 그때부터 하루 4번씩 예배 인도를 하게 되었다. 하루, 이틀이 지나 열흘 정도는 별 어려움 없이 설교했다. 수 년 동안 유초등부 교사를 하면서 아이들을 대상으로 설교한 것이 많은 도움이 되었다. 그러나 열흘 넘게 지나자 설교 자료에 바닥이 났다. 그래서 할 수 없이 설교 자료를 만들기 위해 열심히 성경을 읽기 시작했다. 신약밖에 없는 성경을 몇 번 통독했는지 모른다.

감방에는 엄격한 규율이 존재했다. 비좁은 방에 여러 사람들이 함께 생활하니 특히 각자의 자리 배정에서 힘의 서열이 정해졌다. 그 방에는 20명이 정원인데 사형수까지 21명이 되어 내가 제일 늦게 들어왔으니 들어온 순서대로 하면 사형수를 1번으로 하여 내 자리는 21번째로 냄새나는 구식 화장실 옆자리였다.

그날 저녁 식사 후 사형수가 20명의 방 식구들을 모아 놓고 광고를 했다. 광고 내용은 오늘부터 강사 집사님 잠자리는 내 다음 자리인 2번 자리에서 주무신다는 것이었다. 이 방에서는 왕이나 다름없는 사형수의 명에 의해 21번에 자야할 내가 하나님의 은혜로 두 번째 자리에 자게 된 것이다. 1번의 사형수로부터 3번까지는 구치소에서 나오는 식사를 하는 것이 아니라 구치소 밖에 있는 일반 식당에서 사오는 음식으로 식사를 하게 되었다. 나는 사형수 다음, 2번 자리에 있었기 때문에 식사도 구치소 식사가 아니라 사제 식사를 할 수 있었다. 2번이 1번보다 더 좋은 자리인 것은 1번은 사형수 자리요, 2번은 일반 미결수로서는 첫 번째 자리가 되는 것이기 때문이다. 이런 사실은 전국 구치소 역사 상 희귀한 사건이라 생각된다. 하나님과 화목하고 관계가 바르면 지금도 세상에서 **과학적으로나 의학적, 물리적으로 인간의 권력으로** 될 수 없는 일이 된 것이 기적이요, 지금도 기왕 믿을 바에는 전능자에게 인정 받도록 신앙 생활하면 이보다 **더 크고 위대한 이적과 기사를** 아주 쉽게 창조하시는 분이기에 전능자가 아니겠는가?

신앙생활하긴 하면서 어설프게 하지 말고 성경에 약속하신 말씀대로 살면 당신을 통해 나보다 더 크고 위대한 증언자가 되게 하실 것을 의심치 않는다. **교회 출석도 중요하지만 신자 이전에 사람이 먼저 되되 하루를 살아도 양심에 부끄럽지 않게 세상을 살아가야 할 것이다.**

2층에 있을 때에는 안 들렸었는데, 1층(사형수방)으로 내려오니 새벽이면 밖에 있는 교회에서 치는 차임벨 종소리가 바람 소리에 따라 굵게 들렸다가 가늘게 들렸다 하였다. 경음악 내용은

"나 같은 죄인 살리신 주 은혜 놀라워 잃었던 생명 찾았고 광명을 얻었네."(305장)

"내 주를 가까이 하게 함은 십자가 짐 같은 고생이나 내 일생 소원은 늘 찬송하면서 … "(338장)

같은 찬양이라도 듣는 사람의 환경에 따라 그 감동의 깊이는 크게 차이가 나는 것을 경험하게 되었다. 나는 그때 그 차임벨 소리가 세상 교회에서 들려오는 소리가 아니라 하늘나라에서 들려오는 천상의 음악 소리로 들렸다.

그때 마다 나는 많이 엎드렸다. 그곳에서는 엎드려서 누워 있는 다른 수감자와 몸높이가 같아야지, 다른 사람보다 높으면 제재를 가하기 때문이다.

평소에 눈물이 별로 없는 나는 그때 많이 울었다. 평상시에 눈물이 날만한 일이 있어도 마음 굳게 먹고 살았었다. 그런데, 거기서는 엎드려 있으면 그렇게 눈물이 많이 날 수가 없었다. 아마도 몇 년 울어야 할 것을 그때 다 운 것 같다. 눈물, 콧물, 입에 침까지 범벅이 되어 있는 날이 많았다.

그것은 그냥 울음이 아니었다. **하나님 외에는 나를 구원하실 분이 없음에 대한 고백이었고, 나의 형편과 처지를 가장 잘 아시는 하나님께 나를 도와달라고 하는 울음이었다.** 절박한 상황에서 인간적인 체면을 생각할 필요 없는 눈물, 콧물에 침이 흐르기까지 간절한 기도를 하게 되었다.

또한 그렇게 울 수 있는 것은 성령님의 위로하심이 함께하셨기 때문이다. 이 세상에 누구 앞에서 그렇게 울 수 있단 말인가? 우리의 눈물을 통해서 깨끗한 심령에서 나오는 눈물을 통해서 성령님은 우리를 위로하시고, 도와 주신다.

생각해보니 눈물, 콧물, 입에 침까지 삼부 합창이 되도록 기도를 한 것이 **이번이 내 생애에 두 번째였다. 처음에 서울에 올라 와서 2만원 짜리 가게 자리를 놓쳤을 때도 그렇게 삼부**

합창으로 울면서 기도를 했었다.

또한 간절한 기도 가운데 주의 음성을 들은 것도 두 번째였다. 인간으로 상상할 수 없는 기적을 만난 것도 두 번째였다. 그래서 내 경우에는 눈물, 콧물, 입에 침이 범벅이 되는 삼부 합창으로 기도할 때가 영이 가장 맑을 때임을 체험을 통해 알게 되었다. 삼부 합창이 되어 범벅이 됐을 때 나는 주의 음성을 들었다.

"사랑하는 아들아! 많은 사람이 새벽기도가 어렵다고 하나 그 어려운 새벽기도도 내가 그 걸음을 걷게 해야 할 수 있느니라."

하고 말씀하였다. 그때 나는 결심했다.

"주님, 저를 내보내주시면 하나님께서 저를 부르실 때까지 많은 성도가 어렵다고 하는 새벽기도를 빠지지 않고 성수하겠습니다."

그 결심은 원로목사가 되고, 3년이 지난 오늘날까지 변함없이 진행하되 이것을 진행할 수 있는 것도 전능자가 성령의 도움과 건강을 주셔야 가능한 것이니 약속을 지킬 수 있도록 도와주신 주님께 감사합니다.

하나님은 롬 8:28절에 약속을 이루어 주셨으니 「우리가 알거니와 하나님을 사랑하는 자 곧 그 뜻대로 부르심을 입은 자들에게는 모든 것이 합력하여 선을 이루느니라」고 하셨는데, 당시 사형수 방에 가는 것을 얼마나 두려워 했겠는가?

그러나 사형수 방에 가지 않고 전에 있던 방에 그대로 있었다면 어떻게 사형수를 만날 수 있겠으며 부족하고 서리집사 1년의 경력자인 내가 어느 방으로 이동하는 것까지 **하나님이 알고 계시다는** 그 엄청난 사랑, 인간의 순간순간의 발걸음을 인도하시는 주님, 어떻게 출소할 때까지 20일간이나 사식을 매일 먹을 수 있으며 하루 4번씩 예배를 인도했겠으며 사형수 옆 자리에서 20일간 잠을 자면서 전혀 두려움을 못느꼈겠는가!

그것도 사형언도 받은 지 5년된 그가 얼마나 성심을 다하여 하나님을 섬겼길래, **예배 인도자를 보내달라고 기도할 때**, 꿈에 하나님이 내일 집사를 보내겠다는 응답을 받았다는 살아계신 하나님에 대한 체험의 말을 들을 수가 있었겠으며 쪽복음인 신약성경을 설교준비를 위해 여러번 통독할 수 있었겠는가?

먼저 신앙생활하되 현 생활을 희생하면서 성경말씀의 규칙을 따라 살면 현실에서 우선 크고 작은 시련이 없을 수 없으나 이번 경우처럼 **오히려 시련때문에 나중에 보니 합력하여 선을 이루게 되리라!**

나의 결심은 내 마음대로 된 것이 아니고, 성령님의 인도로 된 것이고, 또한 그 결심을 이루게 하시는 분도 성령님이심을 고백하게 된다.

한번은 전도하기 위하여 사형수에게 광고 시간에 지금까지 자원하는 사람 7~8명만 예배드릴 것이 아니라, 방 안에 있는 모든 사람은 예배 드릴때 빠짐없이 다같이 드리자고 광고하라고 부탁했다. 사형수의 말이 무서웠는지, 아니면 성령님의 감동이었는지 이후에는 21명 전원이 예배드리게 되어서 7~8명이 드릴 때 보다 훨씬 분위기가 좋게 되었다.

이런 광고가 있은 뒤 몇 사람은 개인적으로 찾아와서 혹 유초등부 때 혹은 청년 때 교회 열심히 다녔는데 잠시 쉬고 있었다고 묻지 않는 말을 하기도 했다. 아무래도 나보다는 사형수를 의식해서 한 말 같다. 전후 사정이야 어쨌든 그 예배가 많은 사람들이 신앙 생활에 대해서 다시 생각하게 되는 계기가 되었다. 남의 일에 연루되어 구치소에 간 것도 억울하고 기가 막힌 일이었는데, 거기다가 사형수의 방에 있게 되었을 때 그 황망함은 이루 말할 수 없었다.

그러나, 그곳에서 하나님의 말씀을 사모하는 사람을 만나게 하시고, 그 사람들에게 하나님의 복음을 전하게 하신 것은 하나님의 섭리라 생각된다.

또한 21명이나 되는 사람들이 매일 하루에 4번씩 예배를 드리려면 나가서 전도를 해도 할 수 없는 일인데, 그 일을 하게 하셨으니 그것도 하나님의 크신 섭리이다. 인간은 한치 앞도 내다 볼 수 없지만, 하나님께서는 우리의 발걸음 한 걸음 한 걸음을 인도하시고, 간섭하시는 섬세한 분이심을 고백하게 된다.

지금도 가끔 그 때 그 사형수가 어떻게 되었는지 궁금해진다. 사형을 당했는지, 아니면 사형이 지연되어 혹시 살아 있지나 않은지……. 어쨌든 그에게 하나님의 말씀을 사모하는 마음을 주시고, 복음을 받아들이게 하셨으니 그에게도 하나님의 은혜의 햇빛이 있었던 것 같다. 실수 때문에 영어의 몸이 되긴 했지만, 심성은 고운 분이셨는데…….

만약에 실수로 사형수가 되어 전능자 앞에 나왔다면 그는 불

행자가 아니라 행복한 자요 다행스런 자이기에….

그는 내 사건 이야기 전모를 듣더니 앞으로 20일 정도 지나면 나가게 될 것이라고 하였다. 그는 5년 동안 남의 사건 이야기를 듣고 혼자 판결 하였는데 거의 빗나간 일이 없었다고 하였다. 그 후로 정확하게 23일 만에 출소하게 되었다. 창밖에 벼 심는 것을 보고 왔는데 들어와 벼가 누렇게 황금물결 칠 때 출소했으니 백 일이 넘게 구치소에 있었던 것 같다.

인간이 이 세상에 살아갈 때 죽음 다음으로 힘들고 괴로운 일이 무엇인가? 묻는다면 영어의 몸이 되는 것이 아니겠는가? 그런데 이렇게 어려운 곳에 100여 일을 거하게 한 이유는 무엇이겠는가? 내 자신에게는 말할 수 없는 힘든 일이지만 여기에서 설교하기 위해 신약만 있는 작은 책인 쪽복음만 가지고 하루에 4번씩 설교를 한 것은 하나님께서 말씀 전하는 것을 미리 훈련시키신 것이라 생각하고 감사한다. 하나님께서 미리 신학 공부를 시키시며 미리 목양을 실기시키신 것이다.

구치소 있을 때 사업 사정

내가 구치소에 있을 때는 아직 본격적인 주보 인쇄를 하기 전이었지만, 사업이 확장되어 인장, 활판 인쇄 등으로 주문이 많은 상태였다. 내가 없어서 주문을 받지 못하고 일을 못 해주면 그동안 확보해 놓은 단골을 모두 잃을 수도 있는 상황이었다. 하루 이틀도 아니고 백 일이 넘게 사장이 자리를 비웠으니, 만일 그 기간 동안 일을 하지 않으면 사업을 접어야 하는 상황이었다. 하지만, 나는 그 때 내 일생에 있어서 잊을 수 없는 은인을 만나게 되었다.

그때 인쇄소 종업원으로 아직 스무 살이 채 안 된 '황기순'이라는 청년이 있었다. 고향이 강원도였는데 집안 환경이 좋지 않은 것으로 들었다.

그는 국판(활자 조립)도 잘하고 반자동 활판기도 잘 돌려서 신임이 가는 사람이었다. 또한 오시는 손님마다 빈 손으로 돌려보내지 않고 주문을 다 받아서 사업이 잘 진행되도록 노력했으니 남다른 재주가 있는 사람이다. 무엇보다도 정직하고 성실하여 인장 주문이 왔을 때는 가까운 다른 업소에 맡겨서 새겨서 드리므로 손님을 빈손으로 보내지 아니했다고 한다. 그렇게 해서 단골을 잃지 않고 사업을 유지해 나갔던 것이다. 나이도 어린 사람이 그렇게 성실하게 다른 사람의 사업을 유지해 주는 것이 어찌 쉬운 일이겠는가?

세상에는 3가지 사람이 있다고 했던가?

첫째, 짐승만도 못한 자와 짐승 같은 자가 있다.

짐승의 특징은 은혜를 입고도 은혜인지도 모르고 감사할 줄 모른다는 것이다. 요즘 나는 진돗개를 두 마리 키우고 있다. 그런데 이 개들이 집에서 기르려고 사다가 우리에 둔 토끼 새끼 4 마리와 중닭(중간 닭) 12 마리를 물어 죽였다. 우리 안에 있는 것을 발로 닭장의 밑바닥 흙을 파서 주인인줄 알고 가까이 온 닭을 꺼내 죽인 것이다. 또 토끼집의 얇은 철망을 이로 물어뜯고 머리를 집 안에 넣어서 토끼 4 마리를 밖으로 끌어내 죽였다.

나는 원래 진돗개가 천연기념물이고, 총명하고 민첩해서 무척 사랑했었다. 그런데, 그런 일이 있은 이후로 천연기념물 53호로 지정된 진돗개를 불신하게 되었다.

둘째, 사람다운 사람이 있다.

세상을 창조하시고 인생을 창조하시고 그 일생의 발걸음을 섭리하시는 하나님의 존재를 인정하지 않고, **하나님의 은혜를 감사할 줄 모르지만 사람의 은혜를 아는 사람이다.**

가끔 부흥회 나가서 좋은 음식을 먹을 때마다 배를 곯으며 나를 키워주신 우리 부모님께 한번도 좋은 음식을 사드리지 못한 것이 늘 마음에 걸렸다. **자식이 아프면 자식을 들쳐 업고 뛰며, 열이 오를 때는 잠도 자지 않고 지켜 보고 밤을 지새는 은혜, 그 은혜를 아는 것이 사람이다.**

또한 스승의 은혜, 어려울 때 자신을 도와준 것을 감사할 줄 아는 사람, 사회의 은혜, 나라에 대한 은혜를 아는 사람들이 그것을 갚기 위해 결심할 때, 충신도 나오고 효자 효녀도 나온다. 또한 평생 피땀 흘려 고생하며 얻은 재물을 사회에 희사하는 사람도 나오는 것이다.

사람이 부모의 은혜를 나중에 갚겠다고 하지만, 나중에 갚으려 하니 부모가 기다려주지 않는다고 한다. 이 말은 시간이 지날수록 맞는 말이라는 생각이 든다.

나야말로 지금 생각해보면 부모님께 제대로 해드린 것이 없다. 어머님은 워낙 일찍 돌아가셔서 그럴 기회도 없었지만, 12 년을 모시고 살았던 아버님께도 변변한 외식 한번 시켜 드리지 못했다. 그래서 부흥회 나가서 좋은 음식을 먹을 때마다 배를 곯으며 나를 키워주신 우리 부모님께 한번도 좋은 음식을 사드리지 못한 것이 늘 마음에 걸렸다.

물론 그때 당시는 지금처럼 외식 문화가 많이 발달하지 못했던 때이기 때문에 그랬던 것도 있지만, 맛있는 음식, 좋은 음식을 대할 때 부모님이 생각나는 것은 어쩔 수 없다. 또 좋은 **자가용을 탈 때마다 한번도 부모님을 차에 모시고 나들이 간적이 없으니 나는 너무 무심하고 무정한 아들이었다.**

대접도 제대로 못해드린 아버님! 지금 생각으로 왜 그때 갈비와 같은 특별한 음식을 대접 못했던가 후회된다. 아버님은 약주를 아주 즐기셨다. 하지만 예수 믿는 내가 약주를 많이 드릴 수는 없었다.

그래서 당시 불신자셨던 아버님을 전도하기 위해 소주에 환타를 섞어서 드렸다. 약주를 좋아하시는 것을 알지만 많이 드려서 취하시면 선천적으로 장이 약하신 분이 배탈날 확률이 크기 때문에 반주로 소주에 환타 섞은 것을 딱 3잔만 드렸다.

당시에는 아버님을 생각해서 한 것이었지만 약주 좋아하시는 분이 환타 섞은 소주를 무슨 맛에 드셨을까 생각하니 참 죄송한 생각이 든다.

또 3잔 이상을 못 드시게 한 것을 생각하면 마음이 아프다. 부모는 자녀 위해 모든 것을 다 주었는데 자식이 부모님을 너무 감독한 것 같아 씁쓸한 마음이든다.

서울에서 아버님을 모시고 있을 때 어느 해인가 이웃집 어르신들이 몇 분 오신 가운데 낯모르는 할머니가 계셨다. 인상이 엄청나게 험상궂고 무섭기까지 한데 나보고 어머님 감으로 어떻냐고 의견을 물으셨다.

나는 안 된다고 대답했다. **나중에 아버님이 몸이 불편하셔서 시골 형님 댁으로 내려가셨는데 그곳에 가 보니 그 분이 그곳에 오셔서 같이 지내고 또 몸이 불편하신 아버님을 돌보고 계신 것이 아닌가?** 내 마음에는 그렇게도 마음에 안 들던데 아버님 마음에는 드셨던가 보다. 자식이 헤아릴 수 없는 부모의 마음이 따로 있다는 생각이 든다.

아직 부모님이 살아계신 분들은 참 행복한 사람들이다. 그 이유는 **자녀가 축하받을 일이 생길 때 이 세상 그 어느 누구보다 진심으로 기뻐할 사람은 부모이기 때문이다.** 자녀가 모르는 비밀을 가르쳐 준다면? 그리고 부모님들이 제일 좋아하는 것은 옷도 음식도 아니라 본인 마음대로 쓰실 수 있는 현금일 것이다. 왜? 옷도, 음식도 부모가 좋아하는 것을 자녀는 잘 모르기 때문이요 본인이 제일 잘 알기 때문이다.

셋째, 영적인 사람이 있다.

영적인 사람이란 무엇보다 신앙 생활하여 성령 받은 사람이다. 모든 인생은 태어날 때 죽은 영을 가지고 태어나기에 자신의 생명을 누가 주었는지 모른다. 그리고 하나님이 누구인지 모른다. 시골에서 어릴 때보니 가을에 추수가 끝나고 시루떡을 하여 그릇 그릇에 담아서 소구녕(소밥그릇)에도 갖다 놓고 장광에도 갖다 놓고 부뚜막(솥이 있는 사이사이)에도 갖다 놓는데 그 이유는? 소가 잘해서, 샘(용왕)이 도우셔서 1년의 곡식이 잘 되었다고 믿는다. 다 하나님의 존재를 모르고 하나님이 지으신 피조물을 신으로 생각하는 미신 때문이다.

하나님 말씀에 보면 **하나님께서 가장 싫어하시는 것은 우상을 섬기는 것이요, 우상 앞에 절한 것이 되는데도 가장 큰 죄가 된다는 사실조차 모르기 때문이다.**

그러나 교회 나와서 성령을 받으면 하나님께서 모든 인생의 걸음 걸음마다 섭리하시되 이 땅의 생명은 잠시 잠깐이요, 인간의 육체는 땅에서만 유효하며 **영원히 죽을 수 없는 영혼이 안식하는 내세가 있음을 확신하게 된다.**

전도할 때 연세 많은 분들에게 죽음이 두렵지 않느냐고 물으면 열이면 여덟은 두렵지않다고 대답한다. 이유를 물으면? 죽으면 그것으로 끝이라고 대답한다. 그럴 때면 설명하기를 사람이 짐승과 다른 것은 짐승은 육체뿐이라 육체는 흙에서 왔으므로 흙으로 돌아가지만, **사람은 영혼이 있어서 육은 흙으로 돌아가고 영혼은 살아있기에 하나님 앞으로 돌아가 천국과 지옥으로 분류하게 된다고 설명하고 영적인 면에 전문가인 목사의 말을 믿으라고 간청한다.**

홍수 심판의 경고를 받고 120년을 기다리고 준비했던 노아처럼 이 세상에 머무는 동안에는 세상에서 세상 사람과 같이 살면서 같은 일을 하지만, 그의 목표는 땅에 것이 아니라 영원한 안식처를 향해 준비하며 한걸음씩 한걸음씩 천성을 향해 전진하는 것이다.

특히 성경은 사람에 대해 분류하기를 몸과 혼과 영으로 구분하고 있다. 많은 사람이 교회에 나가서 내세를 준비하자 전도하자고 하면 '바빠서 못간다'고 한다. 구체적으로 무엇에 바쁘다는 것인가? 세상일에 바쁘다는 것이요, 세상일은 궁극적으로 몸, 혼, 영 중에서 무엇을 위해 바쁜 것인가? 깊이 생각할 것도 없이 몸, 곧 '육'을 위해 바쁜 것이다.

우리 몸인 육과 혼과 영이 무엇으로 생명을 유지하는가? 구체적으로 본다면 **육은 흙에서 왔으므로흙에서 난 "음식을 먹어야 살고", 혼은 "지식을 먹어야 살며", 영은 "하나님의 약속의 말씀"을 먹어야 산다.**

하지만, 이런 고차원의 영적 지식이 없는 자는 하나님이 주신 7~80년을 육의 양식만 위하여 살다 가며, 몇 %는 혼을 위하여 살고 제일 중요한 영을 위해 살다가 가는 사람은 극소수에 불과하다 할 것이다.

어쨌든 나이 어린 단 한 사람인 황기순 군은 내 일생 가장 고난의 기간에 없어서는 안 될 사람다운 사람이었다. 지금도 꼭 한번 다시 만나보고 싶은 사람이다.

구치소에 있는 동안 가장 많이 신경 쓰고 애태우며 고생한 사람은 지금은 고인이 된 내 아내였다. 내가 없는 사업을 잘 모르는 사람으로 꾸려가기가 얼마나 힘들었겠으며, 서울에서 대구와 영천까지 면회 오기가 얼마나 힘들었겠는가? 전해 들은 이야기로는 어린 딸을 업고 면회를 다녔는데, 고속버스에서 왕복 6~7시간을 어떻게 아이가 우는지 같은 차에 탄 손님들이 내리라고 할 정도였다고 한다.

1백여 일 만에 출소했더니 무엇이든지 어리둥절하였다. 장위중앙교회에서는 목사님께서 구치소에서의 경험을 간증하라 하셨다. 그래서 사형수 방에서의 기적을 간증하였다.

구역에서는 김영수 장로님이 구역 강사이신데 나보고 구역 예배시 설교하라 하여 순종하는 마음으로 마태복음 24장 16절에서 18절에 있는 '말세 준비'에 대해 증거했다. 지금 생각해 보니, 제대로 했을 것 같지 않다. 어쨌든 본문의 내용이 중요하여

다시 한번 상고한다면, 마태복음 24장 16절에

"그 때에 유대 있는 자들은 산으로 도망갈찌어다"

라고 하신 말씀은 유대인처럼 택함 받은 자들은 산(교회)로 도망하라는 뜻이다. 교회가 왜 산인가? 산은 우리가 사는 동리와는 떨어지고 구별된 장소이듯 교회는 세상 속에 존재하나 구별된 장소로 교회 벽 안에 들어오면 **하나님의 지시와 명령과 규례와 법도 그리고 하나님의 통치 안에 들어오기 때문이다.** 교회 안에서 특히 주일을 거룩하게 구별하되

이사야 58장 13절에 주일에는 "발과 사사로운 말을 금하라"고 하셨다.

주일에는 **사사로운 개인의 일을 하는 날이 아니라 예배 드리고, 전도하고, 심방하는 주의 일에 종일** 시간을 드려야 제대로 주일을 성수하는 것이다.

마태복음 24장 17절에

"지붕 위에 있는 자는 집안에 있는 물건을 가지러 내려가지 말며"라는 말씀은 말세가 될수록 기도를 쉬지 말라는 말씀이다.

선민은 건축 할 때 지붕 위에 기도실을 짓기 때문에 지붕위에서 내려오지 말라는 말씀은 기도를 쉬지 말라는 말씀이되 "집안에 있는 물건 때문에 내려가지 말라"는 말씀은 말세가 되면 물건 즉 물질 때문에 기도 할 수 없는 때가 올 것을 예언하신 말씀이되 물질 때문에 너무 육을 피곤하게 하면 예배나 기도시간에도 졸게 되기 때문이다.

얼마나 많은 성도가 일주일에 낮 예배만 한 번 드리고 주일을 지켰다고 착각하고 있는 사람이 얼마나 많은가? 과연 성령 받았다면 다른 예배시간에 다른 장소에 있으면서 마음이 편하겠는가? 만약 편하다면 성령을 받지 못했다는 증거이며 천국 들어가는 입장권은 성령인데 입장권 없이 극장에 못 들어가듯 아버지 나라(천국)에 들어가기는 불가능한 것이다.

마태복음 24장 18절에

"밭에 있는 자는 겉옷을 가지러 뒤로 돌이키지 말지어다"
라고 하신 이 말씀은 사명이 있는 자는 그 사명이 다 끝날 때까지 뒤로 물러서지 말라는 뜻이다. 농부가 밭을 갈 때 뽕나무에 겉옷을 벗어서 걸어 놓고 밭을 갈되 벗어 논 겉옷을 입는다는 것은 일을 다 마치고 집으로 돌아가는 것을 의미한다. 농부가 집으로 돌아갈 때는 두 가지 경우이다.

첫째, 해는 남았는데 자기 밭을 다 갈았을 때(이 말씀은 개인적으로 부름 받을 때까지를 의미하는 것이요) 또 한 가지 경우는 자기 밭은 남았는데 해가 지는 경우이다.

즉, 예수 그리스도의 재림 때이다. 예수 그리스도의 재림은 해가 진 후에는 세상 일이 끝나듯 세상의 끝을 의미하는 것이다. 이 두 가지 경우 외에는 하나님께서 주신 사명의 자리를 잘 지키라고 하시는 말씀으로, 말세를 당한 성도에게 하나님께서 부탁하시는 말씀이다.

사업을 확장하다

지금도 생각하면 꿈과 같은 일이 현실이 되었다. 1968년 당시 단돈 2만원을 가지고 무작정 상경하여 만 5년만에 세들었던 바로 옆집(동사무소 정문 앞집) 약 45평 주택을 샀으니 어찌 기적이 아니겠는가?

잔금이 모자라서 시골 아버님께 연락하여 내 명의로 된 5백여 평 밭을 아버님이 팔아서 잔금을 낼 때 보태어 치뤘다. 잘 팔리지 아니하는 작은 시골 땅이 어떻게 제때에 팔렸는지 지금 생각해도 참 감사한 일이다. 아버님은 땅 한 평없이 시작하셔서 남의 집 머슴살이도 하시면서 자수성가하여 시골 땅 3천 평을 사신 분이다. 그러니 얼마나 절약하시며 사셨겠는가?

그 중에서 5백 평을 나를 위해 주셨으니 엄청난 것을 상속하신 것이다. 새로 산 집은 길가에 담이 있고 뒤에 있는 작은 방까지 8개인가 되었다. 담을 철거하고 방으로 된 것을 가게로 바꿔야 사업장으로 이사할 수 있어서 집을 개조하기 시작하였다.

개조를 위하여 철근을 넣고 기둥 공사를 하다가 주일이라 중단하고 교회 갔다. 돌아와 보니 양복 입은 여러 사람이 우리 집 앞에서 웅성거리고 있었다.

공사를 중단하고 있는 기둥을 가리키며 큰 소리로 떠들었다. 알고 보니 성북구청에서 나온 분들로 일반주택을 가게로 고치려면 용도 변경 허가를 얻어서 공사를 해야 되는데 절차를 밟지 않았기 때문에 위법행위라는 것이다.

주일날 여러 직원이 나온 것을 보면 보통 문제는 아닌 것 같았다. 그렇지만 구청직원은 지금이라도 용도 변경 신청을 내고 허가를 득한 후에 일을 진행하라는 것이다. 다행한 일이라고 생각되었다. 담을 헐고 방 두 개와 마루의 뒷벽을 헐고 유리창문과 셔터를 다는 작업이 새로 진행되었다.

당시로서는 엄청난 개조이니 용도 변경 허가를 낸 다음 고치는 것이 마땅한 순서였다. 허가 전에 미리 공사를 한 것은 순전한 내 불찰이였다. 하지만 당시 나는 그런 법적 절차를 전혀 몰랐었다. 또 구청에서는 순서가 바뀌었는데도 용서하고 관용한 데 대해 참으로 감사하게 생각하게 된다.

허가대로 용도 변경을 하다 보니 크지는 않지만 1평 반 정도 지하를 팠다. 하지만 옛날에 기와 없은 집이라 사방 지주대를 세웠지만 집이 무너질까봐 노심초사였다. 칸을 막아서 작은 공간인 우측에 인장포, 복사기를 놓고 사무실 공간을 확보하였다. 왼쪽 넓은 데에는 활자를 진열하고 석판 인쇄기, 명함기, 반자동 활판기를 놓고 본격적으로 주보인쇄를 시작하였다. 주보 인쇄가 많을 때는 20 교회 이상 되었다.

하지만 그로 인해 많은 종업원이 필요한 한편 다른 일에 비해 수익성은 떨어졌다. 지금 생각해보면 당시 종업원들에게 제대로 대우하지 못한 것 때문에 너무 미안한감이 생긴다.

사업도 사업이지만 이들에게 삼시 세끼 식사를 공급하는 일도 만만치 않았다. 아내는 싫은 내색 없이 묵묵하게 항상 사업장을 지키며 식사를 준비했다. 솜씨가 좋을 뿐 아니라 인심이 좋았던 아내는 항상 음식을 넉넉하게 준비하여 종업원들에게 정성껏 식사를 제공했다. 점심에는 물국수에 라면을 넣고 김치를 넣어서 겨울철에는 공장 연탄난로에 끓여서 먹었는데 그 맛이 참 좋았던 것을 기억한다.

남편의 사업을 돕느라 발 벗고 나서서 군소리 한마디 없이 묵묵히 그 수고를 다 감당하던 아내의 수고를 잊을 수 없다. 주보를 인쇄하는 작업은 원고를 받아서 인쇄하여 교정 보고 다시 찍는 작업을 금요일부터 토요일까지 신속하게 일을 처리해야 했다. 일손이 모자를 때는 아내도 멀리 문화촌까지 가서 주보 원고를 가져 오고, 주보를 배달하는 일을 도와야 했다. 아직 막내가 어릴 때였는데 아기를 업고 먼 교회까지 버스를 타고 주보 배달을 했으니 얼마나 힘든 일이었겠는가?

그때나 지금이나 살가운 인사를 할 줄 모르는 나는 한번도 그 일에 대해서 고맙다고 말해본 적이 없다. 부부 사이이니 인지상정으로 알 것이라 생각한 것 같다. 하지만 고맙다고, 사랑한다고 말할 수 있는 시간도 한정되어 있는 것임을 그때 알았더라면 얼마나 좋았을까하는 생각을 해 본다.

장로 피택과 성령의 불 체험

장로 안수를 받다

내가 다니던 J교회에서 불미스러운 일이 생겼다.

처음에는 중고등부일로 시작하여 교회 중직되는 집사님들과 목사님 사이에 트러블이 생겼다. 낮예배 후 잠시 모 집사님 가정에서 모인다 하여 갔더니, 남자 집사님들이 많이 모여서 교회 이야기를 시작하였다.

처음에는 교인 이야기로 시작하여 목사님의 부적절한 이야기까지 별 두려움없이 했다. 나는 점점 두려운 마음이 들었다. 하루 이틀 시간이 지나면서 점점 교회가 시끄러워지기 시작했다. 결국에는 교회 역사상 너무 부끄러운 일까지 일어나게 되었다. 나는 어느 편도 들기 어려워 그 교회 나가는 것을 중단했다. 최악의 경우로 강단에 계신 목사님을 끌어내리는 사건이 일어난 것이다.

후에 전해 들은 이야기는 목사님에게 반기를 들고 대적했던 자는 그 후 6개월이나 1년 만에 소천하는 사례가 있게 되었다.

또한 주동했던 집사는 잘 되던 사업이 부도가 나서 교도소에 갔다. 교도소에 있는 동안 젊은 아내가 소천하였는데 교도소 수감 중에 아내의 장례식에 참여하여 장례식에 온 분들께 인사를 하도록 시간을 담임목사님께 요청했으나 새로 부임하신 담임목사님이 거절했다고 한다.

나는 그때 목사님께서 어떤 잘못을 했던 성도의 입장에서는 관여하지 말아야 한다는 교훈을 얻었다. 목사는 하나님께서 세우신 하나님의 종이다. 그러니 성도 입장에서 판단하고 정죄하는 것을 하나님께서 선히 보실 리 없다.

그 후 나는 어느 쪽에도 가담하지 않고 새로운 교회를 알아보기 시작했다. 교회를 찾던 중 석관동 석탄 저장소가 있는 뚝방에 '은혜교회'를 방문하게 되었다. 그 교회가 30평이 채 안 되는 새 건물로 이사오게 되면서 나도 그 교회 교인이 되었다.

새로 정한 은혜교회에서 몇 년이 흘렀는가 그 교회에서 장로 투표를 하게 되었다. 단 두 명을 목사님이 추천하셨고 노회법 상 세례교인 30명 당 1명이 장로가 될 수 있기에 두 명을 추천했어도 1명만 당선권에 들어가게 되는 것이다.

투표가 시작되었다. 나는 그때는 젊을 때인데도 가슴이 얼마 뛰던지 수 십년이 지난 오늘날도 그때 일을 잊을 수가 없다. 당시 우리 옆방을 세를 주었는데 그집 아기 엄마를 전도하여 투표에 참여하였는데 집에 와서 나보고 왜 그렇게 불안해 보였느냐고 물을 정도였다.

장로 장립식(위장병 치유 전) 1976. 8. 1

투표 결과 나는 당선이 되어 장로 장립을 받았고 다른 집사님은 그 일로 인해 교회를 출석지 않게 되어 교인 숫자도 많지 않은데 많이 서운하게 되었다.

이런 경험으로 보아 임직자 투표 때, 투표에 떨어지는 일이 없도록 지혜를 모아 방법을 만들어야 할 것 같다.

성령의 불을 받다

당시 우리 집 옆 건물 2층에 광성교회가 있었다. 30여명 모여 예배드리는 교회였는데, 그곳에서 부흥성회가 있어서 시간마다 참석하였다.

어느 요일인가는 정확지 않은데 저녁 예배 후에 강사인 장로님이 안수해주셨다. 특히 강사 장로님은 방언 은사를 많이 받게 하는 은사가 있으니 사모하는 분은 예배가 끝난 후 강단 앞으로 나와서 안수를 받으라고 광고하였다.

첫날은 안수 받으려고 생각해보니 나도 2개월 있으면 장로 안수받게 되는데 장로가 장로에게 안수 받을 수 있나? 이런 생각을 하니 안수 받으러 강단 앞으로 나갈 용기가 생기지 않았다. 이튿날은 예배 전 교회에 가서 기도하니 주님께서 이런 생각을 주셨다.

"사랑하는 아들아, 너는 장로가 장로한테 안수 받는 것이 체면이 안 선다고 생각하는데, 그러면 정확하게 너는 지금 장로냐 집사냐?"

"아직 장로 안수 받지 않았으니 저는 아직 장로가 아니라 집사입니다."

"그래, 그러면 오늘 간절히 사모하다가 기왕이면 예배 후 제일 먼저 강단 앞으로 나아가 안수를 받으라."

이런 생각이 강하게 나의 마음에 왔다. 그리고 신앙은 체면 생각하고 위신만 생각하는 것은 하나님께서 기뻐하시지 않는 것이라는 생각을 깊이 하게 되었다. '체면이 밥 먹여주느냐?'란 말도 있지 않은가?

나는 예배가 빨리 끝나기를 바랐는데 그것은 안수 받는 것을 사모했고 안수 받는 목적은 장로님이 안수하면 하나님의 뜻이면 거의 100% 방언은사를 받게 된다는 담임 목사님의 광고 때문이었다. 생각해보면 남달리 경우를 잘 따지며 경우에 맞지 않으면 무조건 믿지 않던 의심 많은 내가 어떻게 이렇게 의심이 없어졌는가 지금도 내 자신이 이상하게 생각된다.

사모하는 내 마음 탓인지 과연 예배가 끝나고 안수시간만 기다렸던 나는 중간 줄에 앉았다가 앞줄로 자리를 옮겼다. 왜냐하면 중간 줄에 앉았다가는 제일 먼저 나가기가 어려울 것 같았기 때문이다. 앞줄로 당겨 앉았다가 과연 예배가 끝나자 제일 먼저 맨 앞으로 나갔다.

찬양을 뜨겁게 하고 전체 통성기도가 시작 되자 예상대로 강사 장로님이 제일 먼저 나에게 다가오셔서 안수했다. 그런데 내 머리에 장로님의 손이 닿자마자 배에 강하게 진동이 오면서 **배에서 꿈틀거리는 그 무엇이 점점 위로 올라오더니 입이 크게 벌어지면서 "억 소리가 나더니" 방언이 터졌다.**

그 전에는 소리지르면 목이 간질간질해서 더 크게 소리를 못 질렀는데 그순간 그것이 없어지면서 이제는 아무리 크게 소리 질러도 배에서부터 힘이 오면서 크게 소리를 지르게 되었다. 목이 간질간질거리던 것이 일순간에 없어진 것이다.

예배가 끝나고 집으로 돌아가는 시간이 되었다. 당시 우리 집은 그 교회에서 걸어서 3분 거리였지만 **집에 가는 거리에서도 방언이 그치지 않았다. 계속 그치려고 해도 그쳐지지가 않았다.** 집에서도 중얼거리면 어떻게 하나하고 걱정되었다. 나는 집에 **도착해서 딱딱한 장판 바닥에 입술을 대고 머리로 눌**

러 보았다. 그래도 그쳐지지 않았다.

하나님께서 하시는 일이라 입술만 터질 것같이 아파서 포기하고 생전 **처음 얇은 담요를 가지고 그 교회로 다시 갔다.** 다행히도 문이 잠겨있지 않았다. 나는 요를 펴 놓고 눈을 감고 하나님께 이렇게 중얼거렸다.

"주님, 직장에서 종일 일하고, 저녁에 부흥집회 참석하고 육신이 피곤한 것을 주님께서 잘 아시리라 믿습니다. 이제 더 기도할 힘이 없사옵니다. 저는 가만히 있을 테니 지금부터는 주님께서 원하시는 대로 입술을 움직여 기도하도록 해주십시오."

그때부터는 더 강력하게 방언기도가 되었다. 밤 11시부터 시작하여 **새벽 3시 30분까지 방언기도가 그치지 않더니 나도 알 수 없는 말을 하던 방언이 갑자기 한국 말로 기도가 바뀌어졌다.**

"베드로전서 3장 15절, 베드로전서 3장 15절!"

계속 내 입에서 그 구절만 나왔다. 내가 다른 성도에게서 이런 체험의 간증을 들었더라면 그 구절 말씀을 빨리 적든지 외우든지 했을 것이다. 그런데 아무런 경험이 없으니 정확하게 20~30번 반복하게 되었다. 그때 불현듯 깨달음이 온 것은,

"하나님께서 내게 특별한 부탁과 명령의 말씀을 성경구절로 말씀하시는 것이구나! 그리고 이것이 다른 사람들에게서 들은 '방언 통변' 이구나" 하는 생각이 들었다.

그래서 지금 생각에 교회에서 예배시간이든 부흥회 기간이

든 은사를 체험한 분들이 은사에 대해 자세한 설명이 필요하다는 것을 제언하고 싶다.

나는 캄캄한 중에 찬송가 뒷면에 대강 알아볼 수 있게 '벧전 3장 15절'이라고 메모했다. 아침이 되어 성경을 찾아보았다.

> "너희 마음에 그리스도를 주로 삼아 거룩하게 하고 너희 속
> 에 있는 소망에 관한 이유를 묻는 자에게는 대답할 것을 항상
> 준비하되 온유와 두려움으로 하고……."

이 말씀을 찾아 읽어보고 은혜로운 말씀이라고 생각했다. 하지만 처음에는 아무런 하나님의 음성도 부탁도 알 수가 없었다. 그런데 몇 개월이 지난 후 꿈에 신학교 교실과 흑판, 그리고 의자가 보였다. 그래서 다시 그 말씀을 다시 찾아 읽어 보았다. 그랬더니 3가지로 말씀의 내용이 확실하게 이해되었다.

첫째, "너희 마음에 그리스도를 주로 삼아 거룩하게 하고"

성도가 거룩하게 되는 방법은 그리스도 예수를 인생의 주인 삼는 것이다. 그리스도가 주인이 되면 나는 종이 되는 것이다. 종은 무엇이든 새로운 것을 결정할 때 그 결정권을 주인에게 드리는 것이다. 그러니 거룩한 성도의 결정권은 그리스도 예수께 있는 것이다.

또한 종된 성도의 소유권은 주인 되는 예수께 있다. 종인 우리에게는 결정권이 없기에 예수님 뜻에 맞게 결정하고 관리해야 되는 중대한 책임이 우리에게 주어진 것이다. 만약 주인 뜻에 맞지 않게 돈을 썼다면 주인되시는 예수님이 신임할 수 없

는 자로 보는 것이 당연지사 일 것이다.

옛날 반상제도(양반, 천민계급제도)가 있을 때는 종은 자식을 낳아도 주인 이름으로 종 문서에 본인 내외 이름뿐 아니라 자녀 이름까지 기록되는 것이다. 그래서 이 말씀은 사역자의 사명에 대한 말씀이었다.

사역자의 첫째 조건은 거룩한 사람이 되는 것이다. 그 이유는 거룩한 사람이 되면 거룩한 하나님께서 동행하신다. 왜냐하면 세상에 어떤 것이든 같은 동류끼리는 같이 가자 하지 않아도 동행하는 것이 하나님께서 정한 섭리이기 때문이다.

둘째, "너희 속에 있는 소망에 관한 이유를 묻는 자에게는 대답할 것을 항상 준비하되"

어떤 철학자가 말하기를 희망이 없는 사람은 죽은 사람이나 마찬가지라고 했다. 짧은 이 땅에서도 희망이 없는 자는 죽은 자나 마찬가지라면 내세에 '소망'이 없는 자는 지옥을 가야하니 저주받은 자나 마찬가지이다.

하나님께서 이 부족한 나에게 그리스도를 주인 삼아 거룩한 사람이 먼저 되고 인생의 최고 소망인 천국에 대해 온유와 두려운 마음으로 내세 소망에 대한 말씀을 미리 준비했다가 증거해 달라 하신 것은 이제까지 승승장구하던 사업을 접고 사역자가 되되 온유하게 증거하라는 말씀으로 이해되었다.

예수 그리스도께서 하셨듯이 사람들에게 분하고 억울한 감정을 잘 다스려 부드럽게 증언해달라는 말씀이요, "두려움으로 증거"하라는 것은 **내가 제대로 하나님의 공의를 증거하면 지옥 갈 자가 천국 갈 자로 바뀌어지고 제대로 증언하지 못하면 듣는 자가 지옥갈 수밖에 없다는 말씀으로 이해되었다.**

나는 은퇴할 때까지 사역이 즐거울 때나 어려울 때나 이 말씀을 마음판에 새기고 하나님의 사역에 최선을 다해 경주할 수 있었다. 하나님께서 주신 말씀을 되새김질하면서 기뻐하고 감사하면서 사역을 감당하려고 노력하였다.

그리고 하나님의 최고의 사랑과 축복을 안겨 주셨다고 단언할 수 있는 것은 세상에서 권세와 재력을 가지기 위해 얼마나 많은 사람들이 사력을 다하고 심지어 죽을 고비를 수없이 넘기며 수고를 다하는가? 그렇게 애써서 일국의 지도자가 됐다 해도, 결국은 하나님 앞에 가야 한다. 자신의 영혼을 위해서는 아무것도 준비한 것이 없어서 어느 날 당도한 곳이 유황불 끓는 지옥이라면 그 때의 비참한 심정을 말로 다할 수 없을 것이다.

하지만 이 땅에서는 조금 어렵게, 힘들게 살았어도 영혼이 살아서 전능자의 보호 속에 살면서 가까운 사람은 물론 이웃 사람의 영혼까지 구원한다면 얼마나 복된 삶이겠는가?

셋째, "온유와 겸손으로 하라"

이 말씀은 모든 행동, 특히 하나님의 말씀을 증거할 때 부드러운 말과 태도로 하란 말씀이었다.

지금 생각해도 전혀 그 부탁의 말씀대로 하지 못했음을 고백할 수밖에 없다. 강단에 서기 전에는 하나님께서 부탁하신 말씀대로 온유하게 하려고 늘 결심을 했다. 그런데 막상 강단에 서서 설교를 할 때는 처음에는 부드럽게 시작하는데 조금 지나다보면 나도 모르게 고성을 지르고 있을 때가 많았다.

지금 생각해보니 내용도 인과응보의 설교를 많이 한 것 같다. 성도에게 좋은 일이 생기면 신앙생활 잘해서요, 좋지 못한 일이 생기면 신앙생활 잘못해서 그런 것이요, 특히 주의 종에게 불순종해서 그런 것이라는 내용을 전한 적이 많이 있었을 것이다.

그러나 오늘날 설교 말씀을 듣는 입장이고 보니 **무엇보다 필요한 것이 살아가기 힘든 세상에 "위로의 말씀"을 많이 전하는 것이 필요하다고 여겨진다.** 하나님께서 우리 한 사람 한 사람을 사랑하고 계시다는 것은 더 확증적으로 전할 필요가 있었다는 사실을 깨닫게 된다. 독생자 예수 그리스도를 우리를 위해 주신 하나님의 사랑, 머리털 하나까지 세신 바 되신 하나님의 사랑을 더 많이 전했어야 했다는 생각이 든다. **또 어떻게 하면 하나님께서 사랑하고 축복하신다는 약속의 말씀을 더 전해야 한다는 생각이 든다.**

그러나 한편으로는 왜 결심한 대로 온유하고 부드럽게 못하고 하다가 보면 강한 말씀으로 하게 되었는지를 곰곰이 생각해 보았다. **역시 말세라 세상만 악한 것이 아니라 말씀을 받아들이는 성도들의 마음조차 강퍅해져서 이사야나 예레미야 선**

지같이 강한 말씀이 필요하다는 생각도 든다. 그렇게 강하게 해도 잘 순종하지 않는 영적 시대가 된 것이다.

얼마 전에 여전도회 헌신예배 부탁을 받고 여호수아 2장에 나오는 기생 라합에 대한 설교를 준비하는데, 선민이 보낸 두 정탐이 왜 기생 라합의 집에 유숙하게 되었는가에 대한 두 가지 대답을 증거했는데, 그 첫째 대답은?

선민이 40년 광야길을 방황한 목적이 가나안 땅을 가는 것이되 그 첫성이 여리고성이기에 여리고서에서 유숙한 것이요. 둘째, **여리고성의 기생 라합의 집에 유숙한 이유는? 기생 라합과 부모, 형제, 친척을 구원하시려는** 하나님의 섭리때문이다.

여기서 **하나님은 얼마나 크고 위대하시고 전능하신 분이신가?** 피조물 중에 가장 가까운 달을 고속버스로 간다면 23년 걸리고, 빛으로는 1.03초 걸리며 지구에서 은하계 중심까지는 빛으로 33,000년 걸리며 은하계 별은 지구 크기의 수천 배되는 별이 1천억 개가 된다 하니 **그것을 창조하시고 부딛치지 않도록 섭리하시는 하나님은 얼마나 크시고 전능하신 분이신가?**

그런데 더 놀라운 사실은 이 엄청난 천체보다 더 소중하게 여기시고 사랑하시는 대상이 있으니 **이방인이요 사람들이 볼 때 불결한 직업의 소유자인 기생 라합의 영혼이요,** 가족이었기에 선택하여 구원하여 주신 것이요.

그보다 더 놀라운 사실은 오늘날 선택 받아 성령을 선물로 받아 영생의 축복을 받은 바로 **당신이라는 사실이다.** 믿고 감사하고 남은 여생, 이 엄청난 축복을 갚기를 결심하고 실천하는 자가 되시라!

성령의 은사 후의 변화

성령의 불 받는 사건 이후에 많은 변화가 일어났다.

첫째, 방언 기도하면서 다른 사람을 위해 성경구절 응답을 위해 기도하면 그 사람에 대한 성경구절 말씀을 하나님께서 주셨다. 내가 4시간 이상 방언으로 기도한 후에 한국말로 베드로전서 3장 15절로 통역되듯이 같은 방법으로 해석되었다.

이런 은사를 받은 이후로 나는 많은 사람들을 위해서 기도해 주게 되었다. 목회할 때 20년 정도는 1년에 한번 가을 대심방 때 신앙의 가구주 되는 분을 위해 산에 가서 기도하여 성경구절을 받아서 대심방하였다. **그때도 바르게 순종하고 열심 있고 기도를 열심히 하는 가정에는 정확하고 속한 구절 응답이 있었다. 하지만 본인이 자기 좋은 대로 신앙생활하는 가정에는 응답 내용도 정확하지 않고, 응답도 속히 오지 않았다.**

그럴 때는 하나님께도 성도에게도 죄송하지만 그 가정 신앙 수준에 맞는 하나님의 말씀을 골라서 대신할 수밖에 없었다.

그 방법도 20여년 가까이 되니 불평이 많이 나왔다. 개인의 신앙이 변함이 없음을 따라 그 가정에 주시는 말씀도 별 다를 바 없다. 하나님의 계명과 교회 프로그램에 상관없이 본인 좋은 대로 신앙 생활하는 자에게는 늘 신앙의 게으름을 책망하는 말씀이 자주 주어졌다. 그러니까 나보고 왜 나에게는 칭찬은 없고 늘 책망하는 말씀만 받아가지고 오느냐 하는 것이었다.

그러나 **예언의 말씀중 성경구절 응답이 제일 정확하고 오류가 없는 것은 성경구절은 바로 하나님의 말씀이요, 응답만 정확하다면 심방 받는 가정이나 개인에게 주님이 하시고 싶은 말씀을 주님의 종을 통하여 대언하시는 것이 아닌가?** 그래서 책망의 말씀이었을 때에는 설교 전에 부드러운 말씀이 아니더라도 하나님께서 하시고 싶은 말씀을 대언하는 것이니 목사님의 말씀으로 듣지 말고 하나님의 말씀으로 듣고 고칠 것은 고치고 회개할 것을 회개하면 영혼이 잘 되는 것이다. 영혼이 잘 되어 하나님과 화목한 사이만 되면 기도하지 않은 내용도 본인의 소원대로 이루어 주실 것이다.

요한복음 9장 31절에도

"하나님이 죄인을 듣지 아니하시고 경건하여 그 뜻대로 행하는 자의 말을 들으시는 줄을 우리가 아나이다"하는 하나님의 약속의 말씀이 있다.

이 말씀은 성도의 기도에 늘 귀 기울이시되 마치 육신의 부모가 자녀의 신음소리를 들으면 아무리 바빠도 그것부터 듣고 해결해주되 육신의 부모는 해 주고 싶어도 해결할 능력이 없어 못해줄 때도 있지만, 하나님은 전능자라 기도를 들으시고 가만히 계시는 분이 아니라 들으시고 거기에 대해 응답을 하시는 분이다. 사람의 부모보다 더 큰 사랑과 희생으로 응답하시는 분이이다.

가족을 사랑하는가? 자녀와 부모를, 교회를 사랑하는가? 그러면 사랑한다는 것을 무엇으로 증명할 수 있겠는가? 사랑의 최상의 답은 '희생' 이다.

어느 가정에 불이 났다. 밖에 나갔던 어머니가 불난 집에 돌아와 보니 많은 구경꾼들이 몰려 있었다. 그 불 속에 있는 어린 자식을 꺼내러 들어가는 사람은 아무도 없었다. 아니 어린 아이가 불 속에 있다는 것을 알지도 못했다. 어머니는 도착하자마자 두꺼운 옷으로 머리부터 아래까지 급히 감싸고 불 속으로 들어갔다. 잠시 후 어머니는 화염이 내뿜는 속에서 이불에 감싸인 아기를 안고 밖으로 나와서 쓰러졌다. 아기는 무사했으나 어머니는 성한 데가 없이 살이 일그러졌다.

이것은 누가 하라고 권하지 않는 희생이요, 사랑이다. 성령이 임하면 하나님의 은혜로 인해 영이 죽은 우리를 살리시려고 십자가에서 대속의 피를 흘려주신 예수 그리스도의 사랑과 예수 그리스도를 제물로 내놓으신 하나님의 피눈물 어린 사랑을 알게 된다.

이것을 믿게 될 때 **택함 받은 자의 대속은 왜 예수 그리스도의 보혈로만 가능한지를 알게 될 것이다. 아담과 하와의 후손**

은 다 타락한 후손이요, 누구나 죽은 영으로 태어나기에 자기 자신도 구원할 수 없다.

그러나 예수 그리스도는 **마리아와 혼인하기 전에 성령으로 잉태되어 산 영을 가지고 오신 분이시다.** 그러기에 아담과 하와의 후손으로 **죽은 영이 된 자의 영을 살릴 자격이 부여되는 것이다.**

예수님을 세계 4대 성인의 한 사람으로 알고 있는 사람들도 있다. 그러나 다른 종교에서

첫째, 누가 구원받을 대상을 위해 죽었다는 사실을 들어본 적이 있는가?

불교의 석가모니도, 마호메트도, 공자, 맹자님에게서도 그런 말을 들은 적이 없다. 전 세계적으로 예나 지금이나 베스트셀러로 팔리고 있는 책은 소설도, 과학서적도 아닌 성경이다. 구약 성경은 메시야의 도래에 대한 예언이요, 신약은 오신 예수께서 이 땅에서 행하신 일의 기록이다. 예수 그리스도께서 십자가에서 죽으신 후에 오신 성령을 받은 사람들이 성령의 충만한 상태에서 하나님 말씀을 받아서 기록한 것이다.

둘째, 어느 종교 지도자가 죽은 후에 부활한 사실이 있는가?

다른 종교의 지도자는 다 그 무덤이 잘 보존되어 있다. 하지만 예수 그리스도는 약속대로 부활하셨고 승천하여 하나님의 보좌 우편에 계시는 것이다. 또 많은 사람이 의심할까봐 부활후 이 땅에 40일이나 계시면서 많은 사랑하는 사람들에게 친

히 나타나셔서 다시 사신 것을 증명해 주셨다.

셋째, 어느 종교 지도자가 승천했으며, 다시 오시겠다(재림) 는 말을 들어보았는가?

그러나 예수님의 재림은 수없이 성경에 증언되고 있지 않은 가? 20년 간 대심방 때 내가 받은 말씀을 참고하기 위해 기록 했다가 받은 말씀에 불만 있는 자를 고려하여 이제까지 받은 말씀을 빳빳한 색지를 고기 모양의 종이로 오려서 그곳에 말씀을 적어서 큰 쟁반에 담아서 교회 소강단에 갖다 놓고 가정 의 신앙 대표자가 가져가시도록 했다.

본인도 기도한 다음 가족의 신앙의 대표가 가져 가서 심방하 는 날 본인이 제일 좋아하는 찬송 장 수를 메모하고, 말씀 받 은 쪽지와 감사헌금을 예배상 위에 올려 놓고 감동이 되는 분 은 담임목사께 드리는 도서비와 물을 올려놓고 심방을 사모하 며 기다리라고 했다.

너무도 기막힌 것은 직접 받아 준 말씀이나 본인들이 선택하 여 가져간 말씀이나 **어쩌면 본인 신앙상 고쳐서 영육이 복 받 을 말씀을 가지고 갔는지? 제비는 사람이 뽑으나 역시 결정은 하나님께서 하시는 것임을 확신하게 되었다.**

그래서 그때까지 제비 뽑기의 방법이 하나님의 방법이 아니 라고 믿던 나도 제비뽑기까지 하나님께서 선택하시는 일이라 고 믿게 되었다.

30년 넘은 위장병이 치유되다

나는 원래 식사를 해도 소화가 잘 안 되어 많이 먹지 못하고 몸도 삐쩍 마른 상태였다. 그런데, **방언할 때 배에서 무엇인가 꿈틀거리며 올라오는 것 같더니 그때 치유의 은혜가 임했다.** 그때 30년이 넘은 위장병이 깨끗하게 치료되었다. 소화가 잘 안 되는 위장병이 깨끗이 치유되어 그로부터 35년이 지난 오늘까지 식사 시간 전에 시장기를 느낄 정도로 건강해졌다.

삐삐하던 몸에 살이 오르기 시작했다. "오늘날까지 하나님의 뜻에 맞는 것이면 기도하여 응답 받지 못한 것이 없었음을 증언한다." 하지만 배가 더부룩하고 변이 고르지 못한 장에 대한 병은 그 때나 지금이나 여전히 가지고 있다.

이 질병을 남겨 놓으시고 **치유하지 않으시는 이유는 생, 사, 화, 복을 주관하시며 기적의 연속을 이루어주신 하나님을 더 의지하고 기도하라는 뜻인줄 알고 연약함을 고백하며 하나님을 더 의지하며 살아가고 있다.** 우리의 연약함은 또한 하나님의 사랑을 더 잘 느낄 수 있는 또 하나의 통로가 됨을 나는 안다.

찬양과 목소리가 변하였다.

나는 원래 음치였다. 학교 다닐 때 말고는 음악을 따로 배운

적이 없을 뿐 더러 노래를 워낙 잘못한다. 음정도 박자도 목소리도 높은 음은 전혀 나지 않았다. 또 고래 고래 소리지르며 기도하려고 해도 목 안이 간지러워 할 수 없었다. 노래하는 것이나 소리 지르는 것이나 나하고는 거리가 먼 일로 생각되었다. 찬양 잘 하는 사람을 보면 얼마나 부러웠는지 모른다.

은사를 받은 후에는 이 모든 것이 순식간에 변했다. 아무리 큰 소리로 기도해도 배에서부터 소리가 나오며 꽤 근사한 소리가 나왔다. 찬양할 때도 내가 생각해도 어떻게 박자, 음정, **목소리까지 어떻게 이렇게 변화될 수 있을까 하는 생각이 들 정도로 찬양이 달라졌다.**

가만히 생각해 보니 **이 모든 것이 성령 불 받을 때 순식간에 이루어진 사건이었다.** 하나님께서는 이 어리석은 나를 이렇게 어루만지시고 고쳐 놓으신 것이다.

이후에 총회 연합 부흥회 때도 통성 기도 인도는 나에게 많이 부탁했다. 이유는 내 목소리가 맑고 크다는 것이었다. 하나님의 은혜가 아니면 불가능한 일이다.

은사 받은 후 마음이 기쁘고 감사가 넘쳤다.

보름 정도는 걸을 때 구름 위를 걸어가는 느낌과 한 두 끼 정도는 굶어도 배고픔을 모를 정도로 성령의 환희에 휩싸여 있었다. 이런 불 받는 사건은 사업하던 나를 목회자로 바꿔 놓는 놀라운 기적의 기회가 되었다.

이후로는 하나님의 사심과 전능하심, 그리고 죄인까지 사랑하셔서 영혼을 지옥에서 천국으로 옮겨놓는 그 사랑을 의심치 않는 자가 되었다.

이렇게 성령의 체험을 한 나는 목사 임직 후 다른 사람에게 안수할 때 마다 많은 성도들이 방언이 터지고, 나처럼 오래된 질병에서 치유되는 역사를 하나님께서 이루어 주셨다.

목회에의 부르심과 개척

신학교에 입학하다

나는 성령의 체험과 말씀의 확신 이후 하던 사업을 정리하고 하나님께서 맡기신 영혼들을 위해 나의 남은 생애를 전폭적으로 하나님께 내어드리기로 결심하였다.

나는 은혜교회가 속한 교단인 호헌총회 신학교에 입학하게 되었다.

만약 선지학교까지 학벌 위주로만 입학이 가능하다면 일반 대학을 나오지 못하고 성령 받고 성령의 불을 체험하고 하나님의 사역을 하라는 성경 구절의 응답을 받은 사람은 어떻게 사명을 감당하겠는가?

오늘날 왜 사역자가 곤경에 처하고 사역을 중도에서 포기하는 사례가 줄을 있게 되는가? 세상 학교 학벌이 없어서인가? 아니면 적어서인가? 아니라고 생각한다.

성령의 은사를 통해 주시는 갖가지 은사를 체험하고 하나님께로부터 사역자가 되라는 분명한 응답을 하나님께로부터 직접 받았다면 사람이 도와주지 않아도 전능자가 도와주시면 세상 일도, 사역도 크게 성공할 것이 틀림없을 것이다.

나는 당시 호헌총회 신학교에 대해 긍지를 가지고 있다. 왜냐하면 당시 학장이셨던 박병훈 목사님은 성경대로 사신 강직한 분이시며 신앙 보수를 평생 사명으로 알고 용공과 W.C.C 반대 운동에 선구자로 한국 교단에서 모르시는 분이 없는 훌륭한 분이셨기 때문이다.

한번은 전교설교대회가 있었다. 학장님이 직접 채점하셨다. 학생들은 너나 할 것 없이 열심히 준비하여 치열한 경쟁을 하였다. 대회 며칠 후 나보다 더 늦은 나이에 신학 공부를 하시던 이동주 학생이 내 곁에 오더니 한 턱 내야겠다고 했다.

영문을 물으니 지난번 전교설교대회(전교생 숫자는 적지만)에서 내가 우승을 했다는 것이다. 며칠 후에 시상식이 있었고 많은 학우들의 격려와 교수님, 목사님들의 칭찬을 들을 수 있었다. 부족한 나에게 이렇게 설교의 은사를 주신 이는 바로 하나님이시다.

35년이 지난 오늘날에도 설교대회 상장을 이사할 때 마다 빠지지 않고 옮겨서 잘 간직하고 있다. 35년이 지난 오늘날에도 붓글씨나 도장의 인주 색깔 하나 변치 않고 그대로 있다.

변하지 않는 인주처럼 하나님의 사람들을 향한 설교의 열정과 사랑이 늘 내 마음 속에 간직되고 있다. 이 일로 인해 나는 더욱 말씀 전하는 목사로서의 사명감을 확고히 하게 되었다.

박병훈 목사님이 더욱 유명한 것은 그 많은 세계대회(W.C.C)
년, 월, 일, 시를 다 외워 원고없이 강의하시는 분이시다. 특히
설교자의 태도와 사명에 대해서는 늘 엄격하게 지도하셨다.
**지금도 잊지 않는 것이 하나 있다. 설교할 때 강대상을 붙잡지
말고 양손을 자유자재로 사용하며 하라는 말씀이었다.**

지금도 서울에 본 교회나 다른 교회 설교하러 갈 때도 그 말
씀만은 강단에 서면 생각나서 강대상을 붙잡다가도 손을 떼게
된다.

**정직한 부모와 훌륭한 선생을 만나는 것은 인생에서 얼마나
중요한 일인가 하는 것을 새삼 생각하게 된다.** 모든 사람들이
다른 사람들에게 영향을 미치며 살아가게 되는 것이 인생이
다. 하지만, 선생은 이미 많은 학생들에게 영향을 미치며 살아
가는 자리에 선 사람이다. 학생들보다 미리 한 걸음, 몇 걸음
더 나아간 선생의 한 마디가 학생의 일생을 바꾸어 놓을 수도
있다. 그러니 '선생(先生)' 아니겠는가?

또 반대로 노력하지 않는 선생, 학생을 사랑하지 않는 선생
은 학생들에게 좋은 영향을 끼칠 수 없다. 선생 노릇이 쉬운
것이 아니다. 그런 의미에서 예수님은 선생되기에 힘쓰지 말
라고 하셨던 것 같다.

목사도 마찬가지이다. 목사가 많은 기도와 연구로 좋은 설교
한 편을 하는 것, 사랑으로 한 사람 한 사람을 돌보는 것이 얼
마나 많은 성도들에게 기쁨이 되겠는가? 나는 내가 신학교에
서 좋은 교수님들을 만날 수 있었던 것에 대해서 진심으로 감
사한다.

또한 많은 훌륭한 목회자들을 만날 수 있었던 것도 늘 감사의 제목이다. 신학교는 미래의 나의 목회를 준비시키는 좋은 토양이었고, 나는 신학교에서 말씀을 연구하고 배우며 지식의 욕구를 충족시키고, 목회자로서의 소양을 쌓을 수 있는 유익한 시간을 보냈다. 돌아보니 모두 하나님의 은혜요, 돌보심이었다.

신학교에서는 많은 신실한 동문을 만나는 만남의 축복을 하나님께서 주셨다. 그 중에서도 한 사람만 꼽으라면 **당연히 현재 성화교회를 개척하여 30년이 넘도록 시무하시는 우세웅 목사님일 것이다.**

그는 어머님이 권사님이라 그런지 수 십 년 교제하면서 보아도 늘 부드러운 성품에 아직 한번도 화를 내거나 혈기 내는 것을 본 일이 없다. 자신에게 유익되도록 일을 처리하는 경우를 본 적이 없다. 욕심도 없고 약속한 것은 틀림없이 이행하는 신

우세웅목사님과 함께 1992. 8. 31

용 있는 목회자이다. 목회자의 첫째 덕목은 언약한 것은 생명처럼 지키는 것인데, 이런 면에서 봤을 때 우 목사님은 어디에 내 놔도 신용 있는 사람이라고 인정 받을 것이리라.

우 목사님은 현재 능력 있는 부흥사로 하나님께 크게 쓰임 받고 있다. 처음 부흥회 부름을 받을 때 전라남도 진도에 내가 아는 10명 이하의 교인이 출석하는 교회를 소개했다. 소개하고도 너무 숫자가 적어 얼마나 미안했는지 모른다. 그러나 부흥회 중 기적이 일어났는데 피가 역류하는 환자가 우 목사님의 안수 후에 피가 정상으로 순환하는 기적이 일어났다.

처음에는 이렇게 연약한 교회를 소개하여 부흥회를 나갔지만 그로 인해 더 많은 큰 교회로 집회를 나가게 되었으며 나중에는 목사님이 나에게 부흥회를 소개해 주는 사랑을 받게 되었다. 목사님은 교회에도 사랑으로, 충직하게 목회를 하여 교회도 매우 아름답게 성장하고 있다.

우 목사님과는 40년 가까이 교제를 해 왔다. 지금도 잊혀지지 않는 것은 내가 먼저 목회를 하게 되어 목사님께서 우리 교회에 많은 헌신을 하셨다.

교회에서 페인트 칠할 일이 여러번 있었는데 내가 일할 때 입으라고 준 팔이 짧은 와이셔츠를 입고 즐겁게 일을 하던 것이 아직도 기억에 생생하다. 나는 키가 작고 목사님은 크니 그 와이셔츠가 꼭 끼어서 매우 불편했을 텐데도 내색도 하지 않고 기쁨으로 그 일을 감당했던 것이다.

이 일은 평소 목사님의 성품을 그대로 보여주는 것이어서 내 기억에 깊이 남아 있는 것 같다. 함께 있을 때 더 잘 대우해

드리지 못한 것이 못내 아쉬울 뿐이다.

만난 지가 40년 가까이 되고, 나보다 9 살 정도 나이가 적지만 우리는 한번도 다툰 일이 없다. 나이 차를 떠나서 서로 어려워하기도 하며 존경하면서 지내 왔다. 왜냐? 서로를 배려하며 살아 왔고 진정한 사랑으로 살아 왔기 때문일 것이다.

내가 67세에 은성중앙교회 지역이 뉴타운 지역으로 정해지고 거기에 따라 교인들의 이사가 많아지고 또 머지 않아 교회를 재건축하게 되므로 조기 은퇴를 결심하고 원로목사가 될 때에 이웃에 성원교회와 합류하되 젊은 목사님이며 뉴타운 행정에 열심이 있고 지식이 있는 교회와 합병하게 되어 참으로 기쁘게 여긴 것은 하나 되는 것은 성령의 원하심이라는 나의 신앙 고백 때문이었다.

내가 총회장으로 시무할 때도 교단도 둘이던 것을 합동하게 하신 하나님이 교회도 하나되게 하시니 얼마나 감사한 일인가? 그러나 언제나 하나 되려면 서로가 양보해야 될 수 있는 일이기에 장년 예배는 은성중앙교회에서, 교육부서 예배는 성원교회에서 드리기로 했고 또 당연한 일이다.

노회는 후임 목사님이 속하신 황서노회로 하여 노회나 총회 활동을 할 수 있게 하고 교회 이름은 은성중앙교회로 하기로 결정하였다. 문제는 새서울노회로 있던 은성중앙교회를 황서노회로 바꾸는 과정에서 많은 진통이 있었다. 노회에서 한 교회가 빠져 나가니 진통이 있을 수밖에 없었다.

이 때에도 문제를 해결하느라고 해당되는 많은 분들을 일일이 만나고 설득하는 모든 어려운 문제들을 당시 노회 시찰장으로 수고하시던 우세웅 목사님과 라성열 목사님께서 발벗고 나서서 애써 주셨다.

지금도 참 고맙고 한편으로 미안하게 생각할 때가 많이 있다. 삶이 항상 쉬운 것은 아니고, 특히 목회자의 생활이 늘 평탄한 것만은 아니다. 하지만 **어려운 가운데서도 믿을 만한 신실한 목회자와의 만남을 허락하셔서 서로 의지하고 위로하면서 한 길을 가게 하시는 우리 하나님의 선하심에 늘 감사할 따름이다.**

1978년 5월 21일 '은성중앙교회'를 개척하다

하나님의 뜻을 따라 개척을 하려고 결심했지만 가장 큰 문제는 사모의 반대였다. '뭐 하러 잘되는 사업을 포기하고 사역을 하느냐? 사역하면 6명의 가족을 거느리고 당장 어떻게 살아갈 것인가?' 하는 것이 사모의 가장 큰 반대 이유였다.

당사자인 나는 다른 것은 몰라도 하나님께서 잘 되는 사업을 그만하고 하나님의 사역을 하라고 응답하실 때는 육신적 앞길도 책임져 주실 줄믿고 있었다. 하지만 당사자가 아닌 사람의 입장은 나와는 또 다른 것이 당연하게 생각되었다. **해결책을 모색하다가 이제까지는 경제권을 내가 가지고 있었으나 이후로는 모든 경제권을 사모에게 일임하기로 하고 합의했다.**

제2의 문제는 인쇄소와 집을 정리하는 일이었다. 하나님께서 지혜 주셔서 복덕방에 의지하지 않고 가까운 친척 중 재력

서울 장위동에 은성중앙교회를 개척하고 이듬해 설립예배를 드리다.
1978. 5. 21

이 있는 형수님이 계셨기에 그 분께 인수 의사를 여쭙게 되었다. 그 집이 버스 다니던 큰길가에 있었고, 장위 2동 사무소에서 길 건너에 위치하고 있었기에 장소가 좋아서 사실 전혀 모르는 남에게 넘기기에는 아쉬운 점도 있었다.

그러던 차에 친척인 형수님께 여쭈게 된 것이다. 내가 더 애착을 가졌던 것은 2만원 들고 상경한 작고 연약한 내가 어떻게 이런 내 집을 사서 10년 동안이나 사업을 운영할 수 있었겠는가?

이 땅에 출생한 날부터 하나님은 나를 아시되, 부모의 부탁대로 정직하게 살려고 애쓰는 것 하나밖에는 내가, 마음에 드는 것이 없으실 텐데 무일푼에서 이런 역사를 이룬 것은 나중에 교회를 개척하여 목회하는 데 사용하라는 하나님의 부탁이심을 깨닫게 되었다.

사업장 안쪽에 부로크로 약 5평정도 방을 만들고, 1978년 5월 21일에 그 방에서 교회를 시작하였다. 당시 지금의 장위우체국 건너편 4거리에 있는 신축 건물 3층이 당시 4~50평짜리 상가 건물이 전세로 나온 것이 있었다. 경제적으로 그곳도 개척 장소로 가능했기에 두 곳을 놓고 기도했다.

그 때 당시 사거리상가 건물은 먹장 같이 어둡게 보였다. 그런데 우리집 작은 방에는 십자가가 걸려 있고 광채가 났다. 나는 하나님의 뜻으로 알고 방에서 '은성중앙교회'를 시작하게 되었다.

사람의 눈으로 보면 누가 보아도 현대식 새 건물에 사거리에 사람이 많이 다니는 곳이 좋다고 생각할 것이다. 하지만 하나님께서 건물 뒤 쪽 블럭으로 만든 방 한 칸에서 시작하기를 원하신 것이다.

사람 많이 다니고 넓고 현대식 건물에서 교회가 성공하면 조건이 좋아서 성공했다고 할 것이다.하지만 길에서 보이지 않는 집이요, 부로크로 된 방에서 시작하여 잘되면 하나님의 도우심과 역사하심으로 된 것이 증명되는 것이다. 하나님께서는 영안이 열린 사모에게 두 가지 신령한 계시를 주셨다.

첫번째 계시는 개척한 방 강단 벽에 예수님께서 나타나신 환상이다.

개척한 방 강단벽 쪽에 예수님께서 흰 말을 타고 달리는 모습을 보여주셨다. 흰 말은 승리를 상징하되 예수님께서 타셨으므로 은성중앙교회는 앞으로 예수님께서 도우셔서 승리케 해주시겠다는 계시로 해석되었다.

두번째 계시는 손수건으로 벌을 잡은 꿈이었다.

어느 동산에 아기를 업고 갔다. 산에 아기를 업고 올라갔으니 얼마나 땀이 나고 힘들었겠는가? 그 때 어디서 나타났는지 알 수 없는 수많은 꿀벌들이 무리를 지어 몰려다녔다. 많은 사람이 벌을 잡으려고 아우성이었지만 잡지 못했다.

그때 사모가 가슴 쪽에서 하얀 손수건을 꺼내서 공중에 던졌더니 벌떼가 수건에 옮겨 붙었다. 손수건의 주인인 사모가 벌이 붙어 있는 그 손수건을 가지고 오게 되었다.

손수건에 벌떼가 와서 붙었다 했는데 여기서 손수건은 하나님께로부터 오는 영적 능력을 받은 자를 의미하고 벌떼는 성도를 의미한다.

등에 아기를 업고 산에 올랐을 때 이런 역사가 이루어졌다는 것은 산에 오르는 것도 힘든데 등에 아기를 업고 산에 오르는 일은 더 말할 나위 없이 참기 어려운 고난이다. 그래서 나는 이 말씀을 이렇게 받아들였다.

"하나님의 사역은 남다른 인내심이 요구되는 사역임을 알고 하라! 그러나 잘 인내하고 영력이 있으면 벌떼가 손수건에 달라붙듯 수많은 주님이 선택한 성도들을 하나님께서 보내 주시리라!"

목회를 할 때 물론 사역자들의 기도도 중요하고 영적으로 부지런해야 된다. 그러나 성도는 한 명 이더라도 하나님께서 보내시는 것이라고 확신하게 되었다.

그러므로 내가 믿음이 연약하고 의심이 많기에 사역에 용기를 가지고 담대하게 기쁨으로 감사하며 하라는 위로의 말씀으로 알고 감사하게 받아들였다.

이 계시는 사역이 힘에 부치고 외로울 때도 내 가슴에 새겨져서 새로운 용기와 희망을 가지게 하는 귀한 비전이 되었다.

나의 사역은 나를 위한 것이 아니요, 우리 주님을 위한 것이다. **주께서 나를 부르셨다. 부르신 주님께서 나와 함께 하시고 나를 도우실 것이다. 이러한 약속이 늘 나를 강건케 하고 나에게 새로운 힘을 주는 능력이 되었다.**

그리스도 예수께서 흰 말을 타시고 승리하신 것처럼 하나님의 성업이니 하나님께서 승리하도록 해 주실 것을 늘 확신하였다. 내가 하는 것이 아니다. 주님께서 하시는 것이다. 주님께서 하시고, 주님께서 이기게 하실 것이다. 힘들고 어려울 때도 있지만 결국은 그 분께서 승리하게 하실 것이다. 왜냐하면 그 분은 승리의 구세주이시기 때문이다.

목회할 때 꿈에 **개천에 가서 새우를 잡은 꿈을 꾸면 주일날 초신자가 교회오고 미꾸리를 잡은 꿈을 꾸면 집사님 같이 다**

른 교회에서 신앙생활 하시던 분이 오신 적이 여러 번 있었다.

지금 솔직한 심정은 우리교회에서 전도하여 집사님이 되어 이사 가면 굉장히 서운하되 한번은 구역예배를 인도(설교)하는 강사인데 아무 연락 없이 이사를 가서 황당할 때도 있었다. 20여 년이 지난 오늘까지도 어디로 이사 갔는지 모르고 있다.

기억에 남는 개척 멤버

개척 멤버로 지금도 은성중앙교회 수석 장로님이신 정용환 장로님, 김현숙 권사님이 계시다. 이 분들은 34년째 은성중앙교회에서 시무하고 계신다. 이 분들이 오시게 된 동기가 참 은혜스럽다.

내가 인쇄소를 운영할 때 나는 주일마다 세상 일을 하지 않고 문을 닫고 주일 성수를 했다. 7, 80년 대에는 우리나라 경제가 한창 일어나는 시기라서 불철주야 모든 사람들이 열심히 일하던 시대였다. 그래서 주일에도 쉬지 않고 일하는 곳이 대부분이었다.

하지만 나는 하나님의 말씀대로 살기 위해서 주일마다 세상 일에 손대지 않고 주일 성수를 했다. 인쇄소이기 때문에 관청이 쉬는 주일에는 우리 가게 손님도 거의 없을 때가 많았다.

그러던 차에 새롭게 직원을 모집하게 되었다.

당시에는 인쇄소에서 직원을 구하려면 활자집에 광고를 붙여놓았다. 그래서 나는 이렇게 광고를 써서붙였다.

"인쇄기술자(숙련공) 구함-매 주일 쉼"

마침 그때 정 장로님은 신앙 생활을 제대로 하기 위해 주일 성수를 할 수 있는 직장을 찾고 계셨던 것이다. 그래서 매 주일 쉰다는 광고를 보고 오시게 된 것이다.

그 이유를 이렇게 은혜로운 간증의 말씀을 하셨다.

장로님은 인쇄소를 운영하였는데 잘되던 인쇄소를 인계받았으나 주일에도 쉬지 않고 운영했더니 실패하게 되었고 실패의 원인을 깨닫고 보니 주일을 성수하지 않아서 라는 깨달음을 하나님께서 주셨다. 그래서 회개하는 마음으로 남의 직장에 가서라도 주일을 반드시 성수하겠다는 결심을 가지고 주일을 성수할 수 있는 곳을 찾던 중 우리 인쇄소에서 써 붙인 광고를 보고 찾아오신 것이라고 간증하셨다.

장로님은 사업을 도울 때나, 목회만 31년 2개월 할 때나 화를 내시는 모습을 본 적이 없다. 특히 목회를 할 때는 목사가 목회에 도움을 구할 때 늘 부드럽고 온유한 모습으로 잘 도와주셨다. 한번도 "아니오"라고 하신 적이 없다.

나중에 깨닫고 보니 여러 대를 신앙 생활하되 선대에서 하나님을 바르게 경외하여 성령충만하면 성품이 부드럽고 온유하며 긍정적이라는 사실을 알게 되었다.

다른 목사님들도 마찬가지로 신앙의 연륜이 쌓인 집안에서 올바른 신앙 교육을 받고 자라신 분들은 온유와 겸손의 깊이가 남다른 것을 많이 보게 된다.

또 양보하는 미덕을 지니시고 남에게 손해를 주는 일이나 남의 마음을 아프게 하시는 일이 없으시고 시무하는 시간에는 일에만 집중하셔서 다른 직원에게도 책임감과 부지런함의 본을 보여 주셨다.

그리고 직장에서 손님과의 약속이나 교회에서 예배 시간의 약속을 어기어나 미룬 일은 전혀 생각이 안 난다. 어떤 때는 일반 인쇄 일이 주보 인쇄하는 토요일과 겹쳐서 바쁠 때가 많았으나 손님과 약속한 시간을 지키느라 많은 힘이 드셨으리라 생각된다.

정용환 장로님은 내가 사업을 정리하고 목회한 뒤에도 지금의 장위3동사무소와 제일은행 장위동지점 건너편에서 '광명 인쇄소'를 현재 31년 넘게 경영하고 계신다.

하나님께서 건강의 복, 자녀의 복, 물질의 복도 주셔서 얼마 전에 큰 아파트를 사셔서 베란다에 꽃과 나무를 잘 키워가며 평안하게 잘 살고 계시다. **그 깨끗한 양심과 부드러운 성품, 긍정적이고 한결같은 중심이 좋은 밭이 되어 성령의 열매를 아름답게 맺어 가고 있는 것이다.**

하나님께서 이제까지 동행하신 것 같이 앞으로도, 아니 하나님 앞에 부름 받은 뒤에도 한결같이 사랑하시고 동행하시리라 의심치 않는다.

나는 장로님 가정을 내게, 그리고 은성중앙교회에 보내신 것은 하나님께서 인권의 복을 주신 것으로 확신한다. 지혜로운 것 같으나 미련한 나는 목회한 지 수년이 지나서야 정 장로님 가정이 인쇄소의 기술자로 오신 것이 아니라 은성중앙교회를 설립케 하시려고 보내신 하나님의 섭리임을 알게 되었다.

이제 목회 일선에서 나와 있지만 지금도 이렇게 충성(忠誠)스러운 하나님의 사람을 예비하셨다가 보내 주신 하나님의 섭리에 감사를 드린다. 생각해보면 충성이라는 한자풀이는 참으로 은혜가 된다.

우선, 忠자는 중심(中心)이란 글자가 합친 말이니, '충성스럽다'는 말은 중심이 좋다는 말이요, 중심이 좋다는 말은 하나님께서 보내주신 것이 분명하면 한 교회에서 변함없이 자기 자리를 잘 지키는 것을 의미한다.

오랜 신앙의 역사를 지닌 미국에는 한 교회를 5대에 걸쳐서 섬긴 사람들이 꽤 있다고 한다. 하나님께서 그 가정들을 축복하시되 신령한 영적 복뿐만 아니라 건강의 복, 물질의 복, 자녀가 잘 되는 복까지 덤으로 받은 가정들이 많다는 것이다.

하나님 자신이 불변의 하나님이시라 불변의 성도를 사랑하고 기뻐하시는 것이 당연하지 않은가!

정 장로님 가정에 지금도 감사하는 것은 아무리 천성이 착한 성령의 사람이라도 자그마치 31년 목사의 사역 중에 얼마나 마음에 안 드는 것이 많았을 것인가?

또한 서운한 일은 얼마나 많았겠는가? 그러나 인내하고 용서하고 불변하는 마음으로 협력하였기에 하나님의 사역을 함께 이루어나가는 아름다운 역사가 이루어졌다고 생각하고 감사한다.

성(誠)은 말씀대로 이루는 것, 곧 하나님의 말씀대로 사는 것이다. 다시말하면 계명 안에 사는 삶이다. 예배 중심으로 살

고, 예배를 기뻐하고, 하나님 앞에 나아가는 것을 삶의 기쁨
으로, 정성스럽게 해야 한다.

그것이 하나님께서 가장 기뻐하시는 것이다. 교회 모든 프로
그램에 동참하되 항상 세상적이고 육적인 일에는 손해를 보더
라도 하나님께 영광이 되도록 최선을 다하는 것이다. 하나님
께 심은 것은 때가 되면 하나님께서 싹이 나게 하시고 자라게
하시고 꽃이 피게 하시고 열매 맺게 하신다. 이것이 순리요,
하나님의 섭리이다.

정 장로님의 이러한 헌신은 아내되시는 김현숙 권사님의 내

목사안수 받던 날
1980. 10. 24

조가 있었기에 가능했다고 생각한다. 가정에서 살림만 하는 것이 아니라 인쇄소 일도 함께 하면서 31년 간을 교회 모든 사역에 앞장서서 헌신하되 주방일까지 그 피곤한 상황 중에도 앞장서서 봉사하고 헌신하였다.

내가 목회 31년 2개월 만에 조기 은퇴하고 고향인 충북 괴산에 내려와서 처음 예배를 드릴 때 **새로 맞은 우리 집사람에게 "목사님을 잘 부탁드립니다"**할 때는 내 눈에 눈물이 글썽해졌다.

개척 멤버 중 한 사람인 이순월 권사는 현재에도 본 교회에서 권사로 섬기고 있다. 이순월 권사는 나의 8남매 형제 중 5번째 여동생이다.

개척 당시 1년만에 60명 성도가 모이게 되었는데, 여기에는 이 권사의 공로가 크다고 생각한다. 그가 다니는 회사의 직원을 매주 여러명 씩 전도하여 왔기 때문이다. 그는 초등학교밖에 졸업장이 없지만 머리가 명석하여 살림하면서 늦게 학원에 다녀서 대학 입학자격 검정고시에 합격하는 쾌거를 얻어냈다.

하나님께서 이 권사님에게 두 자매를 주셨는데 장녀가 지체부자유자이다. **이런 시련 중에도 하나님을 원망하거나 낙심하지 않고 늘 중심 있게 신앙생활을 하였다. 특히 먼 곳에서 교회차를 타고 다니면서도 새벽기도를 빠지지 않고 열심히 하여 오늘까지 몸된 은성중앙교회를 한결 같이 섬겨 왔다.**

하나님의 뜻을 따라 중심 있게 신앙생활하면 땅에서도 우리의 소원과 기도를 외면하시지 않는 하나님의 은혜를 감사하게 생각한다.

교회 부흥의 은혜를 주시다

교회 개척 때부터 교회 모든 헌금의 1/10을 우리 교회보다 어려운 교회, 어려운 목사님을 조금씩이나마 도와왔다. 이때도 교훈을 얻은 것은 하나님께서 돕도록 은혜주신 것이니 도운 다음에는 도왔다는 것을 잊어버려야 한다는 것이다.

우리 교회에서 내가 도왔으니 도움 받는 자가 감사하다고 말하기를 기대하면 실망하게 되는 것이니, 오히려 돕기로 약속한 3년이 지나고 선교비가 끝나면 오히려 서운한 눈치인 것을 경험하게 되었기 때문이다.

31년 목회 중 공식 예배인 주일 낮, 저녁, 수요일, 금요일까지 모든 예배는 예배 전 30분부터 부교역자나 찬양 인도자의 인도를 따라 찬송으로 먼저 준비하고 예배를 드렸다. 예배 전 30분 동안 예배를 준비하는 것은 준비된 심령 가운데 성령의 역사하심이 큰 것을 경험했기 때문이다. 세상 속에서 세상적인 생각으로 살다가 하나님께 예배를 드리러 온 성도들은 무엇보다 심령을 하나님이 기뻐하시는 모습으로 준비시키는 것이 우선이라 생각되었다. 30분 동안 찬양으로 준비하는 것을 통해 세상으로 향하던 모든 생각들을 끊고 오직 하나님의 임재에만 집중할 수 있도록 도왔다.

새벽기도

새벽기도는 교회 시작부터 원로 목사가 되기까지 4시 30분에 예배드리기 시작하여 오늘날까지 변함없이 하고 있다. 여름이나 겨울이나 같은 시간에 했는데 이유가 있다면 여름에는 날이 일찍 밝고 겨울에는 날이 늦게 밝으며 일찍 어둡지만 시간은 늘 변함이 없기 때문이다.

나는 매일 새벽 3시 30분에 일어나서 세수하고 성도 깨우는 전화 7~8 차례를 하고 새벽 설교 할 것 한 번 읽어 보고 교회에 20분 전에 도착하여 기도하고 말씀 준비한 것 다시 살펴 보고 늦거나 빠르지 않게 정확히 약속한 시간에 시작하였다.

내가 설교하지 않고 부교역자가 예배 인도할 때는 대개 사모 옆 자리에서 예배 드렸다. 낙향하여 새벽에 나가는 교회 목사님은 부교역자가 예배 인도할 때는 첫번째나 두번째 줄에 늘 앉아 예배드리신다. 그것을 보고 거의 뒷줄에서 2~3번째의 의자에 앉아서 예배 드렸던 나는 앞 쪽에 앉아서 예배 드리는 목사님의 겸손함에 저절로 머리가 수그러진다.

교회에 중요한 일이 있거나 영적으로 침체되어 있을 때에는

'40일 특별 새벽기도'를 작정하여 합심하여 기도했다. 교회 건축, 부흥회 등 영적으로 무장해야 될 때는 전 교우가 합심하여 드리는 기도가 무엇보다 하나님께 상달된다고 믿었기 때문이다.

교우들이 하나 되어 기도하기 위해서 교회 입구 벽보판에 번호와 이름을 써 붙였다. 그리고 새벽에 빠지지 않는 권사님에게 부탁하여 나온 사람은 스티커를 붙이고 한 번도 안 빠진 분들을 시상했다. 매번 시상 대상은 20~23명 정도였다.

지금 생각해도 성도들의 열심과 순수한 신앙에 대해서 하나님께 늘 감사드린다. 사회 생활하며, 가정 생활하며, 아이들 키우면서 매일 새벽기도를 하기가 쉽지 않았을 텐데, 교회를 위하여 늘 깨어 기도하는 성도들이 있었기 때문에 오늘날 교회가 믿음의 반석 위에 든든히 섰다고 생각한다.

항간에는 왜 그렇게 새벽기도를 강조하느냐고 불평하는 경우도 있었다. 그러나 나는 현재 퇴임 후 3년이 되어 고향에 내려온 후로 아직은 새벽기도 빠진 일이 없다.

많은 분들이 퇴임 후에는 모든 영육간의 일도 쉬는 것으로 생각하나 그렇지 않은 것은 영적인 일도 육적인 일과 이치는 같아서 식사를 한 끼만 늦게 하여도 기력이 없고 나중에는 말할 힘도 없어지듯이 영적인 일도 아무리 성령의 불을 받아서 영적으로 충만해도 예배를 거르고 기도를 쉬면 믿음이 떨어지고 신령한 면이 어두워진다. 신령한 면이 어두워지면 아무리 설교를 듣고 기도를 한다 해도 말씀의 진리를 이해하기에 어두워지는 것이다.

여기서 다시 한번 강조하고 싶은 것은 신령과 진정으로 예배하는 것을 하나님께서 응답하시겠다고 하신 약속에 대해서이다.

첫째, 신령이란? 성령이 충만하도록 준비하는 것이다.

둘째, 진정이란? 성령의 충만함의 도움으로 진리를 믿으며 그러므로 감사한 마음으로 드리는 예배를 받으시겠다는 뜻이다. 진정이란 복음을 믿는 것이다.

복음이란 무엇인가? 복음은

첫째, 예수 그리스도께서 흘린 보혈의 대속으로 구원 받았음을 믿으면서

둘째, 성령의 도움으로 예수 그리스도께서 부활의 첫 열매가 되신 것 같이 나도 신령한 몸으로 부활할 것을 믿음으로 이 은혜는 하나님의 선택으로 가능한 것임에 감격하면서 감사의 눈물을 흘리면서 드리는 예배가 신령과 진정으로 드리는 예배가 되는 것이다.

이렇게 하나님께서 기뻐하시는 예배, 감격적 예배를 드리기 위해서는 성령의 감동이 있어야 한다. 성령의 감동이 지속되기 위해서는 힘들어도 영이 맑은 새벽에 예배와 기도를 해야 한다. 특히 교회 중직 되시는 분들은 성령의 충만을 유지하여 항상 영적으로 깨어 있어야 한다. 중직을 맡은 직분자들이 기도하지 않으면 사탄의 공격을 방어할 수 없다. 중직을 맡은 자들은 교회 어떤 일보다 기도로써 교회가 세상 권세에서 교회

의 순수성을 지키도록 최선을 다해야 할 것이다.

금요 철야 예배

금요철야는 되도록 찬양을 뜨겁게 하고 부르짖어 기도할 수 있는 환경을 만드는 데 주력했다. 밤 9시부터 10까지는 찬양을 해서 세상에서 지친 영혼들이 하나님의 위로하심과 사랑을 다시 느낄 수 있도록 했다.

인도는 찬양에 은사 있는 부교역자가 인도하고 찬양단은 찬양에 은사 있는 집사님이나 청년으로 5~6명이 나와서 뜨겁게 찬송가와 복음성가를 1시간 이상 진행했다.

이렇게 성령충만하게 찬양한 다음 10시에 예배를 시작하여 11시에 예배를 마치고 2부로 담임 목사가 찬양을 인도하되 조용한 찬송으로 인도하고 각자 개인 기도를 하도록 했다.

많은 성도가 감격의 눈물을 흘리며 회개하며 새로운 신앙 생활을 재결심하게 되며 기도 시간에 안수 받기를 원하는 사람은 강단 앞에 나와서 기도하면 안수하기 이전에 방언 은사도 터지고 통곡하는 역사가 일어났다.

한번은 부산에서 부흥회를 마치고 이튿날 금요일에 담임 목사님 가족과 부산의 유명한 관광지인 태종대로 관광을 갔다. 감사하게도 담임목사님이 형편도 어려운데도 저희 가족(아내와 막내딸)을 집회가 끝나는 목요일에 내려오라 하여 태종대 관광을 하자며 배를 태워주셨다.

그런데 그날 따라 바람이 얼마나 거세였는지 배가 파도에 쩔쩔매되 바로 눈 앞에 높은 파도가 오는 것이 보일 정도였다. 계속하여 파도 따라 배 앞 면이 치솟았다 내려갔다를 반복했다. 올라갈 때도 두려웠지만 배가 내려갈 때는 내 속이 간질간질한 것이 견디기 힘들 정도였다. 담임 목사 사모님은 배를 탄 경험이 많다는데도 검정색 오바를 뒤집어쓰고 배 바닥에 엎드려 있었다.

그때 우리 막내는 6세쯤 된 어린아이인데도 구토를 하는 것이 아닌가? 목적지를 향해 200m 정도 갔을까 한데 선장이 도저히 더 항해가 어렵고 위험하니 되돌아가야 하겠으니 양해를 해달라고 광고를 하는 상황에 이르렀다. 그러면서 배를 돌릴 때가 잠깐이지만 더 위험하니 되도록 자리에서 움직이지 말라고 했다. 과연 배를 돌리기가 힘들되 돌릴 때 바람 때문에 더 흔들리고 위태위태하였다. 나는 그때 기도했다.

"금요일 날 관광하는 것도 하나님께서 기뻐하시지 않으시는 줄 알겠습니다. 앞으로는 할 수 있는 대로 금요일날 육을 즐겁게 하는 일을 삼가하겠사오니 무사히 돌아가게 해주십시오. 바람도 바다도 그리고 이 배에 탄 사람도 다 하나님의 소유요, 순간순간까지도 섭리하고 계심을 믿습니다"

양떼를 기르는 작은 목자로서 주일을 준비해야 하는 시간에 예수님께서 고난당하신 금요일에도 육의 즐거움을 추구하는 것이 하나님 보시기에 합당하지 않다는 판단이 들었기 때문이다. 일반 성도라면야 모르겠지만 주의 종은 토요일은 물론 금요일부터도 기도와 말씀으로 무장해야 일주일 동안 세상과의 싸움에서 지친 하나님의 선민들에게 더욱 좋은 말씀의 꼴을 먹일 수 있지 않을까 하는 생각이 들었기 때문이다. 금요일에 관광을 하는 것도 어쩐지 하나님 보시기에는 선하지 않다는 생각이 들었다.

수년 후에 노회에서 바닷가로 야외예배를 갔다. 마침 그날이 금요일이었다. 나는 하나님께 금요일에는 어디 안 간다고 약속했는데 금요일에 가려니 마음이 편하지 않았다. 그러나 한편으로는 이것은 내가 정한 것도 아니요, 노회에서 많은 목사님들과 단체로 가는 것이니 다르겠지 하고 생각했다. 하지만 마음 한 구석에서 마치 어릴 때 주일 날 교회 안 간 것처럼 개운하지 않은 감정이 밀려 오는 것은 어쩔 수 없었다.

12인승 봉고차를 타고 돌아오는 길에 좁은 논둑길을 천천히 주행하다가 논둑 오른쪽 길에서 풀섶 쪽으로 간신히 차가 걸치되 약 45° 우측으로 기울었다. 차가 논으로 떨어지려는 찰라 차에 탄 목사님과 사모님들이 야단법석이 났다.

아무도 내릴 수 없었다. 움직이면 더 큰 사고로 이어질 가능성이 많기 때문이다. 운전대를 잡고 있던 목사님은 자기보다 운전을 더 잘 하는 사람으로 운전자를 바꿔 달라고 소리소리 지르고 자동차는 넘어 가기 직전에서 '우직우직' 소리가 났다. 운전을 잘 하는 분들도 서로 운전대를 안 잡으려고 야단인데 어떤 목사님이 전화했는지 택시가 와서 차에 끈을 매고 당겨 보았으나 불가항력이었다.

나중에는 경운기가 와서 줄을 매고 당기니 신기하게도 기울어 있던 우리가 탄 차가 쑥 올라오는 것이 아닌가?

모든 목사님이 하나 같이 "할렐루야"를 외쳤다. 한 가지 깨달음이 있었다면 속도에 있어서는 경운기가 택시를 당하지 못하나 힘쓰는 데는 택시가 경운기를 당하지 못 한다는 것이다. 택시는 외모는 훌륭하지만 내면이 부실한 사람의 모습이요, 반대로 경운기는 외모는 보잘 것 없이 험하기까지 하나 내면이 실력 있고 성실한사람의 모습인 것 같다.

어쨌든 금요일날 두 번 째의 시련을 만나되 다시 한번 하나님의 경고로 받아들여 주일과 같이 금요일을 제2의 거룩한 날로 생각하여 잘 구별하여 살았다. 그런데 사역한 지 29년 쯤 지나 여전도회에서 야외예배를 금요일날 간다고 하여 처음에는 야외 다녀오면 피곤해서 금요 철야 예배에 지장이 있어서 안 된다고 했다. 그런데 여전도회원들이 다시 한번 상의 후에 전화가 왔는데 그대로 가야겠다고 하였다. 더는 권면이 불가능할 것 같은 생각이 들었다.

그러나 그때 다른 날로 다시 정하기를 원한 이유를 말하였다. 내가 금요일 날 두 가지 큰 시련 때문에 예수님께 금요일을 제2의 성일로 구별되게 지키기로 약속했다고 설명했다. 그러나 이제까지 불순종한 일이 없었는데 이번에는 달랐다. 출발 후 교회에 도착할 때까지 내심 불안한 마음으로 하루 종일 기도하며 기다렸다. 그러나 예정된 시간보다 빠른 시간에 무사히 도착했다고 연락이 오게 되어 감사했다.

내가 섬기고 있는 교회의 양들이 금요일에도 무사히 다녀오게 된 것은 참 다행한 일이었다. 하지만 그 두 번의 체험이 너무 강렬하고, 하나님께서 주의 종인 나에게 더욱 세상과 구별된 삶을 살 것을 당부하시는 메시지로 들렸기 때문에 나는 지금도 금요일에는 야외활동이나 오락을 삼가고 있다.

전 도

전도는 화요일과 목요일로 정하고 전도 작정한 12명 정도가 교회에서 준비 기도하고 출발하였다. 전도 대원들이 15~20명 정도가 있었다. 먼저 교회에서 모여서 기도로 준비하고 각기 흩어져서 전도했다. 전도에도 성도들이 너나할것 없이 참으로 열심히 동참해 주었다.

전도를 많이 한 어떤 권사님은 시장에서 채소 장사하시는 분을 전도하는데 채소를 다듬어 주고 채소 배달까지 해 가면서 전도하여 교회 나오게 한 경우도 있었다. 어디 그런 경우뿐이겠는가? 복음을 전하다 보면 이 일 저 일 어려운 일을 많이 겪게 된다.

그런 모든 어려운 일을 참으면서 전도하면서 결국 영혼을 사랑하시는 우리 하나님의 사랑을 더욱 깊이 경험하게 되는 것 같다. 퇴임하기 전 1~2년을 빼고 그 어려운 전도를 평균 1년에 40명은 한 셈이다.

교육 기관 운영

내가 시골에 있다 보니 시골 교회의 교육 기관 운영은 서울과 비교하여 더욱 힘든 것 같다. 시골 교회는 70~100년된 교회까지 유초등부 숫자가 너무 빈약하다.

이유는 시골에서 도시, 특히 서울로 많은 성도들이 이사를 갔기 때문이다. 현재 아이들도 장년이 되면 도시로 안 간다고 보장할 수 없다. 그렇다면 앞으로 2~30년 후에는 교회가 유지되겠는가? 그래서 서울에 있는 교회 유초등부, 중고등부 부서의 교육이 더욱 중요해진다. 도시 교회들은 시골에서 올라온 학생의 몫까지 신앙 교육을 해야 한다고 생각한다.

우리 교회는 유초등부는 여전도사, 중고등부와 청년부는 부목사가 담당하였다. 교회에서는 이 분들께 부서를 전적으로 맡기고 모든 재정적 지원을 아끼지 않았다. 유초등부는 신입 회원을 위해 가방 등 선물을, 여름성경학교 경비를 지원하고, 중고등부는 여름과 겨울 수련회에 소요되는 경비의 많은 부분을 담당하였다.

그리고 학생들에게는 최소의 비용을 부담하도록 해서 부담을 덜어 주어 많은 학생들이 참석할 수 있도록 지원했다.

교회 전세를 얻다

방에서 1978년 5월 21일 개척하여 4개월 만에 앉을 자리가 부족하여 지금의 수진약국 앞 집 약 15평 되는 지하를 전세로 얻었다.

지하라서 습기가 많았다. 얕은 곳을 파 보니 물이 고일 정도였다. 교회 한 쪽에 물 푸는 펌프 장치를 했더니 물이 많이 고이면 자동으로 물 푸는 것은 좋으나 물을 품어내는 동안 "쨍" 하는 소리를 냈다. 그 소리가 너무 커서 방해가 되었다.

특히 설교 시간에 성도들이 잘 알아 듣지 못할까봐 걱정이 되었다. 또 하나의 문제는 2층에 주인이 살고 있었는데 불교 신자라서 교회에서 기도 소리나 찬송 소리가 크게 나는 것을 싫어했다.

개척하고 처음으로 이 곳에서 은성중앙교회 첫번째 심령부흥성회를 개최했다. 첫 강사로 당시 천호동에 신학교가 있는 세계선교교회를 담임하고 계신 양운선 목사님을 모셨다.

지금도 잊혀지지 않는 것은 이 분이 복음에 대한 열정이 얼마나 강하신지 세계를 아홉 바퀴 반을 돌며 말씀을 전했다는 사실이다. 예상했던 대로 성도들이 큰 은혜를 받았다.

교회를 이사한 뒤 사업을 접고 사택을 장위시장 골목에 대지가 32평 짜리 주택으로 줄여서 이사했다. 최대한 교회에 재정적으로 부담을 주지 않기 위해서 사업을 정리한 돈으로 생활하되 3년 동안은 사례를 받지 않고 사역했다.

당시 연세 드신 부친과 4자녀, 아내와 나 이렇게 7식구를 부양해야 했고, 4명이 다 어린 자녀였다. 그런데도 사례 없는 개척교회임을 알면서 무슨 배짱으로 큰 사업장을 떠나 즐거워하며 갔는지 지금 생각하면 무모하기까지 하다.

그러나 여호수아 5장 12절에 보면 선민이 광야에서 40년을 지내는 동안 만나를 먹고 살다가 가나안에 도착했는데 도착하여 그 땅 소산물을 먹은 그 다음날 만나가 그쳤다고 했다. 얼마나 은혜로운 기적의 증언인가?

또 하나님은 얼마나 정확하신 분이신가? **선민이 가나안 땅에서 난 곡식을 먹고 살 수 있도록 이어 놓으시고 4년도 아니고 40년 동안 매일 내려 주시던 만나를 정확하게 그쳐 주신 것이다. 오늘날도 먹을 것, 잠 잘 곳을 염려하며 질병 때문에 근심하시는 성도들의 사정을 하나님께서는 다 알고 계시니 동일한 은혜를 주실 것을 믿는다.** 확실히 믿는다면 세상 일때문에 주일까지 이용하는 일이 앞으로 없도록 하자!

하나님의 은혜로 물질 걱정 없이 지낼 수가 있었다. 지금 와 생각해 보면 하나님께서 인쇄소 사업을 번성하게 하신 뜻이 여기 있었다고 나는 생각한다. 하나님의 주권은 인간의 모든 생사화복을 주장하신다. 아무것도 없이 시작한 사업이었고, 인장이나 인쇄소에 근무한 일이 전무하지만 많은 손님을 보내 주시고, 별다른 어려움 없이 사업을 승승장구하게 하셔서 그 물질로 교회를 개척하고, 또 3년간이나 교회에서 받는 사례 없이 사역을 할 수 있었던 것이다. 이는 광야에서 이스라엘 백성에게 만나와 메추라기로 먹이신 하나님의 은혜인 것이다.

1년후 하나님의 은혜 가운데 2층 주인집을 전세로 얻어서 중간 칸막이들을 헐고 교회로 사용하게 되었다. 우선 주인집의 간섭이 없어서 좋았고 장소가 늘어나 약 30평에 가까우니 개척 1 년 만에 60명이 앉아도 넉넉하여 여러 가지로감사한 조건이 많아졌다. 그렇게도 시끄럽다고 면박 주던 주인집 안 방을 교회 장소가 되게 하신 전능하신 하나님의 계획과 하시는 일은 아무도 측량할 길이 없다.

2층에 올라오니 이제 시끄럽다고 말하는 사람이 바뀌었다. 교회 건너편 현재 수진약국 2층에 사는 분이 새벽기도 때 시끄러워 잠을 잘 수 없다고 교회를 바라보며 손짓을 하며 두 사람이 시위를 하고 있는 것이 아닌가? 지금 생각하면 성도들의 기도를 돕기 위해 작게 하기는 했지만 예배 후에 마이크에 대고 기도한 것이 잘못이었다. 그 후에는 마이크를 대지 않고 기도했다.

두 번째 장소에서 60여명이 모이자 더 넓은 장소를 찾다가 장위시장 올라가는 길 왼쪽에 위치한 40평 정도의 건물을 매입했다. 문제는 여인숙 건물이라 사람들이 간신히 잘 만한 방 12개가 다닥다닥 붙어 있는 공간이었다. 이것을 터서 하나로 만드는 것이 과제였다. 인부에게 공사 전에 부탁 말씀을 드리되 1층에는 방 두 개 씩 6가구가 살되 개인 명의로 되어 있으니 할 수 있는 대로 벽을 털 때 큰 덩어리가 떨어지지 않게 조심해 달라 했다. 하지만 실제 일하시는 분들의 생각은 내 생각과는 달랐다. 일을 빨리 하기 위해서 함마로 벽을 힘껏 쳐서 큰 덩어리가 방바닥에 떨어지는 일이 잦았다.

한번은 2층 공사장에 갔더니 아래층 집주인들이라고 하면서 8명이 한꺼번에 올라와서 "당신이 여기 목사냐?"고 하면서 내게 한발 한발 다가오는 것이 아닌가? 덩치가 보통 사람이 아니되 얼굴을 보니 직업이 노동일을 하는 분이나 시장에서 장사하시는 분들 같은데 한 사람만 나와 1대 1로 해도 나는 힘써 볼 기회도 없이 녹초가 될 것 같았다. 나는 어릴 때부터 늘 책 상에 앉아만 있는 생활을 했고 내가 생각해도 몸이 너무 왜소 하고 힘이 없었기 때문이다.

그런데 웬일인지 전혀 두려움도 겁도 나지 않고 담대한 마 음이 생겼다. 나는 합법한 일을 하고 있는데 왜 저렇게 쓸데없 는 일을 하는가 하는 생각이 들었다. 내가 보기에는 가소롭고 우습게만 느껴져서 씩 웃었다.

그랬더니 남들은 심각해서 찾아왔는데 비웃는다고 하면서 더 바짝바짝 대들어서 몸을 피하고 말았다. 지금 와서 생각해 도 연약한 내게 어디서 그런 배짱 아닌 무모함이 있었을까 생 각해보니 야곱처럼 동행하겠다고 약속하신 하나님의 빽을 믿 고 성령이 담력 있게 하신 것을 알고 더 감사할 뿐이다.

문제는 그것으로 끝난 것이 아니었다. 옥상에도 자그마한 방 이 몇 개 있었다. 거기에 연세가 70 가까이 되신 내외분이 살 고 계셨다. 얼마나 건물을 작고 삐딱하게 지으셨는지 그냥 둬 도 바람 불면 쓰러질 것 같았다. 그런데 그분들 말씀이 공사할 때 집이 흔들린다고 하였다.

공사는 그렇게 마무리 되었다. 하지만 공사 후 2~3년이 지 나도록 늘 옥상 위의 건물이 무사할까 신경을 쓰게 되었다. 본 건물도 이미 금이 가 있는 상태였기 때문에 금이 더 벌어지지 않을까 염려되는 때도 있었다.

어쨌든 무슨 일이 있으면 책임지겠다는 서약을 하고 12칸 방을 다 헐어내고 천장 밑에 빔을 두 개 대고 쇠파이프 기둥을

3개 세우고 전에 쓰던 화장실은 그대로 두고 강단을 만들고 교회 건물로 사용하였다.

2~3년이 지났을 때 이웃 교회 목사님이 응답 받았다고 나 보고 교회 형편이 괜찮다면 지금 교회 건물을 싸게 팔고 더 좋은 완전한 건물로 이사하는 것이 어떻겠느냐고 여러 번 말씀하셨다. 건물 자체가 좋은 것도 아니어서 상의하여 교회를 넘겨주기로 결심하였다.

놀라운 사실은 그렇게 위험하다고 한 건물이 약 29년이 지난 오늘날도 당시 금 간 자리 외에는 아무런 변동 없이 잘 보존되어 있어서 그 건물을 볼 때마다 안도의 숨을 내쉬게 된다.

결국 장위시장 곁의 건물을 다른 교회에 싸게 넘겨주었다. 그렇지 않아도 건물이 너무 헐어 싫증났는데 다른 교회 목사님이 어려운 당신 교회에 헐값에 달라고 하여 인계해주고 옛 161번 종점 옆에 있는 약 40평 되는 지하 건물을 전세로 이전하였다.

하나님의 사신 역사

목회를 하다보면 영적인 싸움의 최전선에 서서 싸워야 할 때가 있다. 성령의 역사가 강하게 나타날 때 악한 마귀의 역사도 많이 나타나는 것 같다.

교회가 한창 부흥하고 있고 성령이 뜨겁게 역사하여 교회에서 성도들이 밤낮으로 철야하며 기도하는 일이 많아졌다. 특

히 학생들이 열심을 내어서 자기들끼리 기도하는 일이 많았
다. 그런데 어느 날 새벽 3시쯤 사택에 사람이 와서 다급하게
말했다.

"목사님, 급히 교회에 가보셔야겠습니다. 학생들끼리 철야하
다가 문제가 생겼습니다"

옷을 대강 입고 부리나케 당도해 보니 이미 다른 집사님, 전
도사님까지 불려와서 있었는데 해결이 안 되자 나까지 깨운
것이었다. 상황은 귀신 들림의 역사가 일어나 여자 중학생 하
나가 고개를 위아래로 저으며 거품을 물고 기도하는 것처럼
소리를 내고 있었다. 내가 그 현장에 도착하자 다른 교인이 목
사님이 오셨다고 말하자 그 학생은 고개를 위아래를 흔들면서
말했다.

"목사님, 목사님, 목사님이 왔다고?"

그 학생의 고개가 위로 올라왔을 때 나도 모르게 방언으로
기도하면서 오른 손으로 올라오는 뺨을 정확히 내려쳤는데 고
개가 똑바로 내려 가면서 횡설수설하던 말도 조용해졌다. 알
고 보니 영적인 지도자도 없이 저희끼리 철야하며 기도하다가
마귀 들림의 역사가 일어난 것이었다.

그때부터는 지도자 동석 없이 어떤 부서도 철야 기도를 삼가
라고 부탁하였다.

병 고침의 기적을 주시다

개척한 지 2년 정도 되었을까 한 때에 유정자 자매가 전도되어 왔다. 후에 우리 교회에서 기둥 같은 일꾼으로 헌신하신 귀한 분이다. 이 분은 많은 불치의 질병을 가지고 왔다.

그리고 독실한 불교 신자였으며, 원래 부유하게 살다가 외아들과 외롭게, 힘들게 살게 된 분이었다. 그러나 온화하고 깔끔한 성품으로 이 분이 예수 그리스도를 영접하게 되니 참 아름답고 귀한 신앙인으로 성장하게 되었다.

은혜를 받은 후에 하나님께 전적으로 매달리며 학습 받기 이전부터 새벽기도를 시작하여 매 시간 사모하고 안수를 받았다. 그리고 내가 권면한 것도 아닌데 본인 스스로 여러 가지 약을 쓰레기통에 버리고 오직 기도로, 하나님의 은혜에만 전적으로 매달렸다.

어느 날 하나님의 은혜로 모든 병이 깨끗하게 치료되어 은성

은성중앙교회 첫 권사(유정자 권사) 1991. 10. 6

중앙교회의 첫 권사님이 되셨다.

나는 오늘까지 살아오는 동안 신불신 간에 유 권사님처럼 그렇게 배처럼 사근사근한 분을 만나본 적이 없는 것 같다. 교회를 위해서라면 자신의 몸은 돌보지도 않고 여러 일에 솔선수범하셔서 많은 교인들에게 귀감이 되는 귀한 분이셨다.

특히 가벼운 몸매에 늘 정갈하게 치장하시고 깨끗한 한복을 곱게 차려 입고 날아갈 듯한 모습으로 상냥하고 밝은 미소로 열심히 전도하던 모습이 눈에 선하다.

늘 하나님 앞에 울부짖으며 기도하면서 뿌린 전도의 열매는 헛되지 않아서 이 때 전도한 분들 중에 지금은 교회의 기둥 같은 일꾼이 된 분들이 많다.

이 영 집사님, 강희배 집사님도 유 권사님의 전도를 받고 교회에 오신 분들이다. 사람은 갔지만 그가 뿌린 전도의 씨앗들은 거짓없이 아름다운 열매를 맺고 크고 울창한 거목으로 성장해 나가는 것을 보면 하나님 앞에 감사할 수밖에 없다.

안타까운 사실은 교회를 위해서 많은 봉사를 했지만 생활은 참 어려웠던 것으로 생각된다. 일본어를 잘하는 인테리셨는데, 당시 일본인 집에 다니면서 한국말을 가르치셨다.

그런데 한 달에 얼마나 받으셨는지, 그것으로 생활은 가능하셨는지 안타까울 뿐이다. 허름한 방에 거주하셨는데 지금 생각해 보니 주거에 대한 것이나 생활에 조금 더 신경 써 드렸어야 했는데! 생활을 더 돌보지 못한 것이 본인에게나 하나님께 죄송스럽게 생각되기도 하며 더 할 수 있었는데 하는 아쉬움이 있지만 다시 올 수 없는 수 십년 전의 일이 되고 말았다.

그 후에 대전에 사시는 큰 따님이 생활이 넉넉하셔서 아파트의 큰 방을 내어 주시고 내려 오시라고 했다. 대전에 내려 가셔서도 주일마다 기차를 타시고 본 교회까지 올라 오셔서 봉사하셨다. 그런데 어느 날 교회 오시다가 기차 안에서 쓰러지셔서 소천하셨다. 그때는 그렇게 성스러운 분이 교회 오시는 기차에서 부르심을 받다니.

당시는 이해가 잘 안 갔으나 내 나이 70이 된 오늘에서야 그렇게 부름 받으신 것이 굉장한 복이었다는 것을 몰랐구나. 그래서 사람은 노년이 되어 보지 않고 자기 주장을 펴는 것은 어직 이른 일이 아닌가 생각된다.

지금도 잊혀지지 않는 것은 부산에 집회 가는데 기차 안까지 찾아 오셔서 예쁜 플라스틱 곽 안에 여러 과일을 층층이 담아서 전달하고 가셨다. 31년 간 목회 생활에 많은 희로애락이 있었지만 어떤 목회자든 다시 만나기 어려운 귀한 권사님이라는 생각이 든다.

유 권사님이 오신 뒤 얼마 후, 하나님께서 암을 치유하시는 놀라운 역사가 일어났다. **서울에 소재한 암치료 전문병원인 원자력병원에서 3년 동안 치료받다가 더 이상 병원에서 치료가 불가능하다고 하여 퇴원하여 댁에 계셨다.**

다른 사람의 소개로 누워 있는 그 자매 집에 사모와 함께 심방을 갔다. 그 분이 지봉성 자매님인데, 나중에 본 교회에서 권사로 취임하여 교회를 잘 섬기셨다.

그분은 처음 뵈었을 때 병원에서 더 이상 치료해야 소용이 없으니 집에서 몸조리를 잘 하라 하여 침대에 누워만 있는 상

태였다. 건장할 때는 70kg도 넘을 정도로 상당히 좋은 체격이
셨지만 질병 때문에 눈이 움푹 들어가고 온 몸이 바싹 야위어
있는 상태였다.

사모와 나는 먼저 기도하기를 이 분의 병이 신앙 생활을 바
로 잡기 위해 하나님께서 주신 영적인 병인지, 아니면 육신을
잘못 관리하여 생긴 육적인 병인지 분별할 수 있도록 기도했다.

기도 끝에 특별한 은사자인 사모에게

"이 여인은 나를 버렸기 때문에 내가 질병을 주었느니라."

하는 응답을 주셨다. 본인에게 과거에 건강할 때 교회 다녔냐
고 여쭤 보니 아무 대답 없이 눈물만 주루루 흘릴 뿐이었다.

수양회 중
1990. 8

그리고는 이렇게 대답했다.

"저는 본래 이북이 고향입니다. 그곳에서는 신앙생활을 잘했는데 부모가 지주였기 때문에 모든 것은 공산당에게 다 빼앗기고 1·4 후퇴 때 남하하여 직장 생활을 했습니다. 정신없이 살다보니 직장을 다니느라고 주일을 못 지켰습니다. 주일에도 직장에서 쉬게 하지 않아서 신앙생활을 중단한 지가 30년이 넘었습니다."

나는 "하나님께서 자매님을 사랑하셔서 주신 병이니 회개하고 돌아오면 전능자가 고쳐주실 것을 확신합니다."라고 권면했다. 그리고 회개하는 방법을 가르쳐 주었다.

우리 교회 집사님 중에 3륜차를 가진 분이 계신데, 그 차를 타고 5주만 교회에 나오면 6번째 주일은 본인이 걸어서 나올 수 있을 것이라고 말해 주었다. 지금도 그때 어떻게 내 입에서 어떻게 그런 담대한 말이 나왔는지 알 수 없다.

하나님의 역사가 아닌 사람의 생각으로라면 어떻게 그런 말이 나왔겠는가? 놀라운 사실은 실제로 4주 동안 차를 타고 오고 5번 째 주에는 본인이 걸어서 교회에 오는 놀라운 역사가 일어난 것이다. 그 가정을 심방했을 때나 교회에서나 안수 기도를 했다. 하지만 역사는 하나님께서 하신다.

하나님을 잃어버린 그 자매님에게 하나님은 **불치의 질병을 주어서라도 잠시 잠깐 지나가는 육신의 건강보다 영원한 영생의 축복을 찾아주신 것이다.** 현재 갖가지 시련과 곤고를 만나고 계십니까? 자신의 상황을 이 말씀에 비춰 보시고 현재의 난관도 그리고 영혼의 영원한 안식도 되찾으시기를….

그 후로는 새벽 예배까지도 빠지지 않고 잘 드려서 몸 된 교회의 권사로 15년 이상 헌신했다.

영적인 질병은 안수는 목사가 하지만 고치시는 이는 전능하신 하나님이심을 고백하지 않을 수 없다. 연세 드셔서 노환으로 하나님 나라에 가셨지만, **지금도 아버지 나라에서 불치의 질병을 주어서라도 택한 자를 버리지 않으시고 품으시는 주님의 은혜를 찬양하며 계실 것 같다.**

교회 건축을 준비하다

교회 개척한 지 8년쯤 되었고 교인은 80명에서 더 넘지 못하고 있었다. 오죽하면 기도할 때 하나님, 교인을 늘려주시든지 줄여주시든지 변동이 있어야 할 것 아닙니까 하고 기도했다. **지금 생각하면 엄청나게 불경한 기도를 한 것 같아 죄송한 생각이 든다. 사실 알고 보면 제일 먼저 목회자인 내게 무엇이 부족한가를 찾았어야 옳을 것을!**

지하에서 3년 정도 되었을 때, 집주인이 진한 연립 옆에 2층집을 짓고 있는데 교회가 새 건물로 이사 갈 마음이 없냐고 했다. 전세가격을 물으니 가격도 적당하여 2층과 지하층 2개를 전세를 얻기로 했다. 2층을 본당으로 하고 지하를 교육관으로 사용했다.

이해하기 어려운 하나님의 은혜가 임했다. **특별히 전도를 더 열심히 한 것도 아닌데 이사한 지 3~4개월 만에 교인이**

40여 명이 갑자기 증가된 것이다. 참 기쁘고 감사한 일이었다. 하나님께서 하시는 일은 참 놀랍다. 갑자기 50% 이상이 단 몇 개월 만에 자연 증가 되는 기적이 일어난 것이다.

어느 날 심방 다녀오다 보니 현재 교회 자리인 장위동 106-3호 자리에 부로크로 허름하게 지은 공장이 있고 내부에는 4-5가정이 방 한 칸 씩 세 들어 살고 있었다.

이곳이라면 가격이 비쌀 것 같지 않아 부동산중개업을 하시는 남씨에게 알아보시도록 부탁을 했다. 평당 약 97만원 씩이었다. 그래서 약 120평을 구입했다. 그런데 막상 건축하려고 알아보니 두 가지 어려운 문제가 있었다.

그 하나는 이 땅이 소방도로와 인접해 있는 맹지(길이 없는 땅)였던 것이다. 우리 땅에 차고 있는 데부터 길쭉하게 남의 땅이 붙어있되 그 땅(약 9평)을 당시 고가인 150만원씩을 주고 매입하여 정식 교회 건물로 허가를 못 내고 근린상가 허가를 얻어 지하 약 96평, 1층 약 56평, 2층 약 70평(증축), 3층 약 53평을 건축하여 지하까지 4층 건물을 약 1년 만에 완성시켰다.

건축 경비는 성도들이 십시일반 헌금하되 가장 배짱 있게 한 가정이 두영진, 양현숙 집사 부부였다. 당시 돈으로 수 천만원을 헌금했다. 참으로 은혜스러운 것은 2차로 헌금을 했는데, 양 집사와 사모에게 하나님께서 가르쳐 주신 금액이 똑같이 400만원으로 동일하여 추가로 헌금한 것이다.

세밀하게 응답하시고 간섭하시는 하나님의 은혜는 생각할수록 참으로 놀랍고 신묘막측하시다.

남편 집사는 안수 집사까지 되었으나 아내 되는 집사님이 목회 사명이 있다 하여 교회를 사임하고, 지금은 석관동에서 목회를 잘 하고 있다. 그러나 교회 어려운 일이 있을 때마다 참 귀하고 충성스러운 일꾼이었는데 끝까지 있었으면 얼마나 좋았을까 하고 아쉬워한 적이 많이 있었다. 이렇게 헌신하고 충성할 수 있는 것은 먼저 성령의 역사이고 또한 중심이 좋은 자를 쓰시는 하나님의 전폭적인 은혜이다.

그 전에도 이 가정에는 은혜로운 간증이 많았다. 당시 남편 집사님이 종업원 10 명 이상을 두고 구두 만드는 사업을 하고 있었는데 사업이 한번 기울어서 가정집은 보증금 백 만원에 월세 5만원 단칸방에 살고 있었다.

한번은 남편 집사님을 불러서 내가 권면했다.

"종업원도 많이 모시고 사업하는 분이 100만에 5만원 월세가 뭐냐? 상당히 어렵겠지만 내가 권면하는 대로 할 수 있겠습니까?" 했더니 원래 순종 잘 하는 분이라

"예"하고 대답하였다. 그 다음 내가 조건을 말했다.

"현재 공장 전세 들어 있는 800만원을 하나님께 건축헌금으로 하십시오."

물론 하나님께서 확신을 주셨기에 아무 염려 없이 말을 할 수 있었다. 집사님은 얼른 대답을 안 하시고 시간이 조금 흐른 뒤에 "아멘"하셨다.

그 후로 공장 800 만원 전세금은 그대로 두고 한 달에 24만원씩 약 3년 동안 헌금을 했다. 하나님께서 그 후 그 집사님 가정에 기적이 일어나게 하셨으니 나는 시유지를 사라 마라 한 일이 없지만 그 가정에서 시유지를 샀다. 불하 가능성이 없

어서 싸게 구입했다는데 그것이 속히 불하가 되어 비싼 값에 팔아 2층 집도 사고 승용차도 사게 되었다.

고린도후서 9장 5절에 '연보'는 난외주 해석을 보면 '복'이라고 해석되어 있다. 하나님께 연보하는 것은 물질 복의 씨앗을 하나님께 심는 것이다.

그리고 보면 가난할수록 액수에 상관없이 물질 복의 씨앗을 열심히 심어야 한다. 많은 성도들이 응답받지 못하는 원인 중 하나는 하나님이 온전한 나의 주인이 못 되기 때문이다. 아직도 많은 **성도의 대다수는 물질이 주인이요, 자녀가 주인이요, 사업과 직장이 주인인 사람이 많다.**

신앙생활해도 이것때문에 하나님이 진노한다고 했으니 에베소서 2:3에 전에는 우리도 다 그 가운데서 우리 육체의 욕심을 따라 지내며 **육체와 마음의 원하는 것을 하여** 다른 이들과 같이 **본질상 진노의 자녀이었더니.**

그뿐인가 탐심(욕심)은 우상숭배와 같다고(골 3:5~6) 약속했으니 신자이든 목회자이든 욕심을 따라 하지말고 성경과 교회법을 따라 살아야 할 것이다.

대개는 이 세 가지를 하나님보다 더 우선에 두고 더 소중하게 취급하기 때문에 이런 자에게 하나님은 늘 뒷전으로 밀려나시고 찬밥 신세가 되신다.

더 놀라운 사실은 이런 자신은 하나님을 주인으로 섬기고 있다고 착각하고 있는 신자가 많다는 것을 증언하지 않을 수 없다. 심지어는 신앙생활의 목적이 돈을 벌기 위해, 사업과 직장을 위해, 자녀가 잘 되기 위해 하는 자가 많다.

이것은 하나님을 목적으로 하고, 하나님만을 섬겨야 하는 신앙의 원칙에 정반대가 되는 것이다. 바른 신앙은 사업도, 자녀도 아닌 주인 되는 하나님을 잘 섬기기 위한 목적이 돼야 한다. **사업이나 자녀가 잘 되기 위해 신앙생활 한다면 불교나 샤마니즘적인 종교와 무엇이 다르겠는가?**

교회 건축에 두 번째 난관은 월세 들어 있는 다섯 가구를 어떻게 마음 상하지 않게 내 보낼 것인가였다. 나는 수시로 그 가정들을 방문하여 마음을 사는데 게으르지 않았으며 때가 됐을 때는 교회 건축을 위해 살림이 너무 어려운 것을 잘 알지만 더 살기 좋은 곳으로 이사하셔야겠다고 수시로 부탁의 말씀을 드려서 5가구 전체가 다 이사하게 되었다.

드디어 있던 건물은 헐고 잔토를 자동차로 실어내고 평토가 되었다. **나는 교회 택지를 몇 번이고 돌면서 어떻게 하면 더 멋있고 모양도 근사하게 지으면서, 한 평이라도 더 지을 수 있을까 하고 기도하면서 돌고 돌고 또 돌아 보았다.**

건축비를 절약하기 위해 건축을 맡은 사장님에게 약 3억에 지하 96평, 1층 56평에 방 3개씩 두 가구의 주택을 만들고, 2층 70평에는 본당을, 3층 50평과 지하 90평을 교육관 및 식당을 만들도록 부탁했다.

감사한 것은 건축비 때문에 다른 교회의 도움을 일절 받지 않고 우리 교회 힘으로만 건축을 완료하되 아무 사고 없이 은혜롭게 마치도록 하나님께서 도와주시고 지켜주셨기에 가능했다.

건축 시 일하시는 분들 식사는 교회에서 구역별로(당시 20구역) 대접했다. **구역 책임자들이 밥 바구니를 머리에 이고 물주전자를 손에 들고 땀을 흘리며 오가던 모습들이 지금도 참 감사하고 자랑스럽게 스쳐간다.**

또한 건축을 위하여 한얼산기도원 등 많은 기도의 동산에 올라가 합심하여 기도한 적이 많았다. 특히 아직도 기억에 남는 장면은 함께 기도하고 나눈 애찬이다.

매번 10~12명이 한얼산기도원 근처에 2평 정도 평지를 다듬고 가지고 간 자리를 펴서 임시 예배처를 만들었다. 그 후에도 근처 여러 곳으로 장소를 옮겨가며 기도했다. 함께 예배를 드리고 흩어져서 교회 건축을 위해 각자 기도 자리를 정한 뒤 정말 뜨겁게 기도했다. 그리고 준비해간 음식으로 애찬을 나누었다.

지금도 그 때를 생각하면 많은 추억 속에 잠기게 된다. 녹음이 짙은 계곡 물가에서 배가 고플 때까지 부르짖어 주의 몸된 교회를 위해서 합심하여 기도한 후에 충성스러운 성도들과 사랑의 애찬을 나누는 기쁨을 먼 훗날인 오늘날도 잊을 수가 없다.

목회하는 동안 목사를 따라서 몸 된 교회를 위해 몸과 마음을 바쳐 충성한 교인들의 모습을 작은 목자 된 내가 어찌 잊을 수 있겠는가?

시시때때로 수고하고 눈물과 땀방울을 흘려가며 교회 일이라면 발 벗고 나서서 충성했던 성도들의 헌신과 노고가 아니었다면 지금의 은성중앙교회는 있을 수 없었을 것이다. 그렇게 사랑하는 성도들의 수고와 헌신으로 교회가 제 모습을 갖추어 나가기 시작했다.

은성중앙교회 전경
1990.

　성도들이 정성스럽게 낸 건축 헌금을 통해 건축비가 거의 충당되었으나 수 천 만원 정도가 부족했다. 싼 이자로 사채를 사용했는데 그 돈이 친척 중 한 사람이 비행기 사고로 받은 위로금 중 일부였다.

　교회에서 이자도 제대로 내었지만 그 돈 때문에 친척 되는 아랫사람에게 교회에서 목이 졸리는 수모를 겪어야 했다. 하지만 그 일로 나중에라도 아프거나 건강에 어려움이 생기지는 않았다. 아무리 친척이지만 그 당사자에게 앞으로 별 어려운 일이 없어야 할텐데 하며 계속 걱정하며 중보기도하였다.

　건축 후 몇 년이 지나 현재 2층 성가대석을 비롯하여 11평 정도를 증축하게 되었다. 증축 부분에 벽을 헐고 벽돌 1m정도를 쌓았는데 공사가 중단되었다.

바로 교회 옆집 건물 빌라 12가정에서 약 20여 명이 몰려 와 공사를 중지하라고 소리소리 지르며 데모를 하였다. 그 이튿날은 교회 1층에 있던 사택에도 있지 못하고 이리저리 피해 다니며 데모 상태를 유선으로 연락받았다.

결국 공사를 중단하고 타협점을 찾아보았다. 가구주 전체를 상대하면 더 불리하기 때문에 대표자를 선정하여 타협점을 찾아보도록 하였다. 물론교회에서는 새벽에도 특별기도를 하고 교인들도 시간을 정하여 기도하기 시작했다.

증축을 반대하는 이유는 소음이 많다는 것이었다. 증축하면 자신들의 창가로 건물이 다가오기 때문에 증축을 반대한다는 것이다. 아무리 구청에서 허가를 받아 증축하지만 이웃 주민의 민원이 있으면 어쩔 수 없는 것이 현실이다.

여러 번 대표와 만나는 중 하나님의 은혜로 합의점을 찾았다. 그 내용은 증축하는 교회 우측 벽 쪽으로는 창문을 한 개도 내지 않기로 하되 있던 창문 두 개도 완전히 봉쇄하기로 하였다. 그 약속을 지켜서 증축을 마무리지었다. 증축 장소는 벽 쪽으로 쑥 들어갔기에 성가대석으로 안성맞춤이었다.

10평 남짓할 증축이 왜 수백 평을 건축하는 처음 건축할 때보다 더 힘들고 난관이 많았던가? 그 이유는 현재는 빌라가 되어 소유자가 12가정이 되었지만 처음에 건축할 때는 100평이 넘는 대지가 장위동 본토배기 한 사람 소유였다. 건축물이 오래 되어 주인이 살지 않고 세 들어 사는 사람만 있었기 때문이다.

첫 번 건축에는 건축비가 모자라 초등학교 동창인 정릉 형제한의원 원장님에게 수 천만원을 저렴한 이자로 담보없이 때로는 차용증 없이 빌려 왔다.

지금 생각해도 정말 감사한 일이다. 초등학교 때도 서로 신뢰하여 경어를 쓰던 사이였다. 워낙 성품이 착하고 인자하여 난 늘 그분만 뵈면 '저렇게 착하고 인자한 성격을 갖춘 분이 목사가 돼야지, 나처럼 부족하고 성격이 급한 사람이 목사가 되었다니, 뭔가 바뀐 것 같다' 하는 느낌을 늘 갖게 되었다.

그때는 잘 몰랐지만 31년간의 목회를 마무리하고 교단장을 지내면서 원했든 원치 않았든 많은 연령층의 다양한 목사님들을 만나고 교제하면서 성직자가 되기 전 사람다운 사람이 먼저 돼야 한다는 생각은 변함이 없다.

사람다운 사람은 무엇을 말하는가? 우선 정직하고 신용 있는 사람, 말로 약속한 것도 틀림없는 보증 수표와 같은 사람이 아닌가 싶다. 외모도, 학벌도, 키도 남과 비교하고 싶지 않은 본인이지만, 나이 70이 된 나는 어떤 사람으로서 얼마나 신용 있는 사람이었는가 되돌아보게 된다.

지금도 형제 한의원 신 원장님께 감사하며 당시 천 만원이면 굉장히 큰 돈인데 수 천만원을 담보도 받지 않고 빌려 주지 않았더라면 교회 건축은 어떻게 되었을까?

당시 신 원장님은 우리 교회 형편을 잘 몰랐다. 예배 시간이나 그 외에도 교회에 와 본적이 없었다.

또 내 개인적인 경제 사정도 몰랐다. 사택은 어떤지, 은급비는 얼마나 받는지 몰랐다. 교회 건축 하느라고 쌀값도 없어서 식사나 제대로 하는지, 4명이나 되는 자녀들의 학비는 어떻게 하고 있는지 전혀 몰랐던 것이다. 그런 중에 수 천 만원을 빌러 주면서 때로는 차용증도 요구하지 않은 것은 어릴 때부터 겪어 보면서 알고 있는 '신용' 때문이었던 것이다.

현재는 돈이 없어서 빌리고 있지만 **남의 돈 갚지 않고 자기 집 먼저 살 사람은 아니며 믿고 신뢰하는 친구의 마음을 아프게 하거나 억울하게 할 사람은 아니라고 생각했기 때문이다.**

그렇게 당시 생활조차 어려웠던 나를 신뢰하고 믿어준 것이다. 나도 당시 감사하게도 매달 이자를 보낼 수 있는 재정이 되었다. 천 만원짜리 적금을 몇 개 들어서 각각 24만원씩 적립하여 어느 때는 천 만원, 어느 때는 수 천만원씩 갚아나갈 수 있었다.

신 원장님을 만날 때마다 **세상 일은 아무리 잘 돼도 허무한 것이니 창조주 되시고 모든 인간의 일생을 계획하시고 걸음마다 인도하시고 섭리하시되 인간의 생사화복의 주인 되시는 주님께 돌아와야 한다고 전도를 했다.**

목회를 다 마치고 고향인 충북 괴산읍 서부리에 와 있는 지금에서야 원장님의 형님을 거리에서 만나 전도하다가 기쁜 소식을 듣게 되었다. 정릉 형제한의원 원장님이 성당에 나가기로 했다는 반가운 소식이었다.

신 원장님은 집안의 장손이신 형님에게 제사 드리는 관계도 있으니 미리 말씀드린 것으로 생각된다. 예의바른 신 원장님이 형님에게도 예의바르게 처리하는 한 단면이기도 하다. 나는 더 기쁜 마음으로 신 원장님 형님을 전도하고, 며칠 후에 신 원장님에게 전화하였다.

"괴산에 큰 형님 말씀이 신 원장님이 교회 나가기로 하셨다 던데 어떻게 되었습니까?"

그 대답이 사촌 동생의 딸이 천주교 수녀요, 그 수녀가 여러 가지 헌신과 봉사를 많이 하여 천주 교회에 부부가 나가신 지 몇 주 되었고 나가기 시작한 후에는 한 주도 빠지지 않고 잘 나가고 있다고 하였다.

교회가 아니라 천주교회에 나가게 된 것이 많이 안타까웠다. 그분에게는 천주교는 개신교보다 하나님의 영(성령)받는 기간 이 느리다고만 하였으나 진짜 잘못된 교리는 말하지 못하였 다. 왜냐하면 혹시라도 천주교를 시기하는 것같이 느끼게 될 것 같아서인 것도 있고, 또 기독교 목사인 내가 자기 것만 좋 다고 우기는 편파적인 사람이라는 인상을 줄 것 같아 조심스 러웠기 때문이다.

그분은 이미 사도신경, 주기도문을 다 외우고 있었기에 천주 교에서 외우는 것은 혼동이 되어 외우기가 어렵다고 했다. 그 래서 내가 말하기를 옛날 초등학교시절에 반에서 제일 우승하 던 머리는 어디에 가고 그러냐고 했다. 그랬더니 지금 나이 70이 넘으니 다른 것도 깜박깜박한다고 했다.

아무리 훌륭하고 명석한 사람도 피조물인 인간은 마치 아무 리 싱싱한 은행잎도 된서리 한번 맞으니 그날 오전에 한 번에 눈 오듯 떨어지듯 똑같은 이치라는 생각이 들었다. 그래서 시 편 103편 14절에는 **"전능자는 우리의 체질을 잘 아시되 인생 의 육체는 먼지와 같다"**고 하였다.

천주교에 구원이 많지 않은 것은 메시야인 예수님을 제대로 알고 믿지 않고 신이 아니고 사람에 불과한 마리아를 지나치게 신격화하여 섬김으로 바르지 못한 복음을 선포하고 있기 때문이다.

5년 전엔가 경상도 진주 쪽에 부흥회를 다녀오다가 새마을호 기차를 탔다. 의자 뒤편 책꽂이에 천주교 전도지가 꽂혀 있었다. **발행자는 부산교구장 신부의 이름으로 되어 있었다. 앞면에 큰 활자로 "마리아에게 기도합시다"라고 쓰여 있었다.**

이것은 개신교에서는 유초등부 학생도 알 수 있는 교리이다. 마리아는 육적으로 **예수님의 어머니이나 예수님께는 성도나 다름이 없는 존재이다.** 따라서 **기도의 대상은 하나님이시지, 마리아가 될 수 없는 것이다.**

또 한 가지 중요한 교리는 예수님께서 대속의 십자가를 지시고 마지막 운명하실 때 예루살렘교회 지성소의 휘장(짐승털로 짜여진 두꺼운 막)이 찢어진 사실이다.

누가복음 23장 45절에는 기독교 교리 중 중요한 대목이 있다. 예수님께서 운명하실 때 지성소의 휘장이 찢어졌다. 지성소는 아론과 같이 대제사장만이 1년에 한 번 지성소에서 모든 백성을 대신하여 대표로 사죄 기도하던 장소이다.

그리고 대제사장도 잘못된 것이 있으면 지성소에서 죽기 때문에 방울을 달고(소리나면 안 죽은 것)끈을 허리에 매어서 소리를 내게 하였다. 그 이유는 다른 사람도 지성소에서 나오는 빛만 보게 돼도 현장에서 죽게 되기 때문이다.

그런데 예수님께서 십자가에서 운명하실 때 지성소의 빛만 보아도 죽었던 그 신성한 곳에 가려져 있는 짐승털로 두껍게 짜여져서 칼로 베어도 베어지지 않는 것이 **예수님께서 십자가에서 운명하실 때 전체가 반으로 갈라진 것은 예수님의 대속으로 모든 신자는 어떤 죄든지 중간에 인간(신부)의 중재 없이 성도가 직접 속죄하고 또 원하는바 소원을 아뢸 수 있는 기도의 특권을 주고 가신 것이다.**

이것은 예수 그리스도께서 인간을 위해 자신의 목숨을 대신 내어주신 최고의 선물인 것이요, 값없이 주시는 하나님의 은혜인 것이다. 그런데 천주교에서 아직도 인간(신부)의 중재로 고해성사를 하는 것은 직접 사죄와 기도할 수 있는 특권을 무시하는 결과이고, 예수 그리스도의 십자가의 희생을 부인하는 결과가 된다. 예수 그리스도의 십자가의 희생을 부인하면 영혼 구원까지도 보장할 수 없게 되는 것이다.

본당 건축에는 별 다른 어려움이 없었으나 1층 바닥 콘크리트공사를 하고 그 이튿날 지하에 가 보니 1층에서 콘크리트가 새서 시멘트 차 1대 분 정도가 지하에 쌓여 있는 것이 아닌가?

마침 아직 굳지 않아서 삽으로 떠서 회치기에 알맞은 정도였다. 파헤치지 않고 시멘트가 굳어버리면 소형 자동차 크기만한 것을 뗄 수도, 옮길 수도 없기에 덩어리가 크지 않을 만큼 골고루 떼어 놓았다. 1층 바닥 공사 중 큰 틈이 있어서 그리로 이렇게 많이 새어 내려온 것이었다.

다른 큰 어려움은 없이 교회 건축을 마무리할 수 있었다.

목양의 뒤안길

개척한 지 12년 만에 지하 1층 지상 3층 연 건평 약 270평의 교회를 건축하되 성도 한 사람 한 사람 생각하면 특별히 좋은 직장이나 큰 사업하는 분이 한 분도 없이 어떻게 빚지지 않고 건축을 했을까 생각할 때 감사하는 마음 한이 없다. 현실이 믿어지지 않을 때가 많은 것이 사실이다.

제일 마음 아팠던 성도 두 사람만 말하라 한다면 먼저 K집사님은 시장에서 장사하면서 같은 동네 매형님이 목사님으로 계신 곳에 나가다가 다시 나와서 형제간인데도 그 교회와 목사님에 대해 늘 부정적 말만 하다가 교회를 다시 정하지 못하고 방황하고 있을 때 우리는 개척 한 지 10년 안쪽인터라 방황하지 말고 우리 교회 와서 좀 도와 달라고 했다. 그것이 크게 잘못한 권면이었다는 것을 1~2년 후에 깨달았다. 그러나 이미 때는 늦은 것일 줄이야……

그 분의 좋은 점은 거리에서 교인을 만나면 절대 빈 입으로 보내지 아니하고 우유나 빵이나 음료수를 강권하여 접대하는 것이었다.

마치 구약에 수넴 여인이 자기 집골목을 자주 왕래하는 엘리사 선지자를 아무도 가르쳐 주지 않았는데도 선지자인 줄 알아보고 엘리사 선지자를 강권하여 음식을 대접하고 그가 쉴 수 있도록 방을 만들고 침상과 책상까지 만들어 접대했던 것처럼 말이다. 신령했던 수넴 여인이 아들을 선물 받은 것 같이 대접 하는 일을 잘하는 것은 하나님을 기쁘시게 하는 일이다.

성경에 약속되어 있다.

"하나님을 기쁘시게 하라, 그리하면 네 마음의 소원을 이루어주시리라"

시편 73편 28절에도 약속되어 있다.

"하나님을 가까이함이 복이라"

조금 잘못된 것이 있다면 접대할 때 대화 내용이 매형 목사님에게서와 마찬가지로 현재 은성중앙교회와 목사에 대해서도 늘 부정적이고 비판적이었다. 그 바쁜 가운데 성도의 가정까지 찾아가서 그런 부정적인 말을 지속적으로 하였다. 성도들에게 대접을 하여 심고도 심은 열매와 상반되는 일을 많이 한 것이다. 수없이 그런 이야기가 들려와서 나는 교회와 성도들을 위해서 3번이나 교회에서 나가 줄 것을 권면했다. 3번째 불렀을 때는 이렇게 말했다.

"내가 나가면 나하고 친한 사람이 20여 명 있는데 다 데려가
도록 허락한다면 나가겠다"

목회자가 제일 마음 아픈 것이 성도가 교회를 나오지 않겠다
는 것이지만 허락할 수밖에 없었다. 희한하게도 부정적인 교
인들과 친한 사람은 부정적인 교인이 되기 때문이다.

그것은 교인이 안 나오는 것의 수십배로 마음 아픈 일이기
때문이다. 안 된다고 하면 계속 교회를 양분화 시킬 것이요,
또한 목회자는 그것 때문에 지옥과 같은 마음으로 사역할 수
밖에 없기 때문이다.

한 사람의 교인이 섬기던 교회가 싫다고 나간다면 마음의 아
픔을 지나 허탈하고 실망이 되는 법이되 20명이나 한꺼번에
함께 데리고 가겠다는데 허락했다는 것은 얼마나 그 교인이
주는 피해가 컸다는 것이겠는가? 오죽하면 담임목사가 3번씩
이나 출교를 부탁했겠는가? 본인도 목사가 왜 나가라 했을까
를 깊이 생각하고 반성하고 이번으로 이 교회 저 교회 휘젓고
다니는 것을 마감했으면 좋았을 것인데……

그는 20여명을 데리고 우리 교회에서 500m 정도 떨어진 석
계역 가는 큰 길 가의 교회로 옮겨 갔다. 그곳에서 한 2년 정
도 지나서 이번에는 집사님만 70명 동원하여 바로 길 건너에
세를 얻어 평소 자신이 존경하던 목사님을 담임목사로 모셨
다. 모시고 보니 그 목사님도 예전의 그분이 아니라 마음에 안
드는 부분이 많다고 데리고 나간 교인은 그 교회 두고 본인만
다시 길 건너 나갔던 교회로 다시 갔다. 몇 주 후에 나갔던 교

회 담임목사님이 강단에서 이름을 호명하고 제명했다.

얼마 후 당뇨합병증으로 50전후의 나이로 소천하는 슬픈 소식을 접하게 되었다. 남은 가족 때문에 우리 모두는 마음 아파하고 또 이런 소식을 접하는 모든 **성도는 '교회가 하나 되는 일에 힘쓰라'** 는 하나님의 말씀에 전력하되 하나 되는 것은 성령의 음성이며, 교회나 목회자가 특별한 부정이 없는데도 혜치고 가르는 생각은 사탄의 생각임을 명심해야 할 것이다.

여기서 나는 하나님의 음성은 어떤 것이며 마귀의 음성은 어떤 것인가를 정의하려고 한다.

첫째, 먼저 성도는 무엇을 통해 하나님의 음성을 듣게 되는가?

1) 설교를 통해 듣게 된다. 따라서 설교자와 좋은 관계를 유지하도록 노력해야 한다. 더 나아가 사랑하고 이해하려는 노력이 필요하다.

2) 환경을 통해 하나님의 음성을 듣게 된다. **특히 질병을 통해, 물질의 어려움을 통해, 그리고 자녀를 통한 시련을 통해 하나님의 세미한 음성을 듣게 된다.** 따라서 세상 사람들에게는 고난이 안 좋은 것이지만, 성도에게는 고난이 반드시 나쁘기만 한 것은 아니다. 성도는 고난을 통하여 하나님께 더 집중할 수 있으며, 평소에 들을 수 없었던 그분의 세미한 음성을 들을 수 있는 기회가 되기 때문에 은혜가 되는 것이다.

3) **가까운 주위사람을 통해 권면과 질책을 통해 듣게 된다.**
신앙 좋은 가까운 주위 사람뿐만 아니라 때로는 불신자를 통해서도 하나님의 음성을 분별하여 들을 수 있다. 왜냐하면 하나님의 주권은 온 세상을 통치하시고 다스리시는 것이기 때문이다.

4) 자연의 아름다움과 폭풍, 가뭄, 태풍을 통해서도 주의 음성을 들을 수 있다. 특히 봄이 되어 죽었던 나뭇가지에 갖가지 새싹의 돋아남과 꽃을 보면서 하나님의 섭리에 대해 감탄하지 않을 수 없다.

어떤 시인은 비를 흠뻑 맞고 있는 길가의 보잘 것 없는 야생화를 보고 **"야! 저 꽃 좀 보게, 하나님을 향해 감사하다고 방긋방긋 웃고 있네!"**라고 했다.

믿음의 눈을 뜨고 보면 온 세상의 모든 것들이 하나님의 은혜에 감사하고 찬양하고 있는 것을 볼 수 있게 된다. 중요한 것은 우리의 눈이 무엇을 보느냐이다. 하나님이 우리를 위해 말씀을 안 하고 계신 것이 아니라, 우리가 **너무 세상적인 것에 치우쳐서**, 세상의 영광만을 추구하기 때문에 그 분의 세미한 음성을 놓치고 있는 것이다.

믿음의 눈으로, 기도하는 마음으로 세상을 대할 때, 우리는 우리에게 늘 말씀하시고자 하시는 하나님의 음성을 들을 수 있게 된다.

둘째, 무엇이 마귀의 음성이며 무엇을 통해 마귀의 음성을 듣게 되는가? 많은 사람이 마귀가 내가 마귀며 귀신이다 하며 귀에 대고 말하고 꿈에서 들려 줄 것이라고 생각한다. 그래서 믿음 좋은 성도까지도 진짜 마귀의 음성을 구별치 못하는 경우가 있다. 그러나 마귀 음성은 다음과 같이 정리될 수 있다.

1) **본인의 생각 속에서 교만한 생각은 마귀의 음성이다.** 인생은 모두 하나님 앞에서 한없이 부족한 존재이다. 그리고 또한 모든 피조물은 완벽할 수 없는 존재이다. 그런데 자신이 **제일 잘나고 똑똑하며 제일 깨끗하고 거룩하다고 생각하는 마음이 든다면 그것은 마귀 음성이다.** 생각해 보라. 얼마나 많은 능력 있는 주의 사람들이 '내가 하나님, 내가 예수, 나를 통해서만 하나님께서 일하신다' 라는 교만한 마음 때문에 넘어졌는가? 또 바로 이런 생각들이 **하나님보다 자기 자신을 앞세우는 수많은 이단을 만들어 내게 되는 것이다.**

2) **남에 대해 특별한 범죄가 없는데도 "비판하며 정죄"하는 생각이다.** 그렇게 보지 않아도 "이 세상의 모든 인간은 부족과 허물투성이며 완전한 자는 없나니 하나도 없다" 고 말씀하시지 않았는가?

성도는 깊은 기도 가운데 있게 되면 먼저 자신의 허물과 실수와 죄 때문에 괴로워진다. 그 죄를 하나님께 고백하고 싶은 심정이 생기고, 그렇게 자기 자신의 허물과 죄를 고백할 때 하나님께서 주시는 참된 평안을 맛볼 수 있다. 이렇게 하나님의 은혜 아래 있는 자는 늘 자신의 죄에 주목하게 된다. 이런 자는 남의 허물을 볼 여유가 없다. 늘 자신의 허물과 실수를 아는 자는 하나님과 사람 앞에서 겸손할 수밖에 없다. 그런데, 남의 허물과 죄를 지적하고 정죄하는 자는 바로 하나님의 은혜 아래 있지 못하다는 증거이다.

하나님의 말씀으로 정죄하는 것이 의로운 일 같지만, 그
것은 의로운 일이 아니고 하나님께서 가장 싫어하시는 마
귀의 일이다. 우리는 말씀을 통해 자기 자신을 돌아봐야
지, 남의 허물을 정죄해서는 안 된다. **다른 사람을 판단하
고 평가하는 것은 오직 하나님의 주권이라는 것을 명심해
야 한다.** 하나님의 주권을 사람이 행사하고자 할 때, 마귀
가 틈타게 된다.

3) **정직하지 못한 이득을 얻고자 하는 헛된 욕망이 마귀의
음성이다.** 성령은 하나님의 영이기에 어두웠던 우리의 양
심이 더 밝고 깨끗해진다. 예를 들면 물질을 벌고 취득할
때 이것이 선한 물질인가 깨끗하지 못한 물질인가에 대한
분별력이 더욱 명확해진다. 이때 **정직하지 못한 물질을
취하고 싶은 마음이 온다면 그것이 바로 마귀의 음성이라
는 뜻이다.**

4) **분리하는 마음이다.** 확실한 범죄 없이 특히 교회에서 담
임 목사의 처리에 불순종하는 것이 분리의 첫걸음이다.
왜? 그 마음이 모이면 교회는 분리되기 때문이다. 분리는
언제나 상대방을 칭찬하거나 사랑하는 것이 아니라 비판
과 정죄가 따르는 것이다.

5) **불순종하고 싶은 생각이 올 때 그것은 마귀의 생각이다.**
신앙생활 중 원망과 불평은 마귀가 기뻐하는 일이다. 교
회 출석도 열심히 하고 교회 봉사도 잘 하며 헌금생활도
열심히 했으나 그 행위가 위에 말한 마귀가 좋아하는 일

만 했다면 이 세상에서 수 십 년 잘 되고 안 되는 문제가 아니라 **언젠가 하나님 앞에 서게 될 때 칭찬과 상금이 아니라 책망과 외면이 있을 수도 있다는 것을 생각해 보자.**

6) 지나친 욕심을 못 버리게 하는 것은 마귀의 음성이다. 어느 날 TV에서 어느 섬 교회를 소개하는 것을 보았다. 그 교회는 블럭 건물로 20평 남짓한데 교인은 단 한 명도 없다. 사모님도 아이들 때문에 다른 곳에 계시고 오실 수 없는 사정이라 주일 날 예배 인원은 설교하시는 목사님 한 분뿐이다. 그런데 어느 날 정문이 고장 나서 들어갈 수 없어서 옆 창문으로 들어가는데 높으니까 벽돌 몇 장을 쌓아서 밟고 교회로 들어갔다. 시간이 되자 예배를 시작하여 많은 교인이 있는 것처럼 열심히 말씀을 증거했다. 그리고는 아까 넘어갔던 창문을 넘어서 밖으로 나오셨다. 물론 점심식사를 어떻게 해결했는지 모른다. 이런 것을 볼 때 교인이 단 5명만 있어도 감사하며 기뻐해야 할텐데 자족하지 못하고 하나님을 전혀 모르는 새신자를 전도하는 것이 아니라 이미 다른 교회에서 신앙생활 잘 하는 자를 데려오는 것은 참 안타까운 일이다.

큰 교회라고 하고 좋은 시설과 대우를 설명하며 유혹하기도 하며 도시의 많은 교회가 아파트 지역으로 이사 온 기존 신자가 나오는 것을 전도했다고 생각하나 그것은 전도가 아니라 안내나 인도라고 생각된다.

전도가 아닌 수평 이동을 많이 하다 보니 같은 사역자, 성직자로서 힘없고 작은 교회 목사님들을 너무 마음 아프게 하고 누르는 일이 많이 생긴다. 성직자 이전에 양심의 소리를 들을 수 있는 자, 그리고 어려운 자를 밟는 자가 아니라 도와줄줄 아는 사람의 양심으로 바뀔 수 있어야 할 것이다. 개척교회 사역자가 주의할 것은 장로나 권사를 임직시킬 때, 노회에서 정한 년 수나 정원을 무시하고 인간 방법으로 추대하고 임직시키는 일이다. 교단이나 교회 법도 성경에서 나온 것이기에 지키지 않으면 주님이 기뻐하시지 않기때문에 주님이 교회를 도와 주시지 않게 되는 것이다.

그렇다면 성령의 지배를 받는다는 것은 어떤 것인가?

첫째, 무엇보다 성령 받았다는 것은 무엇으로 증명되는가? 답을 보기 전에 스스로 대답을 해보자. 답은 문제가 작고 크고 간에 어떤 문제를 결정하기 전에 하나님의 뜻에 비쳐볼 줄 알게 된다는 것이다. 그러면 하나님의 뜻인가 아닌가의 기준은 무엇인가? 그것은 물론 하나님의 말씀인 성경이다.

둘째, 먼저 믿은 목회자, 특히 부흥사들이 성령충만을 받으라고 큰 소리로 외친다. 본인도 그렇게 외친 일이 많다. 그렇다면 성령충만은 무엇을 의미하는가? 열심히 기도하는 신자에게 갑자기 하늘에서 강한 불이 임한다는 말인가? 성령충만의 정의는? 성령충만한 자는 거의 100% 성령의 지배를 받는 것을 의미하되 인간은 모두 약한 존재이기에 완전한 100% 성령의 지배는 불가능하다고 생각된다.

그렇다면 많은 신자가 성령 받고, 하나님의 뜻을 알지만 어떤 것은 순종하고 어떤 것은 내 의견 대로 하면서 살아가는 신자가 50% 이상 된다도 생각한다.

데살로니가전서 5장 18절에 "범사에 감사하라"고 했는데 이 말씀은 잘됐을 때도 감사하고 환란과 곤고 시에도 감사하라는 말씀이다. 이것을 할 수 있는 것은 자족할 수 있는 경지에 다다랐을 때 가능하다. 인간의 힘으로는 불가능한 것이다. 어떻게 자족하는 경지에 올라갈 수 있는가?

그 비결은 내 뜻대로 잘 될 때나 혹은 환란과 곤고 중에도 동일하게 나를 사랑하시는 하나님의 사랑을 신뢰하고 잘 될 때도 하나님께서 내게 최고로 대우하시며 환란과 곤고 때도 하나님은 성도에게 최고로 대우하시는 것이라고 믿을 때 가능하다. 하나님의 신실하심을 믿고 현재 당하는 모든 일이 하나님의 주권 가운데 되어가는 일이라는 것을 믿어야 한다.

또한 하나님께서는 선하시기 때문에 어떤 일이든지 자녀 되는 우리에게 좋은 것으로 주시는 분이라는 사실을 믿어야 한다. **현재 겪고 있는 환란이나 곤고가 지금 당장에는 어려워 보여도 하나님의 선하신 계획 속에 포함된 일이며, 합력하여 선을 이루시는 하나님의 계획 속에 있는 일이라는 사실을 믿어야 한다. 하나님의 섭리와 주권, 선하심에 대한 전폭적인 믿음이 우리를 감사의 높은 차원으로 끌어올려 놓을 수 있다.** 하나님은 성도에게 갑자기 무슨 일이 생기게 하시는 분이 아니다.

한 인생을 모태에 짓기 전부터 그 일생에 대해 계획하고 섭리하시되 그 본인의 게으름과 부지런함 그리고 감사와 원망, 불평, 그리고 순종과 불순종에 따라 약간씩 섭리를 수정하시기도 한다고 나는 믿는다. 그러므로 우리는 하나님의 계획에 전폭적으로 순종하고 나갈 때 하나님께서 우리를 통해서 성취하시는 위대한 역사에 동참할 수 있다.

항상 기뻐하고 범사에 감사할 수 있는 믿음은 성령이 주시는 충만함의 결과이다. 증평 남화교회에서 이런 간증을 은혜롭게 들었다. 독일 재무장관이 여관에 묵었는데 아침에 보니 신발이 없어져서 여관 주인에게 소리 지르며 화를 냈다.

때마침 주일이어서 주인은 신발을 빌려 주면서 교회에 모시고 갔다. 교회에 가니 바로 **옆 자리에서 눈물을 흘리며 '감사합니다'** 를 연발하는 사람이 있었는데, 자세히 보니 그 사람은 양쪽 다리가 없는 사람이었다.

순간 자신이 오늘 아침에 한 일을 생각해 보니 **신발 하나 없어진** 것을 가지고 불평한 일이 너무 부끄럽게 생각되었다. 두 다리가 없는 저 사람은 예배 전부터 계속 감사하는데 나는 두 다리가 멀쩡하고, 선진국의 재무 장관이 되어 어느 것 하나 부족한 것이 없는데 구두 하나 없어진 것 가지고 화를 너무 많이 냈구나!

그러면 다리조차 없는 저 사람은 어떻게 연신 감사할 수 있을까? 그 비결은 세상의 것으로는 방법이 없고 **하나님의 성령이 충만하여 복음(하나님의 선택, 예수 그리스도의 대속, 부활, 승천, 재림)을 믿는** 것이라는 것을 알게 되었다.

그렇다. 이렇게 복음을 믿을 때 이 땅에서 살아갈 때도 전능자가 **천사를 보내사 보호할** 뿐만 아니라 때를 따라 돕는 은혜를 주시며 마지막 부름을 받을 때도 보호하실 것을 믿게 된다.

중부고속도로에서 차가 전복되다

진돗개가 새끼를 낳아서 그중 한 마리를 고향 누님에게 갖다 드리고 고향도 다녀올 겸 손수 차를 운전하여 길을 나섰다. 식사를 제대로 안 했더니 그날따라 시장기를 많이 느꼈다. 휴게소에서 차가 너무 많아 서투른 운전 솜씨로 간신히 휴게소를 빠져나와서 중부고속도로 톨게이트를 지났다.

한 30분 지났을까? 차가 갑자기 하늘로 붕 뜨더니 그 다음에는 브레이크도, 액셀러레이터도 아무것도 발에 닿지 않는 것을 순식간 알게 되었다.

당시 계기는 시속 80Km를 가리키고 있었다. 순간 얼마 전 O목사님의 승용차가 급발진으로 붕 떠서 길 옆 담을 들이 받아서 담 값으로 2백만원 보상하고 차도 못 쓰게 되어 폐차 처분했다는 생각이 났다. 나는 이것도 급발진이라는 판단이 들었다. 순간 핸들을 왼쪽 중앙 분리대로 꺽으며 급히 기도했다.

"하나님! 이것이 이 세상에서 마지막인 것 같습니다. 그래도 급발진으로 앞차들과의 충돌을 피해야 겠습니다."

이후에 차가 분리대와 충돌하는 소리, 강하게 부서지는 소리까지 다 들려 왔다. 정신없는 중에도 온갖 소리들이 너무도 생생하게 들렸다. 나중에 정신을 차리고 보니 차가 완전히 전복되었다. 차 바닥은 천정이 되고 나는 길바닥에 닿아 있는 차 천정에 앉아 있었다.

문을 열어 보니 의외로 문이 잘 열리고 안전띠도 잘 풀려서 쉽게 밖으로 나올 수 있었다. 가까스로 정신을 차리고 나와서 차 안을 보니 강아지는 놀랜 기색도 없이 잘 있었는데 우리 집 사람도 차 천정에 잘 앉아 있는데 안전띠를 못 푼 데다가 문도 열리지 않아서 나오지 못하고 있었다.

그때만 해도 도로에 차량이 많지 않아서 운전하던 분들이 차를 세워 놓고 멀리까지 가서 돌을 주워다가 유리를 깨고 집사람을 차 밖으로 나오게 했다. 그때 사람이란 서로 도와야 살 수 있는 사회적 동물이란 말이 생각났다. 세 사람이 차를 세우고 우리에게 크게 다친 데는 없느냐며 보살펴 주셨다. 지금도 그분들께 감사치 않을 수 없다. 그분들이 119를 불러서 119 차로 우리를 천호동에 내려주었다.

지금도 그분들을 떠올리면 가슴 한 구석에 감사가 밀려온다. 목사인 나는 어려운 교회나 이웃을 얼마나 양심껏 돌아 보았는가? 저 분들은 불신자인데도 그 바쁜 고속도로에서 가던 길을 멈추고 어려움에 처한 자들을 돌보고 있지 않는가? 강도 만난 자의 이웃이 여리고성의 제사장이나 레위인이 아니라 사마리아인이었던 것처럼 나는 어려운 자를 돕는 참된 이웃이었는가를 반성하게 된다.

중앙분리대가 1.5m 정도 물러갔고 차는 앞뒤가 형체를 모를 정도였다. 나는 차가 뒤집힐 때 아찔해야 정상인데 그런 감을 전혀 느끼지 못했다는 사실이다.

그 후 우리 집사람은 사택 근처 병원에 2주간 입원했다가 3개월 통원 치료하였다. 나는 긁힌 자국 하나 없어서 아무 치료도 받지 않았다. 이 엄청난 기적은 나같이 믿음이 적은 사람도 차가 전복되는 순간 천사가 붙들어 준 것이 확실하다고 믿는다. 급발진이든 아니든 내 부족과 실수로 나뿐만 아니라 집사람까지 죽음 직전까지 가게 했다는 것은 고개를 들 수 없이 미안한 일이 되었다. 결과적으로 아무 일 없어서 다행이었지만 지금도 마음 한 켠에서는 미안한 생각이 드는 것은 어쩔 수 없다.

히브리서 4장 16절에 약속한 것은 하나님은 틀림없이 약속을 지키시되 성도가 하나님의 보좌 앞에 담대히 나가면 두 가지를 약속하셨다.

첫째, "긍휼하심을 받고"

둘째, "때를 따라 돕는 은혜를 주시는 것"이다. 불의한 일이 없을 때 교회와 인도자에 대해 긍정적이고 감사하는 사고를 가지고 하나님을 기쁘시게 해야 한다. 보이지 않는 하나님을 기쁘시게 하는 방법은 눈에 보이는 주의 종을 기쁘시게 하는 것이다. **어떤 사람이든 너무 억울하게 하거나 손해나게 하면 사람 관계를 중시하시는 하나님이 슬퍼하시기 때문이다. 우리 성령의 사람은 어린 아이라도 억울하게 하거나 상처되는 일이 없도록 주의해야 한다.**

당시 사고난 차량은 다이너스티(현대차)이었는데 사고 후에 많은 사람이 조언하기를 고급 차일수록 차가 복잡하기에 급발진 사고의 확률이 많다는 것이어서 참고해야 하며 사고 차량은 당시 이희성 안수집사님이 좋은 가격에 인수하여 인수금에 합하여 SM5 차를 다시 구입하게 되었다.

31년의 사역기간 중에 4가정 성도가 목사님을 걱정케 하여 불치병과 그로 인해 물질로도 고통을 가지는 성도가 있었는데 이들의 공통점은 내 교회를 가까이에 두고도 다른 교회를 나가는 것이다.

목회자가 가장 고통스러워 하는 것은 성도들의 애경사 때 옛날에 내 교회가 싫다고 나갔던 사람을 현재 교인이 연락하여 행사장에서 만나게 되는 것이요, 이사도 안 갔으면서 자기 본 교회를 옆에 두고 다른 교회로 출석하는 경우였다.

그 중에 J집사님은 교회를 나오지 않아 자택에 가도, 직장에 가도 만날 수조차 없어서 얼마나 답답했는지 모른다. 마치 집을 나간 자식을 찾아다니지만 찾지 못한 안타까움과 동일했다.

한번은 장위시장 쪽으로 집사람과 함께 가다가 그렇게 만나려고 해도 만날 수 없었던 J집사님 내외와 두 자녀가 시장 근처에 있는 동생 집 대문을 막 나서는 것을 보았다. 얼른 달려가서 대문으로 들어가 나는 2층과 옥상을, 아내는 1층 뒤로 가 보았으나 어린 아기들을 데리고 어디로 어떻게 나갔는지 보이지 않았다.

지금도 그때 그 분들이 어디에 숨었는지는 우리에게 수수께기로 남아 있다. 우리를 볼 면목이 없으니까 어떻게 하든지 피하고 싶었겠지만 왜 교회 안 나오는지 그 이유만이라도 알고 싶은 목사의 마음을 어찌 그리 몰라주는지 야속하기만 했다. 나는 어떻게든지 만나서 이유라도 알고 싶어서 31년 목회상 처음으로 구역 담당 장로님과 우리 내외가 자동차를 그 집 앞에 세워 놓고 밤 12시까지 지켜보기로 했다. 드디어 그렇게라도 만나고 싶던 J집사님이 모습을 나타냈다.

나는 잘 몰라 보았으나 행동 하나가 하나가 그분이 틀림없다 해서 자세히 보고 있었다. 그런데 안에서도 밖이 잘 안 보이는데 밖에서 어떻게 알아보았는지 후닥닥 뛰어서 우리 차 앞으로 지나가는 것이었다. 이제는 틀렸다 싶어서 우리도 그만 돌아가자고 출발해서 40~50m 갔는데 갑자기 우리 가는 길에 세워졌던 J집사의 다마스차가 '윙' 하고 달아나는 것이 아닌가?

마치 산길 가다가 꿩이 푸드득 날라 가서 지나가는 행인이 깜짝 놀라는 것과 동일한 입장이 아닌가? 이만하면 하나님께도 최선을 다했다 싶어 포기한 채 2년이 지나갔다. 어느 날 그 집사님에게서 전화가 왔다.

"목사님, 저 J집사인데요, 저희 남편이 불치병이 생겨서 전화 했는데요, 다시 교회 가도 받아주시겠습니까?"

내가 뭐라고 답했겠는가? 너무 반갑고 감사하여 흔쾌히 대답했다.

"아무렴이요! 언제라도 오십시오. 제가 집사님 만나려고 애 타게 찾은 걸 잘 아실 겁니다."

비록 목사가 그렇게 애타게 기다릴 때 뿌리치고 나갔다고 하더라도 목사의 입장에서는 다시 교회로 돌아온다는 성도가 그렇게 귀하고 반가울 수가 없는 것이다. 목자장되시는 주님께서는 한 마리의 잃은 양을 찾기 위하여 목숨을 버린다고 하지 않으셨는가?

바로 그 주에 두 내외 분이 교회로 돌아왔고 매일은 아니지만 새벽에 나와 안수 받았다. 그러나 그 가정은 그로부터 약 1년 후엔가 다시 교회를 나갔고 그후 6개월 후엔가 질병때문에 아빠는 소천하셨다는 소식을 들은 후에는 다른 소식은 들을 수 없었다.

정확히 나는 31년 2개월 동안 사역하면서 몇 번이나 설교를 했을까? 대충 계산해보니 부흥회 나가서 설교한 것을 빼도 많이 할 때는 일 주일에 주일 설교 두 번, 수요일 한 번, 금요철야 한 번, 새벽예배 여섯 번, 심방설교 한 번으로 계산한다면 행사 설교 빼고도 열 두 번이다.

부교역자가 대신해준 것도 있으므로 1주에 일곱 번을 친다면 1년(52×7)에 364번이고, 31년 동안(364×31년) 약 11,284번을 설교한 셈이다. 그 중에 설교 한 편만 택해서 하라고 한다면 **"네 가지 하나님의 사람"이란 제목의 설교를 하고 싶다.**

사역 20년 동안은 매년 가을에 한번씩만 대심방을 했는데 1년에 봄, 가을로 두 번하는 교회도 많은 것으로 안다. 심방 대원들도 힘들지만 심방 받는 가정이 부담될 것 같이 생각된다. 심방 예배상에 하나님께 감사헌금 또 대심방을 위해 받은 하나님의 말씀(성경구절), 좋아하는 찬송 한 곡을 적은 메모를 올려 놓도록 했다. 원하는 분은 교역자에 대한 도서비 그리고 물을 준비하도록 했다.

20년 동안 대심방 말씀은 산에 동행할 수 있는 교회 일꾼이 10여 명이 식사준비를 하여 산에 예배 처소를 만들고 예배드리고 준비 기도를 많이 하고 각자 기도 처소를 정하여 기도하게 했다. 할 수 있는 대로 성도들이 목사님과 사모님 가까운 근처에서 기도하게 하여 각 가정 대심방 때 전할 성경구절 말씀을 응답 받는 데 울력(도움의 기도)이 되도록 했다.

이렇게 해마다 기도하여 가정마다 성경구절로 대심방했으나 15~20년이지나자 교인 중에 불만이 나오게 되었다. 왜 자기 가정에는 늘 책망하는 말씀만 받아오느냐는 것이다.

물론 구절에 따라 내용이 비슷할 때가 많되 성경구절 응답이 잘못된 것이 아니라 하나님이 직접 말씀하신 것이나 다름 없는데 책망되는 말씀은 잘 받아들이기 힘든 것이다. 게다가 같은 내용의 책망이 계속되는 것을 받아들이기 힘들었던 것으로 생각된다.

하지만 그 내용에 해당되는 신앙생활의 모습을 회개하고 고치면 하나님께서 다른 말씀으로 주셨을 것으로 생각된다. 예를 들어 십일조 안 하는 것에 대해서 계속 지적받아도 못하는 가정이라면 회개하고 십일조를 하게 되면 그 다음부터는 하나님과의 관계가 달라지고 대우가 달라진다면 얼마나 큰 축복이 되겠는가? 이렇게 고치면 약속대로 복 받을 것을 고치지 않으면 하나님께서 같은 내용의 말씀을 주시는 것이 아니었겠는가 하는 생각이 든다.

전하는 자 입장에서는 내용을 비슷하게 바꾸어 다른 말씀으로 전하지 못하는 것이다. 전하는 자는 주저하거나 적당히 하거나 우회할 수 없는 사정인 것인데, 성도들 입장에서는 서운한 것이 될 수도 있는 것이다.

이런 문제 때문에 마음 아파하는 성도들이 있으니 어떻게 하

면 좋을까 생각해보고 기도를 계속했다. 새로운 방법으로 이
제까지 20여년 응답받아 대심방한 성경구절이 다행히 여백 성
경에 기록되어 있으므로 붕어 모양의 두꺼운 색종이에 말씀을
적어서 대심방 시작 일을 15~20일 앞두고 낮 예배 후에 다같
이 기도하되 현재 자신의 가정에 하나님께서 하시고 싶은 말
씀을 가져가게 해달라고 피차에 기도하고 가족 중 신앙의 대
표가 말씀 적힌 쪽지를 하나씩 집어가도록 했다.

이번에 소개하려는 네 가정에 대한 말씀은 2008년 가을 대
심방 시에 가족 대표가 가져간 것인데 하나님께서 성도들을
자세히 아시되 현재 하나님과의 관계가 어떤 상태에 있는지
너무도 세밀히 아시고 사랑해 주시는 것에 너무너무 감격되어
피차 은혜를 나누고자 한다.

사랑하는 성도들과 기도 산행을 마치고 맛있는 점심식사 후에.
1997년 어느 가을날

네 가정의 경우를 소개하되 신앙의 차이의 순서를 따라 소개하고자 한다.

지금도 생존해 계시는 성도이고 본 교회에서도 설교하여 함께 은혜를 나눈 적이 있다. 네 가정의 경우를 보고 나와 내 가정은 어느 단계의 신앙에 해당하는가를 살펴보아 신앙의 개선을 가지면 하나님께 더욱 사랑받는 자가 되리라 확신한다.

이런 경우를 보면 목회자가 직접 응답 받는내용이나 가정 대표가 가져간 말씀이나 너무나 놀라운 사실은 하나님께서는 어떻게 성도의 신앙수준을 어떻게 그렇게 자세히 알고 계신가 하는 것이다. 지금 이 순간에도 성도가 하나님께 적당히 하는 것도, 목숨 걸고 하나님을 주인 삼고 살고 있는 것도 잘 아시는 분이 하나님이시다.

특히 성도가 만나고 있는 환란과 곤고도 그리고 하나님께서 주시는 사랑과 축복과 평안함도 잘 아셔서 도와주시고 피할 길을 열어주시는 분도 하나님이시다. 대심방 말씀을 통해서 이러한 사실을 손에 잡힌 듯 분명하게 보여 주신 하나님의 사랑에 그저 감사할 뿐이다. 이 말씀을 통해 귀하고 소중한 믿음의 소유자가 되시기를 바란다.

그 체험의 첫 번째 가정은?

아내는 집사님이요, 남편은 3년 전에 1년 쯤 교회를 출석하다가 교회 출석을 중지하고 노년이면서도 거의 매일 술에 찌들어 사는 분이셨다. 단칸방에 심방 대원들이 앉아 있는데 남편은 아이들 운동회 때나 쓰는 모자를 눌러쓰고 아직 오전 이른 시간인데도 약주가 거나하게 취해서 고개를 푹 숙이고 앉아 계셨다. 온 방안에 술 냄새가 진동을 해서 집사님이나 심방 대원들이나 피차 민망한 상황이 되었다. 아내 되시는 집사님이 남편에게

"할아버지는 교회차를 큰 길 가에 세워놓았으니 누가 차를 가져가나 살펴보기나 하세요."라고 퉁명스럽게 말하는 찰라 속으로 나도 그랬으면 좋겠다는 생각이 들었다. 말씀을 증거할 때 저 분이 앉아 있으면 방해가 되면 되었지 도움이 안 될 것 같아서였다. 그런데 예배상에 놓인 말씀의 내용을 보는 순간 할아버지를 그대로 앉아 계시게 했다.

그 말씀은 로마서 2장 4~10절 말씀이었다.

첫째, (4절) 하나님의 **"길이 참으심에 풍성함을 멸시"**하느냐?

둘째, (5절) **"네 고집과 회개치 않음"**때문에 하나님의 **"진노"**가 세월이 갈수록 점점 더해간다

셋째, (9절) **"악을 행한 자"**에게는 **"환란과 곤고"**가 있으리니

넷째, (10절) **"선을 행하는 자"**에게는 **"영광과 존귀와 평강"**이 있으리니 라는 말씀이었다.

인간의 생각으로는 심방을 방해하는 존재로밖에 보이지 않던 그 할아버지도 하나님 보시기에는 우리와 다름없는 사랑스런 당신의 백성인 것이다. 비록 술에 절어 살고 있지만 그 분을 향한 하나님의 신실하신 사랑은 변함없는 아버지의 사랑이신 것이다.

지금 술에 절어 있고 하나님을 모르는 상태이지만 어서 그 상황에서 벗어나 아버지 품으로 돌아오기를 바라시는 것이 하

나님의 사랑이신 것이다. 사랑하는 사람이 하나님의 뜻대로 살고 있지 않을 때 돌아오기를 고대하는 것도 아버지 되시는 하나님의 사랑이기 때문이다.

두 번째 가정은?

교회 나온 지 15년 이상 된 집사님이다. 옛날에는 소규모 가게를 하며 경제적으로 어렵게 살다가 지금은 40평이 넘는 아파트에 살아서 경제적으로 여유가 생긴 가정이다. 늘 하는 말이 영업한 지가 오래 되어 어디에 가면 손님이 많고 적은 지를 잘 알아서 경제적으로 불경기가 와도 자신에게는 상관이 없다고 말했다. 그런데 십일조는 수입과는 상관없이 자신이 정해 놓고 하는데 실 수입의 10%와는 많은 차이가 났다. 나는 늘 마음에 불안했다. 지금 생각하면 십일조는 액수가 많아서 정확하게 십일조를 못 하는 분이 많을 것으로 사료된다.

불안하던 나는 여러 번 개인적으로 바르게 하라고 권면하고 부인되는 집사님에게도 여러 번 권면하였다. 그러던 어느 날 집사님이 자동차사고로 병원에 입원했다하여 심방 갔더니 그 좋은 차가 앞부분 핸들이 있는 데까지 나갔는데도 본인은 아주 강건하였다. 하나님은 얼마나 오래 참으시는 좋으신 분이신가? 이 분에게도 하나님께서는 위험한 순간에 천사를 보내사 순간 보호하시지 않았다면 어떻게 이런 기적이 일어날 수 있었겠는가?

그런데 이분에게 주신 말씀을 보면 더 기가 막히고 놀라웠다. 무엇보다 하나님은 어떻게 이렇게 성도의 신앙을 정확하게 진단하고 계신가 하는 점이다. **이분에게 주신 말씀은 디모데전서 6장 8~10절 말씀이다.**

첫째, 6장 8절 **"먹을 것, 입을 것으로** 족한 줄 알라."

둘째, 6장 9절 **"부하려 하지 말라,** 부하려 하는 자는 ① 시험에 들며 ② 올무에 걸리며 ③ 침륜에 빠지며 ④ 멸망에 빠지게 된다."

셋째, 6장 10절 **"돈을 사랑함이** 일만악의 뿌리가 된다."

참예배란? 하나님께서 내게 주신 최고의 가치를 다시 하나님께 돌려 드리는 것이다. 내가 하나님께로부터 받은 모든 것 중에 제일 가치 있고 귀한 '시간' · '물질' · '건강' · '보화' 그 외 이 땅에서 더 소중하고 가치 있는 것이 무엇이 더 있겠는가? 예배는 바로 이러한 모든 것을 하나님께 올려 드리는 것이니 이것들을 하나님께서 가장 기뻐하시는 것이다.

세 번째 가정은?

이 가정은 새벽에 자기 차를 타고 새벽기도를 거의 빠짐없이 침석하고 새벽이든 주일이든 예배시간마다 감사 헌금을 드리며 매사에 긍정적으로 헌신하고 충성하는 가정이다. 안수집사님의 가정에 주신 말씀은 디모데전서 6장 11~12절이다.

첫째, 11절로 "오직 너 하나님의 사람아!"

예수님께서 하나님의 사람으로 인정한다는 뜻이니 사람으로서 이보다 더 큰 축복이 어디에 있겠는가?

둘째, 12절에는 두 가지 하나님의 부탁이 기록되되

"믿음의 선한 싸움을 싸우라" 이 말씀은 내가 성령의 불 받는 체험 때 새벽 3시 반까지 방언으로 기도시키시고 그 다음

한국말로 통역되어 나왔던 베드로전서 3장 15절 말씀처럼

"너희 마음에 예수 그리스도를 주로 삼아 거룩하게 하고 소망에 관한 이유를 묻는 자에게는 대답할 것을 항상 준비하되 온유와 두려움으로 하라"는 말씀이다.

이 말씀에서 하나님의 첫번째 부탁의 말씀으로 주의 종이 되는 **첫 번째 관문은 그리스도를 주인 삼아 거룩한 자가 되라는 말씀이다. 거룩함이란 이 세상을 살 때 구별되게 살라는 말씀이요, 구별되게 사는 방법은 이 세상에 사랑의 대상이 너무나 많고, 다른 것도 사랑해야 되지만 예수님의 보혈로 대속하여 구원받은 자로서 하나님을 가장 사랑하라는 뜻이다.**

이것이 "믿음의 선한 싸움이며" 또 한 가지는 예수님께서 지신 십자가를 지되 여러 가지 십자가가 있겠지만 성도는 복음을 증거하여 죽어가는 영혼, 지옥을 향해가는 영혼을 구원하는 일이 아니겠는가?

네번째 가정은,

당사자는 항존 여집사님이요, 남편은 안수집사 가정이다. 사도행전 18:9~10절 말씀으로 매주 화요일과 목요일 10시에 일 주일에 두 번 전도할 때 동역하는 전도대원이다

전도할 때

첫째, (9절) "① 두려워하지말며 ② 잠잠하지 말고(가만히 있지 말고) ③ 말하라(복음을 말하라)"

둘째, (10절) 어떻게 도와주실 것을 약속했으니

① 내가 너와 함께 하겠으며

② 아무 사람도 너를 대적하여 해롭게 할 자 없도록 해주겠다.

대심방 시에 이 가정에는 이 말씀을 통하여 하나님께서 전도하기를 원하시고, 전도할 때 도와주시겠다고 약속하신 것을 설교하였다.

그랬더니 예배 끝난 후에 집사님이 증언하기를 요즘 몇 달은 전도대회에 나가지 못하고 있었다고 사실을 말씀하셨다.

우리는 여기서 하나님께서 성도의 헌신 상태를 너무나 자세히 알고 계시는 세밀한 분이시라는 사실을 깨닫게 된다. 우리의 머리털까지 세신 바 되었다고 하시지 않았는가? 본인이 이 말씀 구절을 집어갔지만 이렇게도 정확한 것은 사람이 제비뽑기를 하지만 역시 이루시는 이는 하나님이시라는 확신이다.

부흥사로 쓰임 받다

하나님께서 특별한 은사를 주셔서 불 받는 은혜를 주시되 방언의 은사를 주시고, 말씀의 은사를 주셔서 여러 다른 교회에서 부흥회 강사로 사역할 수 있었다.

개척한 후부터 국내의 여러 교회와 자주는 아니지만 미국, 일본, 대만, 필리핀 등 여러 나라에서 하나님의 말씀을 전하고 내가 경험한 하나님의 역사를 간증할 수 있는 귀한 기회들을 주셨다.

말씀을 전하는 것뿐만 아니라 여러 환자들이 치유함을 얻고, 삶이 변화되고, 막혔던 문제들이 해결되는 것은 하나님의 역사가 아니면 안됨을 확신하게 된다.

하나님은 부족한 자를 들어서 여러 교회에 은혜를 끼치게 하셨는데 그중에서 아직도 기억에 남는 몇 교회 부흥회에 대해서 적고자 한다.

부흥회 새벽 예배 인도를 못 하다

25년 전 어느 개척교회에서 부흥회를 할 때의 일이다. 주일 저녁에는 제법 많은 사람이 나왔으나 새벽 예배시간에 가 보니 예배 20분 전인데 교회 문이 잠겨져 있었다.

기다리다가 시간이 다 되어서도 담임 목사님이 오시지 않아서 사택으로 전화했지만 받지 않았다. 그래서 새벽예배를 인도하지 못하고 그냥 숙소로 돌아 온 날을 잊을 수가 없다.

개척교회 부흥회 인도는 특히 낮 공부 시간이 제일 어려운 것 같다. 성도는 10여명 안쪽인데 그 중에 젖먹이 아이가 두 서너 명 되면 아기가 울기도 하여 방해되기도 하지만 의자 사이로 다니면서 뛰어 다니는 아기들 때문에 말씀 줄기를 잊어 버리게 되는 경우가 많았다.

대만에서
통역성회
인도중

결혼식은 하나님께서 원하시는 것이다

한 15년 전엔가 서대문 어느 교회 갔을 때는 저녁예배 성회만 하기로 했다. 저녁예배 시간에 결혼식을 안 하고 동거하는 성도에 대한 설교를 하였다.

형편상 결혼식을 못하고 사는 사람은 물을 떠다 놓고 목사님 모시고 예배를 드려서라도 하나님 앞에서 결혼식을 올려야 된다는 내용이었다.

시골에서 전통식으로 마당에 멍석 펴 놓고 병풍치고 사회자의 순서대로 사모 관대 쓰고 신랑 신부가 절하는 전통식으로 결혼식을 올려도 하나님께는 결혼식 한 것으로 올라간다고 설명했다.

그것에 비하면 물 떠 놓고 목사님을 모시고 예배드리는 결혼식은 얼마나 더 기뻐하시겠느냐고 했다.

예배 끝나고 통성기도시간에 신기한 일이 일어났다.

그 교회 여전도회장님이 교회 바닥을 기어다니면서 손톱으로 교회 바닥을 벅벅 긁으면서 입에서는 방언기도하며 침을 흘리면서 다니는 것이었다. 그러더니 나중에는 강단까지 기어오르는 것이 아닌가?

다음 날 낮 시간에 담임목사님께서 전화하셨기에 사유를 물었더니 서리 집사 되고 여전도회장 되고 아이도 있는데 아직까지 결혼식을 못하고 살고 있었는데 저녁 설교에 은혜 받고 현재 생활이 너무 잘못된 것인 것을 알고 회개 기도가 나오기 시작했다는 것이다.

가슴에서 불이 나는 것 같아 뜨거워서 견딜 수 없어서 교회 바닥을 기면서 결혼식 안하고 사는 것을 회개했다고 했다. 그리고 담임 목사님과 상의하여 목사님 모시고 결혼 예배를 드리기로 결정했다고 했다.

이 글을 읽으시는 여러분, 형편상 결혼식을 못하고 자녀 낳고 그냥 사시고 계시다면 거창하게 결혼식 하려 말고 신자이든 불신자이든 목사님 모시고 간단하게 예배로 하나님께 보고하고 가족끼리 식사나 나눈다면 좋은 결혼이 될 것이다.

큰 경비 안 들고도 하나님과 화목한 사이가 되고 하나님과 화목한 사이가 먼저 되면 개인도 가정도 자녀도 전능자의 축복을 누리며 살게 될 것이기 때문이다.

성령의 감동과 순종의 역사

신학교 동기 중에 B목사님이 두 번째 부흥성회 초청으로 가게 되었다. 지금 생각해도 너무 감사하게 생각된다.

일산 지역에 새로 교회가 건축되었으나 창문에 유리도 없고 마이크도 앰프도 없이 성회를 시작했으며 부흥성회를 시작했는데 마이크 없이 설교하기는 전무후무한 일이었다.

낮 공부가 끝나고 통성기도 할 때 성령의 강한 감동이 오기를 인원이 많지 않지만 이 중에 앰프와 마이크의 성물을 하고 하나님의 사심을 경험할 자가 있으니 두 가지를 작정케 하라는 강한 감동이 온 것이다.

당시 마이크는 30만원, 앰프는 70만원 정도면 가능하였으므로 다 눈을 감게 한 후 앰프 성물은 70만원이니 형편 생각하지 말고 강하게 감동이 오시는 분은 손을 들어 표시하라고 했는데 민망하게도 아무도 손을 드는 분이 없는 것이다.

그러면 다음으로 마이크 성물은 30만원이니 손을 들어 표시하라고 했다. 이번에는 한 분이 손을 드는데 손을 번쩍 드는 것이 아니라 벌벌 떨면서 조금씩 조금씩 손을 들어 표시하였다. 그래서 손든 분을 축복하고 낮성회를 마치었다.

그런데 손 들었던 집사님이 집에 돌아간 후에 크게 문제가 생겼다. 그분이 집에 돌아간 뒤 팔, 다리를 비롯해서 전신에 마비가 왔고 말도 하지 못하였다.

그래서 담임 목사님을 오시라 해서 담임 목사님이 가 보았더니 분명치는 않았으나 성물 작정한 것을 바꿔 달라는 것이었다. **마이크 작정한 것을 앰프로 바꿔 준다고 허락하자 온 몸이 정상으로 돌아오는 기적이 일어났다. 성회 중에 마이크 성물은 또 다른 사람이 스스로 작정케 되었다.**

마이크 작정을 바꿔서 앰프를 작정한 집사님은 그 당시 아파트 당첨이 별 따기였던 시절에 아파트에 우선 순위로 당첨되었다는 기쁜 소식을 듣게 되었다.

우리는 성물이나 건축헌금의 작정 때 액수까지 성령의 감동을 받는 경우가 있다. 세밀하신 성령님은 우리의 모든 것을 아시고 모든 것에 관심을 가지고 계신다.

그리고 우리에게 말씀하신다. 그러나 우선 내 생활 환경을 생각하여 미루거나 머뭇거릴 때도 있는데 강한 성령의 감동은 믿음으로 시행하면 인간으로 할 수 없는 것을 하나님이 대신해주시는 기적의 기회를 주시는 것이다.

하나님께서 우리에게 어떤 것을 요구하시는 것은 하나님께서 부족해서 그런 것이 아니라 우리에게 더 큰 믿음을 주시고 순종하게 하시고 마침내 복을 받도록 이끄시기 위해서이다.

바로, '순종'으로 나타나는 믿음이 기적을 낳는다는 사실을 기억해야 한다. 하나님의 전능하심을 체험케 하고 우리가 헌신한 것의 수 천 배, 아니 인간으로서는 도저히 불가능한 것으로 갚아 주심을 믿고, 하나님을 신뢰케 하는 데 목적이 있는 것이다.

특히 부모나 양 무리 중 앞장서서 있는 분들은 하루를 살아도 먼저 신앙 양심에 부끄럽지 않게 살아야 한다고 생각한다.

양은 항상 무리를 지어 산다. 양의 특징은 앞선 양이 한 대로 따라가되 예를 들면 앞선 양에게 작대기를 앞에 대면 뛰어 넘어가되 나중에 작대기를 치웠는데도 뒤에 따라오는 양은 앞선 양이 작대기를 뛰어 넘던 자리에 오면 앞선 양이 한 대로 뛰어 넘는다. "형체가 분명하면 그림자도 분명하다"는 말이 있다.

교회에서 기둥 같은 일꾼이나 부모는 선한 양심의 견본이 돼야 하며 하나님의 말씀이 분명한 것은 인간적인 계산 방법으로 하지 말고 하나님의 전능하심과 현세에서와 내세에서 분명히 갚으심을 믿고 담대하게 실천에 옮겨야 한다고 생각한다.

성도들의 순종 – 목사님의 저력

같은 교단에 훨씬 선배이시되 총회장을 5회나 역임하신 대선배 되시며 평소에 존경하는 목사님 교회에서 성회를 인도하게 되었다. 그 교회는 당시 700여 명 정도 모이는 교회인데 개척 때부터 헌금의 10%를 떼어 어려운 교회에 선교하셨다.

참으로 본받을 만한 일이라 생각되어 우리 교회도 개척 때부터 똑같은 방법으로 모든 헌금의 10%를 어려운 교회를 위해 선교헌금으로 조금씩 도와드려 왔다. 담임 목사님이 특별한 영성이 있으셔서 교회가 성장했으리라 믿으면서 목사님의 인품이나 신앙을 늘 존경해 왔다.

부흥회 첫 시간(주일 저녁) 예배 마친 후에 잠언서 8:17에 있는 약속의 말씀을 선포하였다.

> "나를 사랑하는 자들이 나의 사랑을 입으며 나를 간절히 찾
> 는 자가 나를 만날 것이니라"

'간절히' 라고 하는 말씀에 아라비아 숫자로 1)자가 표기 되었고, 난외주(성경하단 여백)에 1)의 해석은 '새벽에' 라고 되어 있다. 그렇다면 하나님을 간절히 찾는 방법이란 무엇인가?

새벽에 교회 나오는 것을 의미하기도 하며 더 깊은 영적 의미는 모든 예배 중에 새벽예배 시간이 제일 나오기 어려운 것 같이 **영적 새벽은 질병이나 기타 개인적 고난의 환경 때문에 교회 도저히 나올 수 없는 시간이 영적 새벽 시간이 되는 것이다.** 교회에 가서 하나님을 만나고 예배하려고 하는데 어떤 시

대만부흥성회(이중통역설교중)

련이 막고 있다면 그 때가 영적 새벽 시간인 것이다. 나는 성
도들에게 다음 날 새벽예배에 나오도록 결단을 하게 했다.

"이 첫시간 성회를 마치고 돌아가는 여러분 조용히 눈을 감
고 내일 새벽 혹시 어떤 어려움이 있더라도 나는 내일 새벽
귀한 성회 시간에 꼭 출석하겠다고 마음에 결심하시는 분은
조용히 손을 들어 표시합시다."

교회에 가득한 인원이 거의 한 사람 빠짐없이 손을 들었다.
그런데 다음날 새벽 예배 시작 시간까지 엄청난 장대비가 쏟
아 졌다. 나는 강사 방이 바로 교회 건너편 교육관에 있었기에
골목만 건너오면 되는 거리인데 우산을 쓰고도 양복이 거의
젖었다. 억수 같은 비였다.

놀라운 사실은 어제 손들어 결심한 분들이 빠짐없이 참석했
다는 사실이다. 대충 보아도 200명 가까이 된 것으로 기억한다.
성도들의 순수한 믿음과 존경하는 목사님의 영성의 저력을 보

게 되는 것 같았다. 왜 새벽에 홍해가 갈라졌는가? 출애굽기 14장 24절에 말씀하셨다.

"새벽에 하나님이 불, 구름 기둥으로 역사하셨다"

낮에는 구름기둥으로 밤에는 불기둥으로 역사하시는 하나님! 우리나라와 달리 습기가 없는 그 땅에서 낮에는 가나안 땅을 향해가는 선민의 머리위에 구름을 주셔서 구름 그늘 아래 있으면 시원하게 하셨다.

또한 밤에는 기온차가 심한 그곳에 선민 머리 위에 불기둥의 난로를 놓아 주셔서 춥지 않도록 하셨다. 바로 그 하나님은 지금도 히브리서 4장 16절에 약속하신 대로 긍휼을 베풀어 주시고 때를 따라 돕는 은혜를 주시되 조건이 있다면 은혜의 보좌 앞에 담대히, 배짱 있게 나가는 자에게 예비하신 은혜를 부어 주실 것이다.

어쨌든 새벽에 홍해가 갈라진 것은 새벽에 "불·구름 기둥" 으로 역사하시기로 **약속하시되 새벽은 낮이기도 하지만 완전한 낮이 아니다. 그렇다고 완전한 밤도 아니다. 바로 낮과 밤이 합친 지점이기에 "불·구름 기둥"으로, 곧 배가로 역사하시기로 약속한 시간인 줄로 믿는다.**

하나님은 특히 홍해를 갈라 놓으시고 선민은 건너 가게 하시고 애굽 군대는 죽인 것을 보여준 영적 의미는 깊은 하나님의 뜻이 담겨져 있다. 앞에는 홍해(현실 문제) 뒤에는 애굽 군대(인간 통한 시련) 사방으로 우겨싸임을 당할 때 오직 트여진 길은 위쪽, 위에 계신 하나님뿐이다.

기본으로 돌아가자

2009년 7월에 사역지를 은퇴하고 낙향하여 2년이 지난 어느 날, 108년의 역사를 가진 괴산제일교회에서 8월 첫째 주, 둘째 주, 넷째 주 오후 2시 예배에 여름신앙부흥회의 초청을 받게 되었다.

낙향 후 나는 괴산제일교회에 새벽과 삼일기도회에 2년간 거의 빠짐없이 참석했다. 교회 근처에 살고 있으면서 보수 성향을 가진 목사를 초청해주신 교회와 목사님께 나를 신뢰하시고 믿어주심에 대해 너무 감사하게 생각이 된다.

농촌교회 신앙생활에서 염려되는 것은 진보적 성향이 있는 교회일수록(목회자의 영성에 따라 다름) 주일 성수에 문제가 있음을 염두에 두고 성회를 인도하되 교회나 목회자에게 크게 도움이 되지 못하여 부끄럽게 생각이 된다.

그런데 농사일이 바쁜 철에는 일부러 오후예배를 드리지 않고 저녁 7시나 8시에 예배드리기도 하며 낮에는 농사일에 도움이 되도록 평소 11시 예배를 10시나 10시 30분에 드려서 농사일에 도움이 되도록 예배를 드리는 교회도 있다. 일이 바쁘니 그럴 수도 있다고 인정은 할 수 있으나 주일 성수에 대한 하나님의 말씀을 보면 이사야 58장 13절에,

"성일에는 네 발을 금하며 사사로운 말을 삼가 하라"

앞에서도 언급했으나 이 말씀은 주일은 거룩하게 구별하여 주의 일 외에 세상의 사사로운 볼 일을 삼가라는 말씀이다. 아

무리 바빠도 교회의 지도자까지 주일날 농사나 세상일을 하도록 교회에서 공식적으로 허락한 일은 없으리라. 아무리 농촌 사정이 급하여 예를 들면 토요일에 태풍이 불어 벼가 쓰러졌다 하자.

주일날 빨리 일으켜 세워야겠으나 주일 하루를 지나 월요일에 세우면 분명히 수확에 차질이 생기겠으나 주님 때문에 손해 본 것이 있어야 예수님 때문에 손해 본 내용을 잘 아시는 하나님이 손해 본 것에 대해 보상하시되 손해 본 것에 1천배, 1만배 아니 가족 전체가 힘을 합쳐도 안 될 일을 하나님은 아주 순식간에 해결하실 수 있는 전능자요, 사랑의 하나님임을 믿어야 한다.

그리고 교회에서는 **성경대로 할 때 전능자의 사심을 실제 생활에서 체험하게 되고 산 체험을 한 성도가 앞선 양이 되어 모든 성도의 견본이 되는 것이 아닌가?**

총회 산상성회 인도중(1991. 8. 12~16)

만약 교회에 앞장 서 있는 지도자까지 주일에 터 놓고 세상 일(농사, 상업)을 하게 되면 뒤따라 오는 어린 신자도 앞선 양이 하는 대로 하되 거룩하게 구별해야 할 주일날 세상 일에 정신 없으면서도 습관화되어 그것이 얼마나 큰 죄인지 알지 못하게 되는 죄의 중독성을 가지게 되는 것이다.

농촌이나 어촌은 교회가 경제적으로나 인원적으로 취약한 것은 사실이나 교회에서는 우선 주일의 개념을 정확히 정하고 교회 앞장선 지도자 급이라도 성경대로 호되게 훈육해야 전능자가 개인도 도우시고 교회도, 더 나아가 국가도 도우시지 않겠는가?

참고로 현재 괴산 읍내에 장년 50명 이상 출석하여 자립할 수 있는 교회는 4~5 교회를 넘지 못함을 본다. 농촌 교회가 얼마나 취약한가를 잘 대변하고 있다.

얼마 전(2012. 1월) 뉴스에 강원도에 28개 초등학교에 입학생이 한 명도 없으며, 한 학교는 입학생이 단 한 명뿐이라는 것이다.

이런 현실은 농촌 교회가 얼마나 어렵다는 것을 잘 증명하나 어려울수록 하나님의 교회는 성경을 따라 예배드리고 교육해야 현세에 홍해가 어떻게 갈라짐의 이적을 경험하고 체험하여 이 세상의 모든 것은 역시 창조자인 하나님이 섭리하고 역사하심을 눈으로 보게 될 것이다.

존경하는 목사님들과의 사랑의 교제

목사의 길을 걸으면서 때로는 고단하고 힘든 일도 있었지만 하나님께서 좋은 동역자들을 만나게 하셔서 서로 위로하게 하시고 필요할 때 적절한 조언을 받게 하셔서 외롭지 않게 이 길을 올 수 있었다.

목회를 하면서 여러 가지 많은 하나님의 은혜를 받았지만 귀한 동역자들과의 만남은 다른 무엇보다 소중한 것이라 할 수 있다.

여기서는 이러한 만남에 대해 적으면서 하나님의 은혜에 다시 한번 감사하려 한다.

박병훈 목사님

호헌 교단 설립자이시며 증경 총회장이시고 신학교 학장이신 박병훈 목사님은 대구에서 경영하시던 신학교 학장 직무를 계속하시기 위해 서울로 상경하셨다.

박 목사님은 현재 1만 교회가 넘은 합동측 교단에서 당시 총회 서기를 역임하셨고 예전에 WCC 관계로 교단 내에서 의견이 양분될 때 신앙 노선이 맞지 않아 교단을 탈퇴하고 호헌교단을 설립하셨다.

교단을 설립하셔서 열과 성을 다하여 운영하시고 한결 같이 대쪽 같은 보수 신앙을 고수하셨다.

향산교회 신응균 원로 목사님

신응균 목사님과의 인연은 내가 호헌 교단 소속인 은혜교회에 장로로 있을 때부터 시작된다.

1970년대 중반 쯤인데, 은혜교회 홍권사님과 교회 보조를 요청하기 위해서 향산교회를 방문했다. 향산교회는 큰 교회가 많지 않았던 당시에도 5~600명 교인으로 부흥되어 있는 큰 규모의 교회였다.

또한 교회 헌금의 십분의 일을 선교를 위해서 사용하고 있었다. 홍권사님과 나는 도움을 청하러 간 입장이었는데도 너무도 친절하게, 그리고 성의껏 도왔던 것이 아직도 기억이 된다.

평소 신앙과 인품을 우러러 보며 존경해왔다.

아주 오래 된 일이지만 내가 1976년 은혜교회에서 장로 임직을 받을 때는 먼 곳에서 오셔서 한문 섞인 성경을 선물로 주셨다. 사람을 귀하게 여기시고 살피시는 목사님의 자상함을 목회 현장에서도 많은 영혼들에게 귀한 영향력을 미쳤을 것으로 판단된다.

내가 장로로 있다가 신학교에 입학할 때도 여러 도움을 주셨다. 또한 목회 시에도 조언을 구해야 할 때가 있을 때는 언제든지 목사님께 전화로 상담하여 귀한 도움을 받았다.

내가 특별히 목사님을 존경하는 것은 충만한 영력에서 나오는 주옥 같은 설교 때문이다. 목사님의 설교는 군더더기 하나 없으면서 영적인 힘이 느껴진다.

목사님은 많은 귀한 체험을 하셨는데 한번은 함께 대화할 기회가 있어 이를 듣다가 너무도 귀한 말씀을 나 혼자 듣기 아까워 후배 목사님들과 성도들을 위해 이를 책으로 내심이 어떤가 여쭈었다.

역시 목사님께서는 그동안의 체험과 목회에서의 감회를 꼼꼼하게 정리하셔서 얼마 전에 자서전 『천수답』을 출판하셨다.

자서전을 보니 이야기로 듣던 것과는 그 감회가 또 남달랐다. 이북에서 신앙생활을 시작하셔서 하나님의 사신 역사를 많이 체험하셨고 사경을 넘긴 일도 여러 번 있었다.

나중에는 교회 재정의 10분의 1이 아니라 10분의 2, 10분의 5조를 하여 신학교 운영에 전력하셨음을 알게 되었다. 복음의 역군을 양성하기 위해서 이러한 헌신을 하신 것이다. 나는 신학교 이사로 있으면서도 이런 현실을 잘 모르고 형식적으로 도운 것이 하나님께나 목사님께 매우 부끄럽게 생각되었다.

목회자는 영력, 지력, 체력도 중요하지만 위로는 하나님, 아래로는 어려운 이웃을 돕고 성도를 이해하고 용서하고 보듬어

주는 어머니 같은 사랑이 중요한 부분이라고 생각한다. 하나님의 사랑을 입은 우리 모두는 그 사랑에 보답은 못하더라도 잊지는 말아야 한다고 생각된다.

70이 된 나이에 자서전(천수답)때문에 목사님 사택을 방문했는데 이제 희어진 머리에 85세의 연세에도 걸음걸이가 가뿐가뿐한 것을 보고 감사했으며 늘 다리가 불편하여서 고생하시던 사모님은 70이된 후배 목사의 눈에 어머니 같은 모습으로 비쳐짐을 느낄 수 있었다.

노회나 총회, 목대원 그 여러가지 모임을 주로 향산교회에서 개최하였고 그때마다 많은 목사님들을 접대하시고 위로하시고 보듬어주시던 손길이라 교인이 아니요 목사요, 또 70이 된 내 눈에는 어머니 같은 느낌이 오는 것을 어쩔 수가 없었다.

일반 교회도 목사는 가정의 아버지 같이 엄하게 말씀으로 훈육하고 사모는 어머니 같이 위로하고 연약한 손을 잡아주고눈물을 씻겨주고 먹을 것도 챙겨주고 아픈 곳도 어루만져 줘야 교회가 부흥된다고 생각한다.

최 목사님

생각해 보면 15년도 훨씬 지난 것 같은데 지금의 방배동 백석 대학원에 재학 중일 때 전라도 광주에서 결석 한번, 지각 한번 하지 않고 출석하시는 목사님이셨다. 나는 그 분의 성실하신 태도에 매우 감동을 받았다.

백석대학원에 재학 중일 때, 지금은 미국 뉴욕에서 사역하시는 이규석 목사님과 셋이서 학교 뒤 야산, 공기 좋고 신선한 풀과 나무가 우거진 곳에서 담화를 하던 기억이 아직도 생생하다. 하나님께 대한 신앙 고백, 서로의 목회에 대한 진지한 격려, 앞으로 목회 계획에 대한 열정과 전망 등을 나눈 것은 참으로 은혜로웠다.

최 목사님은 무엇보다 성경대로 사시고 가르치시며, 정직한 성품으로 평생을 하나님께 온전히 헌신하신 분이시다. 여러 번 부흥회에 부족한 나를 청하시고 사랑해 주시는 은혜를 입었기에 지금도 새벽마다 이름 부르며 목사님과 교회를 위해 기도할 뿐이다.

홍 목사님

홍 목사님은 연세대학교 연합 신학대학원 동기로 학교에서 옆자리에 앉아 상담학을 공부했다. 홍목사님은 성경을 기준으로 해서 말씀대로 실천하며 사시는 목사님으로 두 번째 가라면 서러워하실 분이다.

전라도 광주에 교회를 잘 건축하시고 역동적인 목회를 하고 계신 분이다. 연세대에서 공부하실 때, 수 백리길 먼 곳에서 새벽부터 준비하셔서 거의 한번도 빠짐없이 출석하셨다.

오히려 서울에 있는 나는 교회 일 때문에 종종 빠지는 경우가 있어서 시험을 앞두고 참고자료에 대해 목사님의 도움을 여러 번 받았다.

목사님은 사적인 자리에서도 농담을 하시는 모습을 뵌 적이 없을 만큼 매사에 진지하시고 신실하신 분이시다. 목사님 이전에 훌륭한 인품을 지니셨기에 진심으로 존경을 하는 분이시다. 점심 식사 시간에는 주로 교수 식당에 가서 매식을 했다. 두 번인가 목사님의 자녀가 식사 시간에 찾아 와서 좋은 식사를 대접받기도 했다.

얼마 전에 소식이 오기를 3월 11일(2012년)에 은퇴식 날짜를 정하시고 원로목사 선배로써 순서를 맡아 달라는 부탁을 받고 시간에 늦지 않도록 도착하기 위해 준비하고 있다.

13

교단 총회장으로 헌신하다

교단에서 일꾼으로 세워주신 하나님

목사 안수 받은 지 4년만인가 노회에서 부서기로 당선이 되었다. 지금도 잊혀지지 않는 것은 예장호헌교단에서 총회장을 역임하신 O목사님이 내게 직접 대놓고 하시는 말씀이 이 목사는 아직 노회 부서기의 직책이 너무 이르다고 생각된다고 말씀하셨다.

물론 오랫동안 목회하시고 노회의 중요한 직분을 거쳐 노회장, 총회장을 역임하셨으니 그 안목으로 보기에 아무것도 내세울 것이 없는 나를 보기에 얼마나 모자라고 부족하게 생각되시겠나 하는 생각이 들었다. 물론 나 자신도 그렇게 생각하나 어떤 직책이든 '부'자가 들어간 직책은 별로 할 일이 없는 것이라고 생각된다.

그러나 본인에게 직접 부족하다고 말씀하시는 것은 용기를 주는 말씀이 아니라 용기를 꺾는 말씀이 된다고 생각된다.

그 후로 부노회장을 거쳐 노회장을 역임하게 되었다. 노회장으로 노회를 위하여 이렇다 할 만큼 노회발전을 위해 일한 것이 없어 부끄럽게 생각된다.

교회를 건축하고 2년 되어서는 전 교회에서 120명 성도가 옮겨왔는데 2백여 명으로 부흥이 되었다. 1993년 9월 총회 장소로 우리 은성중앙교회가 선정되었다. 어리석고 작고 미련하지만 하나님께서 나를 교단 총회장으로 세워 주셨다.

목회한 지, 약 16년 만에 호헌총회 총회장이 되는 영광을 하나님께서 허락하신 것이다. 총회장 취임식 날 미국 칼훼이스 신학대학 학장님이 내한하셔서 명예신학박사학위를 수여하셨다. 그때 다른 구경은 못 시켜드렸지만 직전 총회장님인 방재석 목사님 내외분과 학장님 내외분을 모시고 지금은 충북 충주시에 소속된 수안보 온천에서 하루 저녁 관광을 했다.

호헌총회 총회장 취임 및 미국 칼훼이스신학교 명예신학박사 학위 수여(1993. 9)

호헌총회 총회장 취임 및 미국 칼훼이스신학교 명예신학박사 학위 수여
1993. 9.

교단을 합동하여 하나됨을 이루다

참 감사한 것은 당시 또 다른 호헌총회장이신 신응균 목사님과 여러 번 만나 기도하며 협력하는 가운데 두 교단이 하나가 되는 기쁜 일이 있었다. 우리 한국 교단에 예장 호헌이 하나가 되는 역사가 이루어진 것이다. 신 목사님과 신앙노선이 하나였고 평소 그분의 목회 모습에서 남달리 존경하는 분이었기에 별 다른 어려움 없이 하나가 될 수 있었다.

통합된 호헌교단의 총회장은 누가 할 것인가 상의했다. 신 목사님께서는 5번 총회장을 역임하셨다고 통합 이후 8개월은 나더러 잔여 기간을 맡아 달라고 하셔서 그대로 하기로 하였다. 통합 때 물론 어려움이 크게 두 가지 있다.

그 하나는 총회 임원이 각각 8명인데 두 교단 임원이 16명이기 때문에 8명으로 줄이는 일이었다. 서로 양보하여 임원을 줄여 나갔다. 정서기를 우리 임원으로 했으면, 부서기는 저쪽에서 하였다. 부총회장을 우리 쪽에서 했으면 총무는 저쪽에서 하였다. 이렇게 지혜롭게 정했기에 별 불평없이 새 임원이 구성되었다. 그 중에 우리 측 부총회장이었던 박철수 목사님은 자진하여 양보하였다. 교단의 화평을 위하여 그리스도의 마음으로 희생한 것이다.

지금 생각해도 참으로 귀한 마음이라 여겨진다. 또 하나 어려운 일은 상임 임원까지도 짜깁기식이 되니 총회사무실에서 노골적으로 비협조하는 모습을 드러내었다.

정말 마음도 아프고 불편함을 이루 말할 수 없었다. 이런 불협화음 중에 매월 정기적으로 지출할 금액이 있으니 사무실 임대료와 총무와 서기의 활동비가 매월 늦지 않도록 해야 할 책임이 총회장에게 있었기에 늘 부담이 되는 한 해를 보냈다.

다행히도 교회 형편이 괜찮아서 미리 지불하고 총회 상납금이 입금되는 대로 충당해나갔다.

드디어 잠실 횃불회관에서 제79회 총회가 있었다. 교회 목회하기도 모든 것에 여유가 없는데 교단장이라는 짐을 벗게 되어서 홀가분한 마음이었다. 그런데 여러 교단을 합쳐놓아서 총회 시작하기 전 대표들과 따로 모여서 상의하는 중 밖에서 예정시간이 지났다고 고함치는 소리가 들려오기 시작했다. 회의도 중에는 사회하는 총회장이 사용하는 마이크까지 뽑아가는 소란이 있었다.

그 난리 중에 79회 총회장에 충남에 계시는 이규일 목사님이 선임되었고 나는 짐을 벗게 되었다. 다른 임원은 어떻게 선정했는지 아무것도 생각나는 것이 없고 다만 같은 연배로 지금도 늘 가까이 지내시는 이성대 목사님이 그 아우성치는 중에 나를 보호하였고 같이 숙소로 돌아왔다.

그후 은퇴 직전 때도 내가 상처한 후에 오늘의 집사람을 만나도록 이 목사님이 처음 만나는 장소까지 나를 태워 주셔서 재혼할 수 있도록 해주셨으니 그 은혜를 잊어서는 안 될 일이다.

나는 키도 작고 몸도 약한데 그 목사님의 보호가 아니었으면 그 아수라장 속에서 어떻게 되었을지 아득하다.

지금도 그 은혜는 잊혀지지 않고 생각이 나곤 한다. 그리고 목사님들도 자신의 이권 앞에서는 화를 인내하지 못하고 혈기와 폭력이 앞서는 자들도 있다는 사실을 그때 알았다. 목사라는 성직 이전에 사람다운 사람이 안 된 분도 많이 있다는 것을 겪어보지 않고는 잘 이해가 가지 않으리라!

수 년이 지난 어느날 춘천에 볼 일이 있어서 차를 타고 가는데 신응균 목사님께로부터 전화가 왔다.

총회 제주도 부부수양회시 말씀증거(1990. 3)

"목사님! 기쁜 소식이 있는데 개혁측을 비롯하여 8개 교단이
통합하기로 의견을 모았는데 우리측 중진 목사님을 연락하여
회의하게 될 것이니 적극 협력합시다."

참 기쁘고 소망 있는 일이라고 생각되었다. 많은 교단으로
나뉘어져 있는 한국 교회의 모습은 하나님 보시기에도 아름답
지 않을 것 같다. 그러한 교단들이 하나가 되어 연합한다면 하
나님께서 얼마나 기뻐하시겠는가?

총회 중진회의는 증경 총회장님들과 현 임원들로 구성되어
여러 번 모여서 회의를 했다. 회의 결과 돌아오는 9월 총회에
서 8개 교단이 통합하는데 우리도 같이 하기로 중진회의에서
합의하여 그 안건을 돌아오는 정기 총회 시에 새로운 안건으
로 상정하여 만장일치로 의결되었다.

막상 통합 총회로 모이고 나니 8개 교단 합동을 위하여 증경
총회장과 현임원이 모이면 앞에서는 다 찬성하나 두 분정도가
얼굴이 기쁜 얼굴이 아니었다.

결국 그분들께 딸린 분들까지 잔류하여 합동하기로 총회에
서 만장일치로 결의해 놓고, 실제 합동 총회 모이는 날 오지
않고 호헌 총회 이름으로 잔류하여, 또 다시 3개의 새로운 호
헌총회 교단으로 남게 되었다. 그분들 중에 몇 분이 나에게 전
화하여 다시 본 교단으로 들어와 교단 일을 도왔으면 좋겠다
고 하였다. 그래서 나는 이렇게 좋은 말로 답변했다.

목사님 개개인이 다른 의사가 있다 할지라도 79회기 성총회
에서 8개 교단이 통합하기로 만장일치로 통과시켰으면 통합

총회가 명실공히 정당한 총회가 되는 것이요, 다른 총회를 만드는 것은 분리하는 것이라고……. 8개 교단이 통합된 총회 명칭은 당시 합한 교단 중 개혁측이 교회 숫자가 제일 많았기 때문에 개혁 측으로 명칭을 사용하기로 하였다.

합동 후 얼마 남지 않은 교회를 가지고 3개의 총회로 잔류한다는 것은 마음 아픈 일이라는 생각이 든다. 당장은 기쁜 일일지 모르겠으나 이세상 잠깐 지나 하나님 앞에 설 때는 뭐라고 변명할 수 있을지….

물론 성직자도 자신도 모르게 저지르는 실수와 허물이 얼마나 많은가? 그러나 강단에서는 하나되는 것이 성령의 역사라고 설교하면서 성총회에서 8개 교단이 하나되기로 결의해놓고 이행치 못하는 것은, 하나님이 원치 않으시는 일이며 하나님의 뜻을 역행하는 일이라는 생각이 들었다.

원래 우리에게 유익되는 말씀은 입에는 쓴 것이나 고치면 과거는 없던 것으로 해 주시는 것이 하나님의 은혜이니 인간과 다른 점이 아니던가?

몇 년 후 개혁 측과 합동 측이 다시 통합하기로 하되 합동 측 총회는 1개 노회의 교회 수가 3백 이상 되는 교회가 많음으로 우리 노회도 300교회 이상 되어야 한다고 하여 우리 새서울 노회는 약 324교회로 통합이 되었다.

합동 측 총회가 부산에서 열렸다. 증경 총회장이 40명 이상 참석했다. 합동 총회에서는 증경 총회장님들을 고급 호텔에 모시고 식사는 일식으로, 지정 좌석 배정, 꽃 코사지, 차별화된 명찰 색깔 등으로 최대한 대접을 해 주었다. 또한 돌아갈 때 교통비까지 넉넉히 챙겨 주는 배려를 잊지 않았다. **과거 내가 총회장으로 있을 때 증경 총회장님들을 이렇게 극진하게 모실 생각을 하지 못했던 것이 죄스럽게 느껴졌다.**

현재 남달리 어려운 여건속에서 사역중에 있는 후진되시는 존경하는 성직자 여러분! 먼저 사역을 은혜중에 마친 자로써 꼭 부탁하고 싶은 말씀이 있다면, 합동측 신성종 교수님이 쓰신 책중에 은혜 받은 말씀을 증언하고 싶다.

자신은 학자로써 **늘 책상에 앉아서만 예수를 믿는 믿음으로 남을 가르치기만 했기에 눈을 감고 기도하면 체험없는 신앙이 늘 양심에 부닥혀서 신령한 세계를 보여달라고 기도했는데,** 그 기도의 부탁대로 천국과 지옥을 구경시켜 주셨는데, 그 증언중에 기억나는 것은 지옥에 가보니 **한국에서 유명하다는 목사님의 얼굴이 … 큰 교회를 사역하셨던 분들,** 총회장을 역임하신 분들….

어느 부두에서 증경총회장 방재석 목사님과 함께

나 자신도 그 글을 보고 너무 놀랐으며 두려운 생각이 들기까지 한 적이 있다. 그러면서 천국 제일 앞 자리는 전도를 많이 한 사람, 순교자들, 그리고 50여 명밖에 안되는 교회지만 자신과 자신의 교인들이 전도하여 욕심없이 양심에 부끄럽지 않게 감사하고 자족하며 목회하다가 온 목사님들이 환영을 받고 있다는 것을 증언하였다.

교인 숫자에 욕심부려서 불신자가 아닌 교인을 더 모으기 위해 수백억 들여 건축한 멀쩡한 교회를 헐고 다시 건축하는 일, 교회를 분리하여 다른 교회를 만드는 일, 자신이 교단의 머리가 되기 위해 교단을 분리하는 일, 교단에서 정한 정년에서 몇 년 더 사역하려고 하는 일, 다 지나고 보면 너무나 세상 기간은 잠깐이고 사역 기간도 잠깐이되 또한 한순간 모든 것을 놓고 주님 앞에 독대하게 될 때, 큰 교회를 건축하고 많은 교인을 거느렸으나 양심상 욕심이 원인이었다면 너무 부질없고 후회스러워도 때가 늦은 일이 아니겠는가?

성령충만은 곧 맑은 양심이 살아 나는 것이니 영, 육간 욕심을 버리고 정직하게 다같이 양보하고 남과 다른 사역자를 배려하는 일! 그리고 영, 육간 고난과 시련중에 있는 신, 불신간 모든 인생을 붙잡아 일으키는 성직자가 됩시다.

골 3:5~6절에 주님께서 경고하시기를 "탐심은 우상숭배니라!" 라고 하셨으니.

가정과 자녀들

4자녀들

나는 하나님의 특별한 은혜 속에 4자매를 선물로 받았다. 넷째가 태어날 때 가까운 목사님들이 "목사님, 서운하셨겠습니다" 라고 했다.

나는 대답하기를 "목사님은 아직 젊으셔서서 잘 모르시는가 본데 자녀는 부모의 소유가 아닙니다. 예수님이 아들이든 딸이든 하나님의 자녀를 부모에게 맡기시고 신앙으로 잘 길러 달라고 부탁하신 것이기에 영육간 잘 보호하고 신앙으로 잘 기르는 의무가 중요하다고 생각합니다."라고 대답했다.

그것이 나의 솔직한 고백이었다.

어떤 목사님은 딸 둘을, 또 어떤 목사님은 딸 하나밖에 안 주시는 가정이 있는 것을 보고 딸을 섞이지 않고 네 명이나 주신 하나님께 감사하되 네 자녀가 가정을 이루고 건강하게 그리고 신앙생활 잘하는 집사도 되고, 사위 목사도 주시고, 딸이 목사 사모된 것을 감사하게 생각하고 있다.

그러나 기도하면서 왜 나에게 딸만 네 명 주신 것일까 생각해보니 아들이면 딸들보다 부모의 말에 순종을 안 할 것 같아서 그런 것 같다. 만약 자녀가 딸들 같이 부드럽고 고분고분하지 못할 것이면 옛날에는 내 성격도 곱지 못했는데 굉장한 스트레스를 받았을 것 같다.

K대 국어국문학과를 나온 큰 딸은 추워지기 시작하는 11월 새벽 4시쯤 산기가 있어서 종암동 거쳐 고대 쪽으로 내려가면서 산부인과를 찾았으나 다 문을 열지 않아서 동대문 이대부속병원에서 출생하였다.

네 자녀들과 함께

처음 아기를 보여주는데 머리 부분이 뾰죽하여서 잘못된 줄 알았으나 누구나 그랬다는 것을……. 나는 믿음 없는 생각에 내가 키가 작고 못나서 하나님이 주신 2세의 선물도 바르지 못한 것 아닌가? 생각한 적이 있다.

첫딸은 얼굴도 예쁘고 총명하여 어릴 때부터 동네 아이들을 모아놓고 열심히 무엇인가 가르치기를 좋아하였다. 특히 교회에서 배운 율동이나 이야기를 많은 사람들에게 들려주기를 좋아했던 것으로 기억한다.

어쨌든 장녀는 본인의 간증에 의하면 다른 대학 원서를 담임 선생님의 인도 따라 사서 오다가 K대학에 들리고 싶은 생각이 간절하여 원서를 사왔는데 원서를 써서 그 학교에 지원하고

큰 딸 성희,
경희대에서
국문학박사
수여기념

싶어서 원서를 넣었는데 합격이 되었다. 그 학교에서 대학원에 진학하고 국문학 박사학위를 받고 그 대학 학생을 가르치는 일을 하고 있다. 신앙생활도 열심이며 특히 피아노를 잘 쳐서 초등학교 때부터 장성하여서까지 반주자로 봉사하였다.

목사(현재 한국성서대학교 교수)와 결혼하여 두 자매를 두고 네 식구가 살고 있다. 남편 목사는 미국에서 6년째 혼자 신약신학을 공부하고 있었다.

2005년 7월에 연세대학교 연합신학대학원에서 함께 공부한 홍춘일 목사님이 시무하시는 전남 광주 성은교회에서 부흥회를 인도하게 되었다.

그때 홍 목사님께서 사위 목사님을 혼자 너무 오래 있게 한 것 같으니 가족들을 보내는 것이 좋겠다는 권면을 하셨다.

나는 평소 홍 목사님이 누구보다 성경대로 사시며 솔선하여 모범을 보이시는 분시임을 알기에 그 권면을 참 귀하게 받아들였다. 딸에게 의견을 물었는데 딸도 마침 그 문제를 놓고 기도 중이라며 미국에 3식구가 가는 것이 좋겠다고 하였다.

그래서 가족들이 미국에 들어갔는데, 그 결과 사위 목사님도 평안함 가운데 무사히 신학 박사 학위를 받을 수 있었고, 손녀들도 3년 동안 영어를 배워 오는 엄청난 쾌거를 거두게 되었다.

친구 목사이지만 이렇게 충정어린 권면을 할 수 있다는 것은 참으로 귀한 일이라는 생각이 든다.

나는 후에 홍 목사님을 만나서 말세에 이러한 훌륭한 목사님 만난 것을 감사하고 그 분의 말씀은 하나님이 하시고 싶은 말씀을 대언하는 것이니 순종하면 현세에서, 나아가서 내세에 큰 축복의 주인공이 될 것을 의심치 않는다고 말씀드렸다.

당시 큰 손녀는 초등학교 1학년이었기에 나와 아내가 번갈아 학교에 데려 가고, 마중 나가고 했었는데 그 일은 서운하게 되었다. 한 가지 걱정은 큰 딸의 월급으로 남편 유학비를 댔었는데 한국에서 교수를 그만두고 출국하면 유학비도 걱정이었다.

나와 아내는 새벽마다 자녀들을 위해서 기도할 때, 특별히 큰 사위가 박사 학위를 받는 동안 경제적으로 채워주시기를 믿음으로 간절히 기도하게 되었다.

딸과 손녀들이 미국으로 떠나는 날 인천 공항에 우리 가족이 환송하러 갔는데, 국제선 탑승장에 들어갈 때 기쁜 일인데도 아쉬운 마음에 울먹였다. 인간적인 정을 생각하면 아쉬운 일이 아닐 수 없었다.

그곳은 우리 나라처럼 전세가 없고, 월세만 있어서 월세만 한 달에 80만원 정도 들어간다니 좀 어려울 것 같아서 나는 전화할 때면 언제든지 물질이 필요할 때 어려워 말고 전화하라고 했다.

부모의 마음에는 외국에서 천 원 한 장을 빌려 달라고 하면 누가 기쁘게 빌려주겠는가 하는 마음 때문에 어떻게든지 더 송금하고 싶은 마음이 간절하였다.

큰딸이 미국으로 간 지 10개월 쯤 후에 기쁜 소식이 전해졌다. 큰딸이 **한국 정부에서 파견하는 '해외 한국학 강의 파견 교수'로 파견되어 한국 정부에서 주는 월급을 받으면서 객원 교수의 자격으로 미국 "인디애나대학교 동아시아학과"에서** 한국어를 강의하게 된 것이다.

큰 딸은 한국에 있을 때 K대학교 국문과에서 박사 학위를 받았고, 외국인들에게 한국어를 강의하고, 교과서를 집필했는데, 그러한 경력이 인정되어 낯선 나라의 대학에서 미국 학생들에게 한국어를 가르치면서 월급을 받을 수 있는 좋은 기회를 얻게 되었다.

딸과 사위는 전적으로 하나님의 은혜로 사람이 할 수 없는 것으로 하나님께서 인도하신 것이라고 고백하였다. 참으로 세세하게 섭리하시는 하나님의 은혜가 아닐 수 없었다.

나는 이 일을 생각할 때, 하나님의 끊임없는 사랑과 기적의 역사에 대해서 감사하게 되었다. 하나님께서는 "때를 따라 돕는 은혜를 주시기로 약속"하신 것을 틀림없이 이행하시는 분임을 재삼 확신하게 된다.

> "또 그 땅의 소산물을 먹은 다음날에 '만나' 가 그쳤으니 이스라엘 사람들이 다시는 만나를 얻지 못하였고 그 해에 가나안 땅 소출을 먹었더라.(여호수아 5:12)"

이스라엘 백성들이 광야 중에 거할 때 매일 만나는 내리시되 성일에는 쉬시고 가나안 땅에 도착해서 도착한 날, 그 땅에서 난 곡식을 먹은 다음 날 만나가 그쳤다는 것은 선민이 먹을 것을 하루 전에 예비한 것을 말씀하신다.

물질만능주의가 팽배한 오늘날 모든 사람들은 물질에 전전긍긍하면서 살아간다. 성도들까지도 '무엇을 먹을까? 무엇을 입을까?' 에 일생의 거의 90% 이상을 허비하다가 하나님 나라에 간다. 그러나 예수님은 분명하게 말씀하셨다.

"그런즉 너희는 먼저 그의 나라와 그의 의를 구하라. 그리하면 이 모든 것을 냬가 너희에게 더하시리라. 그러므로 내일 일은 내일 염려할 것이요, 한 날의 괴로움은 그 날로 족하니라. (마태복음 6:33~34)"

불완전한 인간은 약속을 해 놓고, 못 지킬 수도 있다. 그러나 하나님은 전능자이시니 인간에게 약속한 것은 틀림없이 지켜 주실 줄 믿는다. 전능자가 돌보시는 삶이니 무엇을 두려워 하겠는가?

큰 딸 가정은 만 3년 만에 고국으로 돌아오게 되었다. 손녀인 윤영이와 민영이는 미국에서 영어 공부를 많이 하고, 미국 아이들과 같이 학교에서 영어로 미국 아이들과 공부하다가 한국에 귀국하여서는 갑자기 한국 말로 공부하게 되었으므로 처음에는 힘들어 했으나 낙심하지 않고 결석하지 않고 끝까지 학교를 잘 다니는 것도 감사한데 두 손녀가 한국 학교에 온 뒤에도 여러 번 전학을 했는데, 다 반장을 하다니…. 이것이 어찌 사람의 노력으로만 될 수 있는 일이겠는가?

어린 아이들이 초등학교를 다니면서 3-4번 전학을 했으니, 어려운 일이 한 두 가지였겠는가? 그러나 미국에 있을 때 손녀들이 늘 한국에 언제 돌아가냐고 부모를 독촉했다니 참 다행스러운 일이라 생각된다.

사위의 신학 공부가 끝나면 한국에 와서 신학대학교에서 학생을 가르쳐야 하는데 미국이 좋다고 미국에서 살자 해도 문제가 되지 않겠는가?

돌아올 때가 거의 됐을 때, 아내는 중병으로 투병하면서, 손녀 이름을 부르면서 언제 돌아 오냐고 수시로 물었다. 그러면서 손녀가 돌아올 때까지만 살게 해 달라고 기도하였다.

드디어 미국에서 자녀들이 돌아오는 날 아내는 평소보다 더 고통스러워하면서도 큰딸네 가족들이 두고 간 전셋집에 가서 친정 동생들을 불러 집을 청소하고, 음식들을 장만하였다.

딸네 가족들이 돌아왔을 때, 여러 가족들을 불러서 같이 식사하면서 환영해 주었다.

아내와 나는 딸네 집에 짐들이 많아서 손녀를 우리 집에 데리고 왔는데, 아내는 손녀들 보는 앞에서 평소보다 더 심하게 아파하여 손녀들이 놀라는 기색이 역력하였다.

자녀들이 돌아온 후 두 주밖에 되지 않았는데 아내는 그 아파하던 고통을 떠나 예비하신 나라로 돌아가게 되었다.

자녀들이 돌아오는 것을 보고 소천하고 싶다고 입버릇처럼 말하고 기도하더니 기도한 대로 귀국한 지 두 주만에 하나님이 응답해 주신 것이다. 나는 처음에는 더 오래 살게 해달라고 하지, 왜 자녀들이 돌아오면 소천하게 해 달라고 했는가 하는 생각을 했지만, 지금 생각해 보면 그 고통이 얼마나 컸기에 그랬는가 하는 생각이 든다.

둘째

둘째 딸은 큰 딸과 3년 터울이다. 둘째는 원래 어려서부터 끈기가 있고, 무엇을 한번 시작하면 인내심 있게 잘 하였다.

유아교육을 전공하여 현재 어린이집 원장을 하고 있다.

유치원 교사로 근무하면서 새롭게 서울여자대학과 대학원에 입학하여 일과 학업을 병행하느라 고생이 많았다. 그래도 새벽 일찍 유치원에 나가서 하루 종일 아이들을 가르치고 돌보며 고생하면서도 주일에는 주일학교 교사로, 성가대로 봉사하였다. 일과 학업을 병행하느라 힘들었을 텐데도 꿋꿋하게 잘 견뎠다.

유치원 교사를 15년 이상 하면서 서울시에서 주는 상도 받았고, 그 경력으로 현재 원장까지 되었으니 감사한 일이다.

둘째를 생각할 때 잊혀지지 않는 것은 장위초등학교 4학년 때 운동회가 있어서 갔을 때의 기억이다.

오랜만에 시간을 내어 아내와 같이 가서 구경했는데 마침 둘째가 100m 달리기를 하게 되었다. 그런데 4등과 한 발 차이로

3등에 골인했는데 등수를 가리는 상급학생이 4등으로 들어온 아이를 3등 자리에 앉히고 우리 둘째는 4등이라고 돌려보내는 것이 아닌가?

둘째도 기분이 상했는지 이쪽저쪽을 살펴보다가 돌아갔는데 별것 아니지만 마음에 상처가 될까봐 걱정되었다.

그러한 상황을 지켜본 부모의 마음에는 달려가서 바르게 하고 싶었지만 그럴 수가 없었다. 지금도 생각해 보면 아쉽고 속상한 마음이 든다.

나는 이 일을 생각하면 항상 우리를 자녀 삼으시고 지켜보시는 하나님의 사랑에 대해서 생각하게 된다. 당신의 자녀들이 땅에서 행복하고 만족스럽게 살아가는 것은 누구보다 기뻐하시는 것이 하나님의 마음이다. 자녀들이 억울한 일을 당할 때는 슬퍼하시는 것이 하나님의 마음이 아니겠는가?

첫째 딸이 고3일 때, 대학 진학을 위한 학부모 참석시간에 참석하였었다. 고3 전체의 진학 담당 선생님이 나오시더니 진학할 대학을 학점별로 소개하면서 일반대학에 들어가기 어려운 학점의 학생은 "신학대학"에 지원하도록 하라는 것이었다.

학교 설립자가 장로님이요, 교장도 장로님이요, 기독교 학교인 고교에서 공부 제일 못한 사람은 "신학대학"을 지원 하라니! 세상에 하나님의 종이 될 선지학교요, 선지학교에 최고로 공부 잘 하는 사람은 지원하라고 하지 않고 그 반대로 가르쳐주다니 실망이 되었다.

물론 당시 학점이 얕아도 신학대학에는 들어가기가 쉬웠을런지 모르겠으나 내가 알기는 아무리 서울대학을 나와도 하나님이 하나님의 종으로 선택하지 않으시면 주의 종의 길은 불가능하고, 좋은 신학대학을 나왔어도 성령이 충만치 못하면 불가능하다.

또한 성도가 되는 것도 세상 학문처럼 배워서 되는 것이 아니라 하나님의 선택이 있어야 되는 것이다.

나는 지금도 하나님께서 모든 인생의 순간순간만 섭리하는 것이 아니라 인간의 창조부터 출생 후 일평생에 대한 계획을 세우시고 섭리하심을 믿는다. 물론 우리가 인생을 살면서 순간순간 계획과 목표를 바꾸듯이 하나님도 사람이 하나님의 계획과 섭리에 불순종할 때 불변의 원칙을 만드신 하나님도 계획을 바꾸시기도 하실 것이라 생각된다.

두 번째 애태우는 사건은 **현재 근무하는 유치원이 소속된 구청에서 구립 유치원 중에 원장을 뽑는다는 소식을 들었다.**

유치원에 근무한 경력이 오래 되었고, 그때 오랫동안 근무하던 유치원 원장님도 경력이 상당한 분이라 그 분이 적극 추천하여 서류를 내게 되었다. 약 2백 페이지 가량의 운영 방침에 대한 계획서를 준비하였는데 보통 수고한 것이 아니었다.

여기에 운영 시에 재정이나 신원 보증자로 보증인이 필요하다고 하여 **아빠인 내가 은성중앙교회의 담임자의 신분과 개인 주택의 소유 증명 등 서류를 냈다.** 설명회가 있는 날 구청의 유치원 책임자와 구청에 소속된 원로 유치원장, 지원자들과 보증인들 앞에서 영상으로 운영 계획을 발표하고, 나도 보증인 자격으로 앞으로의 보증을 약속하였다.

며칠 후에 5명의 지원자 중에서 둘째가 합격했다는 통지를 받았다. 그러나 불과 며칠 후 다시 통보가 왔는데 우리는 보증인이 은성중앙교회 담임목사는 틀림없으나 원장 신청자와 부녀지간이라 안 된다는 것이다.

부녀지간이면 제3자보다 신원이나 재정에 있어서 더 확실한 보증인이 되는 것이 아니냐고 했더니 구립 유치원 내규에 보증인이 부모가 될 수 없다는 규정이 있다는 것이다.

그러나 나는 금시초문이었다. **둘째가 며칠 전에 합격 소식을 듣고 기뻐하던 모습이 생생하여 내 마음이 더욱 괴로웠다. 그런데 보증인이 아빠라서 안 된다고 하니 얼마나 억울하게 생각할까 하는 생각을 하니 걱정이 되었다.**

그래서 부교역자와 함께 성동구청에 여러 번 찾아가서 부구청장님을 만나 면담했다.

이 분은 동사무소나 구청에서 말단부터 순서를 밟아 부구청장에 오르신 분이라 행정에는 구청에서 최고 권위자라고 했다. 부구청장님을 여러 번 만나고 부교역자가 여러 가지로 부당하고 이해가지 않는다고 말해도 당 구청에서 규정대로 처리할 수밖에 없다는 대답밖에 들을 수가 없었다.

결국 다른 교회 교인이 그 유치원 원장이 되었다.

그로부터 몇 년 후인가 성북구 장위 3동에 새로운 구립 유치원을 건축하고 유치원 원장을 뽑는 기회가 있었다.

또 서류를 내게 되었는데 이번에는 성동구청에서보다 더 큰 교회 출신이며 더 쟁쟁한 후보들이 경합을 벌였다. 역시 다른 분이 선정되었다.

그로부터 수 년의 세월이 흐른 뒤 2010년에 가정에서 운영하는 사설 어린이집 제도가 생겨서 '로뎀나무 어린이집'을 개원하여 잘 운영하고 있다. 4자녀 중 직장 문제와 관련하여 내가 직접적으로 관여하고 가장 관심을 쏟은 것은 둘째인 것 같다.

둘째는 33세에 결혼했는데, 시아버님은 안수집사, 시어머님은 권사님이시다. 결혼식에 가보니 주례하시는 둘째 사위의 담임 목사님이 얼마 전에 증경총회장 모임에서 만나 뵈어서 안면이 있는 목사님이셨다.

그 목사님은 당시 신학 대학 총장으로 수고하시는 귀하신 목사님이시다. 참 세상은 넓고도 좁았다.

둘째는 네 딸 중에서 가장 늦게 결혼하여서 성혼되기를 얼마나 기다렸는지 모른다. 결혼을 하니, 나이가 많아 2세 출산이 걱정되던 차에 임신을 하였다. 그런데 임신 때문에 다리가 저리기 시작하여 거동이 불편하다고 하였다.

나와 아내는 걱정이 되어서 나의 초등학교 동기요 평소 존경하는 명의인 정릉 형제한의원 원장님께 전화하여 한약을 달여서 보냈다. 그 원장님 말씀이 아는 병이니 시간이 지나면 괜찮을 것이라고 하여 안심이 되었다. 과연 시간이 지나니 건강하게 되어 다행이었다.

둘째는 외모도 출중하나 **어떤 일을 한번 맡으면 끝을 보는 성실함과 책임감이 투철한 자녀라고 생각된다.**

앞으로 주님의 일에 특히 이 복된 복음을 열심히 전하는 일에 더욱 귀하게 쓰임 받기를 바란다. 그래서 야곱처럼 하나님께서 도우심을 체험하고 그 사랑과 인자의 하나님을 더욱 사랑하는 아빠의 딸이 되었으면 한다.

셋째

셋째는 둘째와 두 살 터울이다. 셋째는 오랫동안 피아노 선생으로 일했으며 언니들과 마찬가지로 주일학교와 성가대에서 열심히 봉사하였고, 피아노 반주도 열심히 했다. 내가 목회하는 동안 서류 만드는 것, 우체국에서 선교비 송금하는 일 등 많은 교회 업무를 도와주었다.

셋째는 직장에 다닐 때도 일어날 시간이 다 되어도 안 일어나서 깨우면 짜증을 내며 시간이 아직 멀었는데 아빠는 왜 자꾸 깨우냐고 했다. 어쩌면 나와 성격이 비슷하다고 나는 혼자 생각하였다.

셋째는 32세인가 결혼하여 만혼이라 걱정했더니 아들을 낳아서 **주원**이라고 이름하였다. 우리 집에 아들이 없고 딸만 4명이다 보니 40년만에 아들이 생긴 셈이다. 이번에는 3개월 후에 둘째 딸이 또 아들을 낳았으니 외손주가 2명이 되었다.

셋째에게는 참 감사한 일이 있다. 아내가 투병한 지 3년만에 소천하고 다른 자녀도 다 출가하고 **나 혼자 남게 되었다.** 나는 **혼자 생각에라도 자녀 중에 누가 아빠 집에 와서 식사라도 도와주었으면 하고 생각한 일이 없었다.**

그런데 셋째 신랑 되는 전 집사, 외손주인 전주원이 한 가족이 살던 집은 잠가 놓고 아무 조건없이 아빠 집에 와서 살겠다고 **했다.** 그 결심이 마음에서 우러나온 것이었기에 지금 생각해도 참 감사하다.

셋째는 성격이 까다로운 편이라고 생각했는데 생각과는 달리 무척 나에게 상냥하고 마음을 편하게 해주어서 내가 즐겁게 지낼 수 있었다.

함께 산 정 때문인지 주원이는 할아버지를 아주 반가워한다. 내가 낙향한 후, 한 달에 한 번 본교회인 은성중앙교회에 매월 셋째 주에 설교하러 가면 달려와 안기며 그렇게 반가워할 수가 없다. **또한 설교 후에 네 자매와 사위들, 손자들이 모두 모여 식사를 함께 하는데, 식사 때도 내 옆에 앉기를 원한다. 또 각각 차를 타고 헤어질 때면 할아버지가 탄 차를 탄다고 울기도 한다.**

한번은 내 마음에 감동이 와서 장차 목회자가 되도록 기도하자 했더니 저희 부모는 주원이가 치과의사가 되기를 원한다고 했다. 그러나 내가 여러 번 말했더니 그 다음에는 잠잠하다.

셋째 가족과 함께 산 시간을 생각하면, 특히 사위되는 전 집사에게 정말 감사하다. 장인과 함께 기거하면서 마음대로 쉬지도 못하고 힘들었을 텐데, 내색하지 않고 인내해 준 것이 참 감사하다.

전 집사는 직장이 기술직이라 직장 때문에 걱정할 필요도 없고, 현재에도 성가대와 교사로 열심히 주의 일에 헌신하고 있는데, 천성이 착하여 늘 내가 감사하게 생각한다.

셋째는 내가 낙향한 후에도 아빠의 건강식품에 많은 관심을 가지며 떨어질 새라 알뜰하게 챙겨서 보내준다. 친척과 주위 사람들에게도 아빠가 신경 쓰는 일 없도록 열심히 전화하는 것을 보면 자랄 때는 성격이 좀 까다롭다고 생각했는데, 이렇게 자상하고 효성스러운 면이 있었는가 생각되고 참 감사하다.

부모에 대한 각별한 효성은 **에베소서 6장 2~3절에 '네 아버지와 어머니를 공경하라 이것이 약속 있는 첫 계명이니 이로써 네가 잘 되고 땅에서 장수하리라'** 고 약속하신 대로 이루어주실 줄 믿고 지금도 새벽마다 빼놓지 않고 기도하고 있다.

2010년 5월에는 예쁘고 귀여운 **두 번째 외손주 주윤이를 선물로 주신 하나님께 감사한다.** 셋째에게 하나님께서 남다른 자녀의 복을 주셨구나하고 감사기도를 드렸다.

막내

막내는 셋째와 세 살 터울이다. 다 같은 자매이지만 특기도 다 다르고 성격과 성품, 취미, 체격, 얼굴도 다 다른데, 막내는 자매 중 제일 온유하고 부드럽게 생각된다. 교회에서도 막내가 가는 곳마다 어린 아이들이 늘 졸졸 따라다니는 것을 자주 보았다. 이 사랑은 결심해서 되는 것이 아니라 천부적으로 타고나야 되는 것 같다.

둘째와 셋째 언니를 제치고 인터넷을 통해서 이메일로 사랑을 시작하게 되어 결혼에 골인하였고 결혼 예식은 신랑 담임 목사님의 주례로 올렸다.

교회는 결혼 후에 아빠가 목회하고 있는 교회가 더 적게 모인다고 우리 교회 옆으로 이사를 왔다. 은성중앙교회를 섬기며 아빠에게도, 교회에도 정수기를 헌물하고 멀티비젼을 헌물했다.

현재 금곡에서 섬기는 교회에도 헌물을 몇 가지 드렸다는데 자세히는 모르고 나중에 안 일이지만, **과거 은성중앙교회 부목으로 시무하던 신 목사님 교회에 12인승 봉고차를 헌물하**되, 아직 집 살 때 갚을 것이 많이 남았는데 드렸기에 다음부터는 갚을 것을 우선으로 하고 하나님께도 하는 것이 순서라고 했으나 어쨌든 하나님께 배짱 있게 하는 그 앞길에 홍해가 갈라지고 여리고성이 무너지는 이적이 있으리라!

지금은 경기도 금곡으로 이사를 가서 '이레어린이집'을 개원했는데 평소에도 아이들에게 인기가 많더니 그 인기는 천부적이라 유치원이 잘 부흥되고 있다.

2010년 가을, 자택 앞에서 가족과 함께

나는 항상 자녀들에게 다른 무엇보다 신앙 생활을 가장 우선으로 하고, 하나님께 예배하는 것을 가장 중시하라고 가르쳐 왔고, 나 또한 먼저 모범을 보이려고 늘 애써 왔다.

그래서 하나님의 인정을 받는 자녀로 양육하는 것을 가장 우선으로 삼았다.

신앙생활을 하되 세상에 급한 것을 먼저 하고 예배, 기도, 헌신과 봉사는 뒷전이요, 우선 순위가 제대로 정립되지 못하면 하나님께 인정받는 자녀가 될 수 없다.

세상에서도 부모의 인정을 받는 자녀가 되는 것이 중요하지만, 더 중요한 것은 부모의 인정을 받는 것 이전에 하나님의 인정받는 자녀가 먼저 되는 것이다. 부모는 자녀를 위해 최선을 다해 해주려 하지만 부모도 한계가 있는 인간인지라 해 주고 싶어도 해 주지 못할 때가 많다.

그러나 전지 전능하신 하나님의 인정을 받는 자녀가 되면! 그 분의 사랑 가운데에 거할 수 있으면 가장 복된 인생을 보장받을 수 있는 것이 아닌가?

모태 신앙이라 할지라도, 수 십년을 믿었다 할지라도 하나님과의 관계를 우습게 여기면 하나님도 그 자녀를 우습게 여기는 것이 당연하지 않은가?

반대로 교회에 나온 지는 얼마 안 되었지만 예배를 세상 일보다 소중하게 여기고 헌신적으로 준비하여 정한 시간 보다 일찍이 교회 나와 미리 찬송하고 기도하여 최선의 예배를 드리는 자는 반드시 상달되는 예배, 성공하는 예배를 드리게 된다.

예배만 성공하면 "누구든 전능자가 인정하시는 사랑하는 자녀"라는 확신을 하나님께서 주실 것이다.

전능자가 인정하는 자녀다운 자녀만 되면 이 험한 세상 가운데에서 생사화복을 주관하시는 하나님께서 성경에 약속하신 대로 책임을 지시고 언젠가 하나님께서 정하신 기한이 다 되어 부르심을 받을 때 약속대로 하나님께서 천사를 보내어 영접하실 것이다. 그러니 세상 사람들이 다 두려워하는 죽음도 두려워할 것이 없지 않겠는가?

아내와 나는 목회 생활을 하면서 성도들을 위한 기도가 항상 먼저였다. 4자녀에 대해서 물론 기도했지만, 성도들을 돌보는 것이 항상 우선순위였다.

그러나 돌아보면 한 자녀 한 자녀를 하나님께서 맡아서 돌보아 주시고, 그들의 믿음을 자라게 하시고, 하나님을 의지할 수 있도록 믿음을 주셔서 지금은 믿음의 든든한 반석 위에 서 있는 것을 내 인생 최고의 보람으로 알고 감사하고 있다.

또한 목회 사역에 있어서 자녀들이 언제나 목회를 여러 방면으로 도왔고, 자랄 때도 솔선수범하여 교회에서 봉사하고 교회를 섬긴 것이 나의 목회에 큰 힘이 되었음을 감사한다.

주변에 목회자들을 보면 자녀들과 성도간의 관계 때문에 힘들어 하고, 목회자의 자녀로서 관심이 집중되는 것이 부담스럽다고 다른 교회에 출석하게 하는 것을 가끔 본다.

그러나 나는 그것은 옳지 않다고 생각한다. 비록 자녀가 **부모가 목회하는 곳에서 신앙 생활하는 것이 힘들지라도 그것 또한 목회자의 자녀로서 그 자녀의 십자가인 것이다.**

하나님께서 우리에게 십자가를 주실 때는 그것을 이겨낼 믿

사위 넷과 함께 2009. 6.

음 또한 함께 주신다고 나는 믿는다. 또한 그 십자가를 잘 인내하면 약속하신 축복을 더불어 주실 것이다.

자녀는 내가 키우는 것 같지만, 사실은 하나님께서 키우시는 것이다. 자녀 양육을 내 손으로 하려 하지 말고 하나님의 전능하신 손에 믿음으로 맡겨 드리면 하나님께서 나보다 더 잘 양육하신다.

부모는 단지 하나님의 자녀를 잠시 위탁 받아 보호하고 양육할 책임이 있는 자이다. 믿음으로 하면 하나님께서 분명히 예비하신 은혜를 넘치도록 부어주실 것을 확신한다.

은퇴와 귀향 후의 전도 사역

조기 은퇴를 결심하다

현재 교회 위치인 장위 3동 106-3호 주위에 건물은 40년이 지난 건물이 대부분이다. 아니 그보다 먼저 내가 제대 후 서울에 오던 해가 내 나이 26세였고 서울에 온 지가 40년이 넘었는데 이미 그때 당시 10년 이상 된 건물이 많았으니 50년 이상 된 건물이 80% 이상 되는 것으로 파악된다.

단층 건물이 많고 인구밀도도 적어서 늘 내 마음 속에 이 지역이 아파트지역이 되었으면 하고 기도했다.

그런데 드디어 그 꿈이 30여년 만에 이뤄져서 장위 1~3동의 50~60만평 전역이 뉴 타운 지역으로 발표되었다. 하지만 뉴 타운 지역 발표 후에 오히려 이사를 가는 교인이 늘게 되어 전도는 이전에 1년에 40여 명 되던 것이 점점 줄어들었다.

그러면서 교인 숫자도 점점 줄어들기 시작하였다. 그 때부터 누가 이사 간다 하면 가슴이 철렁하는 아픔이 있게 되고 잠도 안 올 때가 늘기 시작하였다.

나는 내 있는 힘껏 열심히 한다고 했지만 하는 만큼 부흥이 되는 것이 아니라 이사 가는 교인들이 점점 많아지니 하나님께서 나의 사역에서 요구하시는 것이 무엇인가 고민하게 되었다. 그러다가 조기은퇴를 생각하고 기도하게 되었다.

은퇴를 위해서 나이를 생각해보니 호적에 생일이 늦은 것까지 계산해도 70년 정년에 4년 남짓하게 남았는데 이 기간에는 새 교회를 건축하기도 빠듯하겠다는 생각이 들었다.

또 겨우 교회를 건축만 한다면 현재 교인과 새로 오는 교역자와 합력이 쉽지 않을 것은 뻔한 이치가 아니겠는가? 빨리 다른 후임자에게 인계하지 않으면 새 담임자가 뉴-타운 지역 조합과의 교제하는 것도 문제가 될 것 같아 혼자 고심하며 기도를 했다.

더 많은 성도가 이사하기 전에 은퇴하는 것이 모든 면에 합당할 것 같아 조기 은퇴를 결심하게 되었다. 또한 장로님 한 가정, 권사님 한 가정, 안수집사님 한 가정의 자녀와 손자가 여러 가지 이유가 있겠지만 이들 청년들이 교회를 안 다니는 것은 아닌데 다른 근처 교회를 가는 것이 내 생각에는 담임목사가 나이가 많은데 원인이 있지 않나하는 생각이 들었다.

내가 나이가 3~40대일 때는 교회에 청년만 80여 명이 출석했는데 지금은 청년이 30명을 넘지 못하는 것이 또한 이를 증명하는 듯싶었다.

그리고 설교 준비나 교회일에 신경을 지나치게 쓰면 뒷머리

은퇴 1개월 전(2009. 6)

가 화끈거리는 증상이 나타나기 시작했다.

이렇게 기도하며 하나님의 뜻을 구하던 중, 어느 날 옛 이름 인 드림랜드 산에 올라갔다. 연세 많은 분들이 나무 그늘에서 화투로 100원짜리 내기도 하고 차도 팔고 라면도 파는 곳이 여러 군데 있었다.

까만 천막을 치고 정구하는 정구장도 있고 또 어떤 곳에는 노인들만 모여서 담소 나누도록 헌 의자가 준비된 곳도 있었 다. 사람이 많이 앉으면 10여 명 앉을 만한 그늘이 되는 공간 이다.

배드민턴장에는 젊은 사람 8명 정도가 열심히 운동을 하고 있었는데, 야외 노인정에는 70여 세 넘어 보이는 할아버지 한 분이 외롭게 혼자 쉬고 계셨다. 나는 할아버지 옆에 앉아 인사 를 하고 젊으셨을 때 무슨 일을 하셨느냐고 물었다.

그랬더니 우리 집에서 가까운 장석시장에서 고추방앗간을

경영했는데 몇 년 전에 그만 두었다고 한다. 겉보기에 건강해 보여서 무엇 때문에 쉬게 되었느냐고 물었다.

그랬더니 젊었을 때는 손님이 많았었는데 나이 들면서 손님이 줄었다는 것이다. 내가 묻지도 않았는데 그 이유를 말씀하시길 내가 고추나 깨 등을 옮길 때 힘들어하니까 손님들에게 물건을 들어 달라고 말하지 않았는데도 손님 스스로 할아버지에게 일을 시키는 것을 안쓰럽게 여기며 한 사람 두 사람 손님이 멀어지기 시작했다는 것이다. 그 할아버지의 그 말씀은 마치 나보고 말하는 것 같았다.

"당신도 나이 들어 힘들면 조기 은퇴하는 것이 하나님의 뜻이 아니냐?"

내 자신이 성령의 불 받고 밤 11시부터 새벽 3시 반 까지 방언기도 하다가 한국말로 주시던 하나님의 말씀구절!

"너희는 그리스도를 주로 삼아 거룩하게 하고 소망에 관한 이유를 묻는 자에게 온유와 겸손으로 전하라"

베드로전서 3장 15절 말씀을 주실 때에 하나님의 은혜로 잘 되던 인쇄사업에 손을 놓고 사역에 매진한 것 같이 사역을 놓을 때도 한치의 욕심 부리지 말고 깨끗하게 후임자를 구하여 인계해야겠다는 결심이 선명하게 섰다.

늘 사모하고 소망한 것 같이 공기 좋은 시골에 가서 요일을 정하여 전도하고 개를 사랑하는 내가 진돗개를 기르면서 여생을 보내야겠다는 생각이 들었다.

31년간 한 교회를 사역하여 안정되어 감사하나 이제는 결단할 때가 되었다고 생각되었다. 공기 좋은 시골 고향에 가서 전도하며 휴양해야겠다는 결심이 굳어져 가게 되었다. 그래서 2009년 7월 둘째 주에 은퇴예배를 드리고 조기 은퇴를 하였다.

은퇴하는 과정에 내가 몸 담고 있는 새서울 노회에서 후임자 목사님의 소속인 황서노회로 노회 이전을 했다. 이 과정에서 상당한 진통이 있었는데이 때에도 우세웅 목사를 비롯하여 라성열 목사 등 여러 목사님들이 많은 수고를 하여 노회 문제가 잘 해결되었다. 본인들의 사역도 바쁠텐데 선배 목사를 위하여 애써준 그 따뜻한 마음에 늘 감사할 따름이다.

낙향

서울 생활은 26세에 제대 후에 고향에 가서 제대 훈련 받은 후 바로 상경하여 작은 사업 10 여년, 사업장의 작은 뒷방에서 개척하여 31년간 사역했으니 41년을 서울에서 살았고 26세에 상경하여 67세에 낙향했으니 거의 평생을 목회하면서 서울에서 일생을 보낸 셈이 된다.

모든 사람이 어머님의 품이 그리운 것 같이 모든 인생은 하나님이 본향을 그리워하는 마음을 주셨다고 생각한다. 그러나 나는 남다르게 고향을 사모하는 사람이 아닌가 생각할 때도 있기는 하다.

나는 평소에도 TV나 그림에도 시골 마을 풍경이나 소나 양떼가 한가로이 푸른 풀밭에서 풀을 먹고 뛰노는 것을 볼 때 무조건 평화롭고 기쁘니 말이다.

모든 사람이 다 그런 것이 아닌 것은 도시에서 나고 자란 사람 말을 들어보면 도시의 휘황찬란한 불빛과 대형마트나 백화점이 자꾸 보고 싶고 시골보다 더 좋다고 한다.

어떤 사람은 시골에서 낳고 자랐는데도 시골은 처음 며칠은 좋지만 조금만 지나면 어둡고 모기와 벌레 많아서 싫다고 하는 말도 들어보았다. 새 기르는 것도 싫어하고 개 기르는 것도 싫어하는데 나는 왜 그 반대일까? 싫어하는 사람이 정서가 메마른 것이 아니라 내가 정서가 메말라서 짹짹이는 새소리에서 재롱부리며 가까이하는 애견에게서 메마른 사랑을 느껴보려고 하는 것은 아닐까? 오직 정답은 하나님만이 아실 것 같다.

성경을 보거나 설교 준비를 하다가 산에 1시간 정도 다녀 오고 조금 쉬게 되면 점심 때가 된다. 식사 후 조금 쉬었다가 오후에는 시내 쪽으로 운동할 겸 한 바퀴 돈다.

괴산 냇가에도 느티나무를 냇가에 심고 사람들이 지날 만큼 빨간 보도 블럭을 깔고 10여 개의 벤치도 깨끗하게 해 놓았기에 감사한 마음으로 산책을 한다. 맑은 하늘, 찬란한 빛, 많지 않은 맑은 물, 길가에 핀 꽃, 청청한 가로수와 풀들 그리고 건너편 작은 산의 상수리 나무들, 26세의 청년시절에 떠나 70여 세가 다 되어 돌아온 고향, 얼마나 정겹고 보고 싶고 밟고 싶은 땅이었는가?

그러나 나의 태어난 곳은 괴산읍이 아니라 여기서 30여리 떨어진 감물면 광전리 하미전 아주 두메산골이기에 그 곳에 자리를 정하려 하였으나 교통이 문제가 되어 이곳 읍에 야산 밑에 공기 좋은 곳을 달라고 기도했었다.

이제까지 하나님 뜻에 합당한 것이면 반드시 응답하시던 하나님께서 괴산읍 서부리 야산 밑이요, 농사 짓는 밭자락 끝에 150평 대지에 임시건물로 30평을 건축하여 부족한 것 없이 감사하며 살고 있다.

다른 사람은 이곳이 도시보다 생활에 불편한 것이 많다고 하나 서울에서 40년 넘게 살다 온 나는 이 곳이 시골이라고 생각되지 않는다. 이런 추억이 있다.

초등학교를 갓 졸업했을 때 지금의 괴산시외버스터미널 근처에 사시는 분 집을 방문하느라 어머님과 생전 처음으로 괴

외손자 주원이와

산에 나와 보았다.

방문한 집이 좀 어려운 집이었던 것으로 기억되는데 천정에 전선이 늘어져 있었고, 60촉 짜리 백열구가 빛을 발하고 있었다.

당시 우리 집은 촛불 켤 형편도 못 되어 석유로 호롱불을 켜고 살고 있었는데 처음 보는 60촉 짜리 전구는 너무 휘황찬란하여 눈이 부실 지경이었다.

또 처음으로 선풍기 바람을 쐬었는데 부채 부치는 것과는 차원이 달랐다. 팔도 안 아프고 부채 부치는 것보다 수 십배 강력한 바람이 나는 것이 얼마나 신기했는지 모른다. 그래서 나는 서울에서 밝은 곳에 살았지만 지금의 괴산읍도 밝고 깨끗하고 공기가 맑고 어느 도시보다 살기 좋은 소도시라고 생각한다.

예배 생활

새벽예배와 삼일기도회는 우리 집에서 도보로 10여 분 거리에 위치한 괴산제일교회에 나간다. 새벽예배는 5시 30분에 시작하는 괴산제일교회에 다니고 있다.

조금 곤란한 일은 서울 본 교회 사역할 때 3시 30분에 일어나서 4시 15분 쯤 교회에 도착하여 4시 30분에 새벽 예배를 시작하여 5시에 마치고 기도 후에 집에 도착하면 6시 정도 된다. 다시 1시간정도 눈 붙이고 일어나던 습관이 31년 동안 몸에 배어 있었다. 그래서 그런지 지금도 3시 30분이면 잠이 깨어 잠이 오지 않는 것이 문제가 되고 있다.

괴산제일교회는 교단은 기장 측이지만 교회나 목사님은 어느 누구보다 성령충만하고 말씀도 보기 드물게 영적말씀을 증언하는 영력 있는 분이시다.

지금도 계속 부흥을 위해서 제자훈련과 1년에 4번 정도 총력전도를 하고 있는 모습을 볼 때 가까운 곳에 좋은 교회가 있어서 기도할 수 있는 것이 참 감사하다.

목사님이 진실하시고 정직하시며 새벽 예배 시에 부교역자가 인도할 때도 제일 앞자리에서 예배드리고 늦게까지 기도하시니 존경스럽다. 목사님이 부임하신 후 교회가 부흥되어 여러 구역이 재편되었다고 하니 얼마나 축복된 일인가?

2010년 끝자락과 2011년 1월은 얼마나 추운지 영하 10도에서 많이 내려갈 때는 17도까지 내려가기 때문에 혈압 때문에 주의 하기 위해 영하 10도 가까이 되는 날은 집에서 아내와 함께 예배드렸다. 각각 원하는 찬송 한 장씩 골라서 합송하고 성경 두 장씩 읽고 주기도문 하고 나는 안방에 아내는 거실에서 각자 기도하고 마치고 있다.

주일 낮 예배는 매월 첫 주는 감물감리교회에 나가는데 좋은 차를 주신 하나님께 감사한다. SM5 승용차는 서울 은성중앙교회 시무할 때 주신 것으로 감물교회 갈 때, 증평남하교회 갈 때, 전도할 때, 매주 2회씩 사용한다.

참 감사한 일은 감물제일교회 새로 부임한 이기봉 목사님도, 남하교회 이연풍 목사님도 시골교회 사역하는 목사님이신데 얼마나 성령충만하여 말씀에 얼마나 많은 은혜를 받게 되는지 너무 감사한 일이다.

매월 두 번째 주와 네 번째 주는 증평남하교회에 출석하고, 세 번째 주는 서울 본교회인 은성중앙교회를 출석하여 오후예배에 설교한다. 대개 다른 교회 출석할 때 영감주시는 것을 받아 본문을 정하고 설교하되 나 자신도 이제까지 새로운 은혜를 받게 되는 경우가 많았다. 앞으로도 주님이 그렇게 해 주실 것을 믿는다.

아내에게 미안한 것은 감물제일교회 가면 나는 아는 성도님이 많되 아내는 초면이어서 사람들과 사귀는데 시간이 걸렸다는 것이다. 하지만 아내는 사교적인 성격이라 지금은 많은 분들과 흉허물없이 잘 지내고 있다.

나의 고향 교회인 감물제일교회에는 옛날 어릴 때 신앙 생활 하시던 분은 다섯 분이 계신다. 김영재 장로님과 라광순 권사님, 이병찬 장로님과 박상자 장로님 그리고 이재남 권사님이시다. 그 분들은 내가 초등학교 다닐 때 이미 결혼하신 분으로 지금은 장로님, 권사님이 되신 분들이시다.

그래서 가끔 설교할 때면 공자 앞에서 문자 쓰는 것이 아닌가하는 생각이 들 때도 있다. 그리고 부족한 자를 주의 종으로 세우셔서 쓰시는 전능하신 하나님의 능력을 다시 한번 실감하게 된다.

헤어져 있은 지 44여 년 만에 찬송 하나 못 부르던 내가 이미 그때 당시에 가정을 이루시고 교회를 위해서 충성 봉사하시며 대표기도까지 하시던 분들 앞에 그래도 증거할 말과 진리가 있다는 것이 감사한 일이 아니겠는가?

증평 남하교회에도 목사님 내외분과 이인재 장로님 내외분 그리고 다른 분들도 15~6여 년 전 부흥회 인도하러 왔으므로 나는 자세히 모르나 그분들은 나를 아시는 분이었던 것 같다.

그러므로 나는 낯선 교회 같지 않은데 아내는 낯선 곳이므로 미안한 마음이 든다.

증평 남하교회 사모님은 그 교회 전도할 때만 아니라 다른 곳에 전도 갈 때도 빠짐없이 시외버스를 타고 오신다.

처음에는 미안해서 연락 없이 전도했더니 잠을 설칠 정도로 서운했다고 하셨다. 나중에 듣고 보니 전에 사경을 헤매다가 하나님이 살려주신 체험이 있으셨다. 그래서 힘들어도 전도를 열심히 하여 하나님을 기쁘시게 하기를 결심하였다고 하셨다.

때를 따라 욕을 먹고 억울한 일을 많이 당해도 전도를 변치 않고 하기로 단단히 결심하셨다고 하셨다. 그래서 다른 지역에 전도할 때도 빠짐없이 연락하게 되었다.

무엇보다 외로운 우리 집 사람의 사역의 동지요, 신앙의 친구요, 상담자가 생겨서 다행으로 생각하게 되었다.

특히 그 사모님은 목사님과 결혼 전에 2세를 가질 수 없다고 병원에서 진단을 받고 목사님께 미리 말씀 드렸는데도 목사님이 결혼을 적극적으로 원하셨다고 하니 보통 믿음과 사랑의 소유자가 아니다.

그 사랑과 믿음을 보신 하나님께서 2남 1녀의 복된 자녀를 선물로 주셨으니 이 또한 기적의 역사라 할 수 있다. 하나님께서 전능자이심을 보게 되는 대목이다.

내가 사랑하는 가축들과의 일과

나는 가축을 천부적으로 좋아하는가 보다. 진돗개를 처음에 경기도에서 한 쌍을 사왔는데 암컷도 수컷도 주인을 가까이 하지 않은 것이 흠이다.

대략 4개월 반 정도가 넘었을 때 데리고 왔으니 진돗개는 어릴 때 주인이 영원한 주인이라서 그런가 보다. 암컷과 수컷을 떨어지게 매여 놓았는데도 7월 달에 가져왔는데 그해 11월 쯤 새끼를 낳았고 그 뒤로는 암컷이 더 사나워졌다.

한번은 괴산지방에서 가까운 곳에서 진돗개를 100마리 넘게 기르는 K목사님이 오셔서 보시더니 개가 별로 안 좋다 하시면서 더 좋은 순종으로 한 쌍을 선물하겠다고 하셔서 사육하는 장소까지 찾아가서 한 쌍을 선물 받아 왔다.

그러나 황구 암컷이 맘에 안 들어서 약간의 사료비를 드리고 4개월 정도 된 백구 암컷을 다시 가져 오셨다. 털색깔이 깨끗한 백색이고 개도 예뻤고 처음부터 주인을 잘 따라서 좋았다.

진돗개는 두 마리가 잘 자라되 수컷은 주인에게 재롱을 부리고 오랜만에 집에 올 때는 무엇인가 알아 들을 수 없지만 '어우우우' 하며 말을 한다.

언젠가 TV에서 보니 다른 진돗개도 비슷한 말을 하되 주인은 그 말을 "아이 러브 유" 라고 말하는 것 같다고 했다. 암컷은 백구로 장대꼬리의 진돗개인데 2010년 12월 31일 새벽 시간에 영하 10도 이하의 날씨에 강아지 백구 6마리를 낳았다.

그 추운 새벽에도 새끼를 낳은 것이 기특하기만 했다.

두 마리만 살았는데 더욱 놀라운 것은 어미 개가 갓 낳은 새끼를 지키기 위해서 3일 동안 밖에 나오지 않았다. 짐승이지만 모성애 때문에 하나님이 생리적인 것도 잘 인내하도록 도우신 것 같다.

거의 영하 10도가 계속 되므로 3일은 미역 삶은 국물을 주고 나머지 17일 동안 정도는 증평교회 장로님이 얻어준 돼지 뼈 가져온 것을 삶고 그 국물에 보리쌀을 넣어주었다.

저녁 때에 산실에 전구 30촉 짜리를 켜주었는데 화재가 염려스러워 밤중에 전선을 빼서 켰다 껐다 했더니 충격에 전구가 나가는 것이 흠이었다.

20일이 지나자 아가들도 털이 제법 커서 전구를 안 켜도 될 것 같았고 15일 정도 되니 눈을 조금 떴다. 20일이 되니 밖에서 인기척이 나면 강아지가 '어웅' 하면서 벌써 짖는 시늉을 하기까지 했다. 생후 한 달 만이면 주사 한 번을 마치고 보름마다 두 번 더 놓으면 개에게 흔한 질병인 장에 대한 예방을 마치게 된다.

어미가 사람이 할 수 없는 것 더 한 가지는 강아지의 모든 변을 전부 핥아 먹는 것이다. 그래야만 밖에 나가서 용변을 볼 수 없는 강아지의 실내가 깨끗하여 지나보다.

사택 우측 공간이 남아서 병아리를 기르고 싶은 생각이 들었다. 그래서 집사람의 동의를 얻어서 5평정도 여분을 베니어판으로 막고 위 천정도 베니어판으로 막았다. 토종닭 수컷 한 마리, 암컷 네 마리, 토끼 두 마리를 가져와서 넣어 두었다.

그런데 어느 날, 진돗개가 울타리인 베니어판 밑의 흙을 파고 들어가서 한 마리도 남김없이 다 죽여 놓았다. 다른 짐승들을 다 죽여 놓고 개가 닭 집 안에 그대로 있어서 사료 주는 이 남박으로 개를 몇 번 때렸더니 이놈이 화가 났는지 그릇을 입으로 덥석 무는 것이 아닌가?

은근히 겁이 나서 밖으로 내보냈다. 집단속을 잘못한 사람에게 잘못이 있다고 생각이 되었다. 다시 닭 집의 흙을 팔 수 없도록 다른 판자를 옆에 덧붙여 묻었는데 이번에는 닭 집의 문 쪽은 생각지도 않았는데 그쪽을 파고 들어가서 새로 사온 닭과 토끼를 몇 마리인지 생각나지 않지만 다시 다 죽이는 사건이 생겼다.

그러자 겨울이 가까이 옴으로 닭 기르기를 포기하게 되었다. 처음에 아내가 닭과 토끼를 기르는 것은 출타할 때 어려울 것이라고 좋은 의견을 말할 때 그만 둘 걸하는 후회가 들기도 하였다.

텃밭 가꾸기

150평의 대지 중 30평은 집을 건축하고 닭 집 5평 정도 꾸리고 차고 짓는데 10평 정도 차지하고 나니 나머지 텃밭은 40평에서 50평 정도 되었다.

적지만 삽으로만 밭을 일구니 기계로 가는 것보다 힘들고 시간이 많이 걸린다. 옛날 택시 조합하던 자리라 보도블록이 자주 나오고, 동네 쓰레기를 모았던 장소라 갖가지 쓰레기가 나오고, 돌과 자갈이 계속 나오는 데다 한 번도 농사를 짓지 않은 땅이라 삽이 잘 안 들어 가는 곳이 많았다. 그러나 한번 농사를 지었던 곳은 쉽게 흙을 뒤집을 수가 있었다.

2009년에 심은 장미나무 5그루는 2010년 봄에는 나무가 쓰러질 정도로 꽃이 많이 피어서 주인을 즐겁게 해주었다.

꽃이 질 무렵에는 새까맣고 작은 풍뎅이류의 벌레들이 생겨서 꽃나무를 괴롭게 하였고 하나밖에 없는 머루 포도 나무는 누리꾸리한 맹충이류의 벌레까지 생겼다.

대추나무 두 그루는 봄에 대추가 꽤 달렸으나 가물어서 그런지 익을 때가 되니 스스로 말라서 떨어지는 것이 아닌가? 아마도 밑거름이 적아서인 것 같다. 앵두나무 두 그루, 복숭아나무 작은 것 한 그루, 매실나무 한 그루가 살았다.

돌을 골라내는 일은 아내가 도왔는데 서울에서 일반 대학을 거쳐 신학교를 나와 곱게 자라서 흙이란 별로 만져보지 못한 사람이지만 돌은 잘 골라내어 주었다.

농부의 둘째 아들로 시골에서 자란 나는 그래도 클 때 보고 자랐기에 농사를 직접 해보기는 처음이지만 씨앗을 심을 때 씨앗의 3배 두께로 흙을 묻고 모과 나무 있는 쪽에 5평 정도에는 울타리콩을 심어서 5줄 정도로 싹이 잘 났다.

파종한 지 10여일 이상 걸려서 안 나는 줄 알았는데 거의 한 줄도 빠짐없이 잘나서 덤불이 될 정도로 잘 자랐다.

두 내외가 정답게 500원씩 하는 농사용 말뚝을 박고 끈을 사서 묶어 주었다. 줄을 타고 바닥이 보이지 않을 정도로 잘 자랐는데 여름에 너무 비가 자주 오므로 가을에 가보니 덤불만 무성하고 열매가 딸 것이 없었다. 아마 너무 일찍 파종한 것이 원인인 것 같다.

나중에 경험자에게 알아보니 울다리콩은 봄에 심는 것보다 6울 중순께쯤 심어서 가을에 추수하는 것이 적기라고 배우게 되었다. 어떤 곡식이든 하나님이 정한 파종 시기가 정해져 있다는 것을 깨닫게 되었다.

3평 정도에는 상추와 아욱을 심었다. 양이 너무 많아 다 따먹을 수가 없었다. 고추는 4골을 심어서 풋고추 먹는 데는 부족이 없었다. 양쪽 밭 가장자리에는 토마토를 심었다. 자라면서 보니 큰 종류의 토마토가 아니라 묘를 파는 분이 방울 토마토 모종을 준 것이다.

들어가는 입구 3평 정도의 박토에는 도라지를 심었다. 싹이 잘 나서 2년째 들어가고 입구 오른쪽에는 증평 남화교회 이인재 장로님이 주신 대파를 심어서 잘 자라 유용하게 사용하고 있다. 윗쪽에는 2평 정도 들깨 그리고 2골 정도는 감자를 심으려고 마트에서 사온 감자의 싹이 무성하게 났을 때, 잘라서 심었다.

봄에 비도 많이 오고 날씨가 추워서 15~20일 만에 싹이 보였다. 여름에 캐보니 제법 굵은 감자가 나와서 하나님의 창조 역사가 신기하고 감사했다.

가지는 샘 곁에 3폭을 심었는데 가을까지 이웃집에 조금씩 주어가며 딸 수가 있었다. 새를 위하여 해바라기를 심었는데 뜰 앞 정원에는 새 먹이 주고 버린 것에서 싹이 나서 그대로 가꾸었더니 엄청나게 크고 실한 열매가 거둬졌다.

나중에 씨앗을 물에 불려서 뒤에 이웃집 밭둑에 심었는데 그것도 잘 결실되었다.

우리 밭가에 심은 해바라기는 나무만 무성하게 자라고 아무 열매를 거두지 못하고 나무가 얼마나 무성한지 얼마 안 되는 곡식에게 많은 방해가 되므로 내년에는 심지 않을 계획이다.

사방에 심은 코스모스는 계속 비가 온 관계로 쓰러질 정도로 자라서 끈으로 묶어 주었는데도 계속 쓰러지더니 쓰러진 채로 가을이 되니 빨간색, 분홍색, 흰색 3가지의 아름다운 코스모스 꽃이 온 집에 가득했다. 여름에는 노란 해바라기, 가을에는 하늘거리는 코스모스집이 되었다.

고구마는 싹을 잘라 물을 주고 심는 정도는 알고 있되 고구마 30여 폭을 심어보았지만 추위에 다 죽어간 것 같은데도 끈질기게 죽지 않고 흙에만 닿아있으면 살아 있는 것이 아닌가?

소년 시절 감물면에서 우기실 쪽, 그리고 할머니 산소가 있는 밭, 맨 위쪽에 모래 섞인 사질 양토에 고구마를 심었었다. 물이 없어서 200m 쯤 도랑에 내려가서 물지게에 지고 산전인 비탈길을 끙끙대며 숨을 헐떡이며 땀을 닦으며 오르던 일이 추억으로, 한 폭의 그림처럼 그려진다.

그 대신 가을이 되면 고구마를 캐어보면 붉지도 않고 희지도 않은 고운 연분홍색의 고구마, 다른 고구마와 비교하여 크지도, 그렇다고 작지도 않고 절대 모가 나지 않는 둥그렇고 매끈한 고구마, 가마솥에 물을 조금만 붓고 볶으면 솥에 닿은 자리가 약간 타서 탄 자리가 까맣고 납작해지도록 볶으면 반드시 분이 나고 달고도 구수하여 곡식이 부족한 우리 형편에 고춧가루도, 마늘도 조금밖에 넣을 수 없었던 막김치(속꼬갱이가 없는 배추를 썰어서 담금)에 밀가루 조금 넣어 만든 국으로 저녁이나 점심을 고구마로 식사를 대신하던 기억이 떠오른다.

초등학교 5학년 때인가 추석 명절이 되어 학우들이 오랜만에 우리집에 모였다. 그런데 돗자리는 오래되어 까맣고 집이 누추하였다.

추석 명절인데도 우리집은 원래 송편을 빚지 않는 가정이라 송편도 대접하지 못하고 어머님이 하시던 방법대로 고구마를 큰 가마솥에 볶았다.

어쨌든 내가 보기에는 근사하게 익었는데, 친구들은 명절 때라 잘 먹고 와서 그런지 많이 먹지 않았다. 지금도 그때 명절 음식으로 풍성하게 대접하지 못한 것이 미안하다.

'이해하세요, 그때는 어쩔 수 없었으니······.'

베풀고 나누며 전도하고······

나는 사역을 마치고 귀향하면서 한 가지 결심을 하였다. 기회가 되는 대로 많은 사람들에게 베풀면서 살기로 한 것이다. 특히 이웃에 어려운 자를 돕되 영(전도)육간 약한 자를 돕는 자에게는 전능하신 하나님이 주시는 신령한 복과 육적인 복이 약속되어 있다.

첫째, 재앙의 날에 건지시기로 약속하셨다.

"가난한 자를 보살피는 자에게 복이 있음이여 재앙의 날에 여호와께서 건지시리로다"(시 41: 1)

둘째, 지키시고 복되게 하심을 약속하셨다.

"여호와께서 그를 지키사 살게 하시리니 그가 이 세상에서 복을 받을 것이라, 주여 그를 그의 원수의 뜻에 맡기지 마소서"(시 41: 2)

셋째, 병상에서 붙들어 주신다.

"여호와께서 그 병상에서 붙드시고 그가 누워 있을 때 마다 그의 병을 고쳐주시나이다"(시 41: 3)

넷째, 은혜 베푸는 자는 버림 당하거나 자손이 걸식하는 일이 없다.

"내가 어려서부터 늙기까지 의인이 버림을 당하거나 그의 자손이 걸식함을 보지 못하였도다. 그가 종일토록 은혜를 베풀고 꾸어 주니 그의 자손이 복을 받는도다"(시 37: 25~26)

나는 여기에서 현재 살고 있는 괴산읍 서부리 10가구와 출생지인 감물면 하미전에 32여 가구에 할 수 있으면 1년에 두 번(추석, 구정) 비싼 것은 못하지만 계속 선물을 하려고 결심하고 있다.

이미 신령한 복, 인권의 복, 물권의 복 자녀의 복, 건강의 복, 명예의 복, 기도 응답의 복, 하나님의 동행의 복을 받았기에 더는 욕심 없이 하나님과 이웃에게 갚아나가는 것이 당연하다고 생각된다.

고향에 내려와서 전도하다보면 많은 분들이 자신의 의견을 주장하며 복음에 대해 반대 의견을 펼 때에 나는 이렇게 말한다.

"저는 텃밭 40~50평 정도를 가꾸고 있습니다. 그곳에 대파, 감자, 콩, 상추, 쑥갓, 도라지, 고추, 야콘, 고구마, 무, 강낭콩, 마늘 등을 심었습니다. 농부의 둘째 아들로 태어났지만 공부한다고 심한 일이나 농사를 직접 해본 것은 지금이 처음이라 아버님이 농사하시는 것을 시키는 대로 도와드리는 작은 농부 견습생이었기에 정확하게 아는 것이 없습니다. 그래서 농사에 대해 궁금한 것이 있을 때마다 부끄러워하지 않고 이웃에 사시는 경험 많으신 농사 짓는 분들께 계속 여쭤 보면서 배우고 있습니다. 농사의 선배요, 선생님으로 모시고 있습니다. 그러나 천국과 지옥에 대해서는 목사가 전문가이기에 목사의 말을 그대로 믿고 신뢰하여 하자는 대로 하면 지옥을 떠나 천국에 갈 수 있습니다. 나는 현재 농사일 하시는 분들의 학벌도, 성격도, 가문도 모르지만 그분들이 가르쳐 주는 대로 농사에 적용하는 것은 오로지 농사일에 많은 경험을 가지고 있다는 것을 알기 때문입니다. 그렇다면 적어도 어릴 적부터 신앙 생활하는 가운데 신앙 생활 연수가 50여 년은 되고 한 교회에서 목회한 경력만 31년 2개월이고, 이 책에서 밝힌 것 같이 사람으로는 할 수 없는 전능자만이 할 수 있는 많은 기적을 체험한 본인의 말을 믿어야 합니다.

서리 집사 시절에 부흥회에 참석하여 성령의 불을 받고 30년 된 위장병을 방언과 성령의 불 받을 때에 깨끗이 치유하여 주셔서 지금까지 정확하게 계산할 수는 없지만 35년 내지 40년이 지난 오늘까지 소화나 위 때문에 고생하거나 약 먹은 일이 없습니다.

특히 성령의 불 받은 당일 새벽 3시가 넘도록 방언 기도 후 우리말로 통역이 되되 반복하여 베드로전서 3장 15절을 내 입으로 수십 번 말하게 되었습니다. 그 내용이 참 은혜롭습니다. "예수 그리스도를 주인 삼아 먼저 거룩한 사람이 되고 천국에 대한 소망을 가진 자 곧 구원 받을 자에게 증거하되 온유와 두려운 마음으로 하라"

즉 하던 사업을 정리하고 목회 사역하라는 말씀이었으며 이 응답을 필두로 20년 간은 1년 한 번 시행하는 가을 대심방 때 많은 가정을 한 가정 한 가정 기도하여 응답 받은 성경구절로 대심방했습니다. 그 횟수를 계산한다면 수를 헤아리기 어려울 것입니다. 물론 평소 신앙생활을 하나님께서 기뻐하시게 한 가정은 기도하자마자 확실한 성경구절로 응답이 오지만, 그렇지 않은 가정은 오랫동안 기도해도 응답이 오지 않습니다. 그런 경우에는 성경 말씀 중 그 가정에 꼭 필요하다고 생각되는 말씀으로 심방했습니다.

그 외에도 내가 농사짓는 데 참고하는 가정은 10년이나 20년의 경험자들입니다. 이런 경험자들의 경우, 농사를 위해서 교육을 받은 것이 아닙니다. 교육을 받은 것은 아니어서 학문적으로 입증된 것은 아니지만 그 분들이 가르쳐 준 것은 현장에서 매우 유용한 지식이었고 살아있는 지식이었습니다.

맞습니다. 하나님 나라의 복음도 이와 같습니다. 하나님은 보이지 않는 신이시기 때문에 이론적으로 설명할 수 있는 것이 아닙니다. 그러나 **하나님을 전적으로 신뢰하고, 그 분의 뜻대로 살고자 하는 사람들을 도우시며 보살피시는 살아 계신 하나님을 체험하게 되면 그것은 누구에게나 살아 있는 복음이요, 역사하는 복음이 됩니다. 저 역시 살아 계신 하나님을 만난 많은 체험들이 있기 때문에 오늘도 하나님에 대해 담대히 말할 수 있는 것입니다.**

또한 저는 체험만 가지고 증거하는 것이 아닙니다. 저는 목회를 위해서 신학 공부를 했습니다. 백석 신학대학교 대학원, 연세대학교 연합신학대학원을 졸업했습니다. 저는 많지 않은 공부를 통해 하나님의 신실하심과 자비하심, 그 사랑에 대해서 누구보다도 깊이 깨닫게 되었다고 자부할 수 있습니다.

저는 저의 체험과 학문을 통해 하나님은 살아 계시고, 또한 천국과 지옥도 엄연히 존재한다고 자신 있게 말할 수 있습니다."

괴산군 감물면에서 경제적 이유로 처음에 중학교를 갈 수 없었던 제가 현재 연세대학교 연합신학대학원을 졸업한 일이며 연세대학교 총동문회 상임이사로 소임을 다한다면 곧이 들을 수 없을 정도의 기적이 아니겠습니까?

모든 세상 만물을 창조하시고 섭리하시는 살아 계신 하나님은 지금도 모든 인생에 대한 계획을 나 자신도 모르게 세우시고 그 걸음마다 인도하시는 하나님을 기쁘시게 해보십시오. 지금 당장이라도 당신의 부족하고 잘못되고 험난한 현실속에서 이와 비슷한 기적을 단순간 이루어주실 것을 확신합니다.

고향에 돌아와 전도하면 대부분 연세 많으신 어르신들을 만나게 된다. 사람이 죽고 사는 것이야 하나님 손에 달려 있고, 올 때는 순서대로 왔지만 갈 때는 순서가 없는 것이라 하여도, 연세 많은 분들이 세상을 떠날 날이 상대적으로 가깝기 때문에 이 분들을 만나면 나는 빨리 복음을 전해야 한다는 급한 마음이 든다.

그런데 이 분들은 대부분 이제 다 늙어서 교회 가면 무엇하냐는 반응을 보인다. 그러면 나는 **연세 많은 분은 젊은 분들보다 하나님 아버지 앞에 갈 시간이 얼마 남지 않아서**라고 설명한다. 그런데도 대답을 안 하는 것을 보면 나이 많아 옷차림도, 외모도 많은 사람들 앞에 떳떳하지 못한 것이 더 큰 원인이 아닌가 하는 생각이 든다.

전도하는 것은 하나님께서 얼마나 기뻐하시는지 진눈깨비가 내리는 3월 중순 쯤 박달산 밑에 박달이라는 동네에 전도를 갔다. 이런 날이면 감기 걸리기 쉬운 날인데도 몸이 가볍고 담대하며 마음이 언제나 기쁘다.

좀 힘들어도 하나님께서 기뻐하시는 일을 하면 하나님의 자녀인 우리에게 기쁜 일이 된다는 것을 새삼 깨달았다.

한번은 50여 년만에 초등학교 동창생을 찾아가서 만나게 되었는데, 만나면 주려고 일부러 책을 준비하여 갔다. 그러나 기뻐하지 않아 그 책을 도로 가져오면서 예수님께서도 고향에서 박대를 받으셨다더니 이렇게 마음이 아픈 일이 있구나 하는 생각이 들었다. 고향에서는 전도하지 않는 것이 하나님의 뜻인가 하는 생각도 들어서 눈물을 삼킨 경험이 있다.

그러나 전도할 때 쉽게 대답하는 사람보다 냉대하는 분이 의외로 교회에 먼저 올 수도 있고, 이런 분일수록 교회 나온 후에도 신앙이 쉽게 흔들리지 않는 경우를 많이 보았다. 전도할 때 냉대를 당한다고 쉽게 포기하면 아무리 택함 받은 사람도 교회 나오게 할 수 없다고 생각한다. 모든 주의 일이 그렇듯이 끝까지 인내하며 포기하지 말아야 한다.

전도하러 갈 때마다 매번 곽휴지만 가져갈 수 없어서 때로는 흑설탕, 포도씨유, 멸치를 선물용으로 쓰기도 했다. 아무 수입이 없는 가난한 가정은 난방용 기름 50여 만원 이상을 넣어주려고 했으나 기름차를 가져간 사람이 얼마나 집주인에게 혼났는지 유류선을 깔았다가 넣지 못하게 하여 다시 걷고 철수하는 사례까지 있었다.

얼마 후 기회가 주어져서 예정대로 시행하였으나 세상에서 무슨 대가를 바라는 것도 아니고 하나님께도 어떤 축복을 바람에서도 아니라 이미 내 일생에 베풀어주신 사랑과 기적에 대한 은혜를 갚고자 하는 마음에서 하는 것인데도 전도는 쉬운 일이 아니다.

여덟 가지 이미 주신 축복

나는 나에게 주신 8가지 축복에 대해 감사 감격한다.

첫째, 신령한 복이다.

서리 집사 시절 장로님이 인도하시는 성회에서 '성령의 불'을 받아 밤 11시에서 새벽 3시 30분까지 방언기도를 시키시고 통변이 나오되 한국말로 베드로전서 3장 15절로 통변을 주셔서 잘 되던 사업을 정리케 하시고 31년 2개월 성역케 하시고,

둘째, '물질의 복'을 주시되 특별한 이유는

내 나이 26세 때에 2012년 현재 돈 가치로 단돈 2만원 가지고 상경하여 당시만 해도 제대로 된 가게는 전세로 50만원은 가져야 가능한데 당시 장위동 입구에 있는 2만원 짜리를 놓치게 하시고 통곡하며 살려달라고 기도할 때, 대로쪽으로 내려가라는 강한 응답 후에 석계역 쪽 1Km 정도 떨어진 곳에 내려

가 자리를 잡게 하셨다.

나중에 사업이 잘된 후에 알고보니 지금의 장위2동 주민자치센터 앞으로 내려 갔는데 그곳에서 석관동 두 곳, 장위동 두 곳 주민자치센터가 신설되어 나갔으니 44년이 지난 오늘날도 처음 놓친 자리는 일반 주택 자리요 장위동 초입이요, 주택도 많지 않은 곳이라 인쇄소나 인장포 자리는 안 될 자리였다.

첫번째 자리를 놓치지 않았다면 나는 거지가 됐을 것이요, 이럴 때 불신자는 자살 충동을 가지는 것이요, 오늘날의 은성 중앙교회는 세워지지 않았을 것이요, 상경한 지 5년 지난 후에야 첫 번 장소 놓친 것이 천만다행이며 상경 후 10년이 되어서야 사업을 성공케 하신 이유가 은성중앙교회를 개척케 하시려는 하나님의 섭리요, 계획이었던 것을 미련한 나는 어렴풋이 깨닫게 되었다.

셋째, 학문의 복

벽촌의 가난한 농부의 둘째 아들인 나. 처음에 중학교를 진학 못해 독학으로 2년을 공부하고, 경북 상주 은척에 중학교를 설립하여 교장이셨던 친척 아저씨의 도움으로 경북 함창고등학교에 시험을 치를수 있었다.

그후 서울에서 총회 신학교를 졸업하고, 목사 안수를 받았으므로 백석대학교 대학원도 졸업하고, 연세대학교 연합신학대학원도 졸업했으므로 2010년에는 연세대학교 총동문회 상임이사라는 귀한 직분에까지 이르게 되었다. 이 모두 하나님의 은혜 중의 은혜요, 나 자신도 상상이 안 되는 기적이 아닌가?

넷째, 건강의 복

얼마 전 괴산에서 성회 후, 다른 목사님과 나란히 찍은 사진을 보니 새삼 내 키가 작다는 것을 새삼 깨닫게 된다. 그러나 이제 70이 된 오늘날까지 병원에 입원한 일이 없고 특히 잇몸이 튼튼한 것이 신기하다.

군복무 시절 23~4세의 청년 때에도 아랫니 3개가 이뿌리가 파이고 색깔이 누렇게 되어 피가 났는데 오히려 나이가 들면서 그곳이 메워지고 깨끗해져서 신기하다. 이를 한 개 뺀 것 외에 내가 봐도 건강한 이를 볼 때 특별한 은혜라고 생각된다.

누구나 일생에 한번은 치른다는 홍역도 아직 치른 일이 없고 어릴 때 다 맞는 갖가지 예방주사를 나는 맞은 일이 없다. 왜? 주사만 보면 공포증이 생기기 때문이다. 그래서 "주님! 제가 아는 것은 미리 잘 할테니 주사를 맞지 않게 해 주세요!"라는 기도가 내 기도의 일부였다.

이렇게 연약하게 태어나면서 약질이되 몇 가지 약을 먹기도 하지만, 70이 되도록 건강하니 이 글을 쓸 수 있는 것이지 내가 50세나 60세라면 이런 증언의 자격이 없을 것이다.

출애굽기 15:26절 하에 "나는 너희를 치료하는 여호와임이라"고 약속하셨다.

26절상에 조건이 있되 "너희 하나님 나 여호와의 말을 들어 순종하고 내가 보기에 의를 행하며 내 계명에 귀를 기울이며 내 모든 규례를 지키면 …" 이라고 약속하시고 약속을 틀림없이 이행하신다.

내 경우에는 몸의 위에서부터 말하면 인쇄업이나 인장업을 할 때 거꾸로 된 잔 글자를 10여년 동안 보아 왔으며 31년 사역 때에도 매일 책과 씨름했는데도 오늘날까지 눈을 밝게 하시고 청년 때에도 몸이 피곤하면 편도선이 부어서 침을 삼키지 못할 때가 몇 수백 번이었으며 전립선염도 심했으며 무릎 관절도 고통이 많았다.

이미 증언한 바와 같이 젊은 날에 30년이나 장기간 위장병 때문에 바짝 말랐던 내가 분명한 증언은 지금 이렇게 강건한 것은 하나님을 사랑하고 하나님께 사랑 받는다고 질병이 전혀 없는 것이 아니라 질병이 오되 출 15:26절에 문서로 약속한 것처럼 질병 후에 말씀 약속대로 살면 하나님이 자신도 모르게 머리에 안수하셔서 치료하셨다는 것을 솔직하게 그리고 확신있게 증언하고 싶다.

일생을 4가지로 구분한다면
① 유아기에는 어머니가 리더요,
② 학교에 가면 선생님이 리더요,
③ 직장에 가면 상사가 리더요,
④ 인생의 창조에서부터 이 땅에서 삶의 리더자도 마지막 그 영혼이 부름 받는 죽음과 죽은 후인 영생까지의 일생의 시작부터 마지막까지의 리더는 누구인가?

그것은 말할 것도 없이 사람이 아닌 한 분 신이시되 그 이름은 만군의 여호와 곧 하나님이시니 몰라서 부인하던 자도 이제부터 시인하고 그의 말씀(성경) 대로 순종하면 땅에 사는 동안도 복되고 영원한 영생에서도 아낌과 사랑을 받게 될 것이다.

다섯째, 자녀의 복

이미 증언한 것 같이 딸만 네 명의 자녀를 주셨다. 세상에서 높은 지위와 많은 재물을 소유한 것이 복이 아니라 자녀의 가정이 빠짐없이 그 가정에 하나님을 주인으로 모시고 건강한 것이 자녀의 복이라고 생각된다.

거기에다 큰 딸 부부는 둘 다 전문직 교수요, 둘째, 셋째, 넷째 사위는 전문기술직의 단단한 직장인이요, 딸들은 다같이 나란히 어린이집을 운영하고 있으니 가르치는 어린 심령에게 세상 지식만이 아니라 전능자가 어떤 분임을 소개하고 안내해 줄 것이니 얼마나 복된 일인가.

여섯째, 명예의 복

내가 우리 교단에서 총회장이 되었을 때 우리 교회 교인이 2백여 명에 불과했고 교회 연수는 15년 정도였던 것으로 기억된다.

그 후 5년 정도 후에 장로교 8개 교단이 통합하는 쾌거가 일어났고 통합 이후 3여 년 후에 지금의 합동 측과 다시 통합이 이루어지되 통합하는 날 합동 측 목사님들이 회의장에 먼저 입장했다가 우리 개혁측이 입장할 때 자리에서 일어나 기립박수로 환영했다. 우리는 예상하지 못했던 일이라 약간 당황하기도 했지만 참 감사하고 기쁜 일이었다.

그 다음 해에 부산에서나 서울에서 총회할 때 증경총회장은 당연직이라 총회에 참석했는데 총회를 유치한 교회는 1천 5백 ~2천명을 수용할 수 있는 교회여야 되었으며 총회를 개최한 교회에 담임목사가 총회장에 피임되는 것이었다.

이러한 것을 생각할 때 나는 좀 미안한 생각이 들었다.

나는 2백여 명 되는 교회의 교역자로 총회장이 되었는데 하나님의 은혜로 교단 합동을 하다보니 1,500~2,000명 이상 모이고 1만 교회가 되는 합동 교단에 명실공히 증경총회장이 되게 하신 것이다.

하나님이 하시는 일은 사람으로서는 평생 애써도 안 될 일을 쉽게 하시되 사실은 목사로서는 최고 명예인 총회장이 되는 복을 하나님의 주권으로 주신 것이라고 생각된다.

명문대인 연세대학교 연합신학대학원을 졸업한 것도 목사가 되었으니 가능한 일이지, 환경과 실력으로는 불가능한 일이니 하나님의 은혜다.

연세대학교의 교정을 밟고 다닌 것도 은혜인데 연세대학교 총동문회 상임이사까지 되게 하셨으니 이것까지는 바라지도 않은 것이고, 또 바라서는 안 되는 일인데 되었으니 다 전능자가 행하신 명예의 복이 아닌가 생각한다.

일곱째, 기도 응답의 복

이제까지 기도의 제목이 작든 크든 간에 하나님 말씀에 견주어 보실 때 합당하다고 생각되는 것은 이루어지지 않은 것이 없다고 생각된다.

이 곳에 낙향한 후에 재혼한 아내를 통해 아들(성헌)을 주셨

연세대연합신학대학원 졸업식, 왼쪽에서 두번째가 필자(2004. 12)

다. 두 가지 기도 제목을 가지고 둘이서 기도했다. 그 하나는 혼자 있으니 가정을 이루는 것이요, 둘째는 중지하고 있는 신앙, 즉 영권을 회복하는 일이었다.

기도한 지 약 2년 만인 2010년 10월 경에 아주 예쁘고 참한 성품의 직장 동료 아가씨와 오랜 진통 끝에 축복스런 가정을 이루었다. 얼마나 감사한 일인지 모른다.

지금은 그 새 가정에 하나님이 주인 되어 주시기를 기도하고 있다. 그리고 명절 때 이 곳을 방문했을 때, 누구나 인생의 시작부터 마지막까지 총리더가 계시는 것이고 그 분이 바로 하나님이시니 **빨리 인정하고 그 복된 새 가정에 주인으로 모셔야 한다는 요지의 설교말씀으로 예배를 드렸다.**

어머니가 아들과 새 아기에게 가장 바라는 소원이 있다면 영생의 축복을 확신하며 소망 중에 기뻐하고 범사에 감사하며 살아가는 것이 가장 큰 축복이 아니겠는가? 하고 권면을 잊지 않았다.

성헌이 다음에는 딸 미경이가 있다. 예쁘고 과묵한 편이며, 사위 김대중, 큰 손녀 희수, 작은 손녀 은수 이렇게 네 가족이다. 손녀들이 특별한 인물의 소유자이며 두 부부가 다 집사님이 되어 교회에 헌신하고 있다. 사위는 직장 때문에, 딸은 두 딸을 기르며 살림하기에 바쁘다.

요한복음 9장 31절에 하나님의 약속을 보면,

"하나님이 죄인은 듣지 아니하시고 경건하여 그 뜻대로 행하는 자의 말을 들으시는 줄을 우리가 아나이다"

이 말씀을 해석한다면,

첫째, 누가 죄인이란 말인가? 경건치 못한 자를 지적하는 말씀이요,

둘째, '경건하다' 는 것은? 본문에 해석이 되어 있되, 전능자, 곧 하나님의 뜻대로 살아가는 자를 의미한다.

셋째, '하나님의 뜻대로 산다' 는 것은? 하나님의 계명, 즉 성경 말씀대로 살되 신구약 하나님의 말씀을 크게 둘로 나눈다면 첫째는 위로 하나님을 사랑하라는 말씀이요, 둘째는 아래로 사람을 사랑하라는 말씀이다.

사랑한다는 것은 말로 하는 것이 아니라 희생을 의미하는 것이니 하나님은 당신의 자녀로 선택한 자를 사랑하는 증거로 우리가 원죄로 죽어 있는 영혼을 살리기 위해 공짜로는 살릴 수 없기에 그 대속 제물로 갈보리 산상에서 자신의 생명을 찢

어 보혈을 주신 것이다.

여러분도 현재 하나님을 사랑하고 있는가 점검해 보라!

사랑하고 있다면 나는 하나님 때문에 무엇을 희생하고 있는가? 손해 보고 있는가? 시간? 물질? 재능? 이제까지 얼마나 희생해 보았는가? 하나님께 드림으로 내 자신이, 그리고 가정이 힘들 정도였는가? 아니면 영생의 확신과 영혼이 잘 되면 범사에 잘 될 수 있는 뜨거운 복음의 열정 때문에 진실 되게 복음을 전하다가 냉대와 욕을 먹어본 적이 있는가?

사람을 사랑하되 엄동설한에 떨고 있는 사람과 연세 많은 할머니가 어린 손자를 데리고 굶고 있는 자를 조금이라도 도와주고 진심 어린 위로를 해 보았는가?

얼마 전 신문에 40대 혼자 된 목사 사모님이 자기의 어린 자녀 둘이 있는데 **어린 고아 쌍둥이를 양자로 받아 기른다는 기사를 읽은 적이 있다.**

세상 사람 눈에는 공부 잘하여 높은 관직에 있는 자가 훌륭해 보이겠으나 사람의 영혼과 정직, 진실한 자를 사랑하시는 하나님은 불쌍한 고아의 영혼과 열악한 환경을 보고만 있을 수 없어서, 자신도 처절하게 어려운데도 사랑하고 돌아보는 혼자 된 사모님을 가장 사랑하고 존귀히 그리고 경건한 자로 인정하실 것이다.

그리고 그의 기도가 합당하면 기다렸다는 듯이 응답하실 것임에 틀림없다.

천국과 지옥에 대한 복음 증거

나는 또한 천국과 지옥에 대해서 다음과 같이 증거한다.

은혜를 받아 성령 충만하면 위로 하나님을 사랑하고 아래로 사람을 사랑하되 사랑은 희생으로 증명되는 것이 라고 이미 증거했다.

하나님은 특히 당신의 자녀로 성도를 택하셨기에 영이 죽은 성도를 살리기 위해 십자가에 독생자를 내어 주시되 십자가에 못 박혀 보혈로 대속했을 뿐 아니라 골고다 언덕에 오르시면서 십자가를 지고 쓰러지고 일어서시기를 반복하셨을 뿐만 아니라 하나님이신 예수님이 뺨도 맞으시고 침 뱉음도 기쁨으로 당하신 것이 아닌가?

그런데도 성령 받은 우리까지도 신앙과 현실생활에서 조그만 고난을 인내하지 못할 때가 얼마나 많은가? 우리가 교회에서 드리는 예배는 1부 예배이나 예배 후에 세상에, 직장에, 이웃에게 행하는 모든 행위는 곧 본 예배가 되는 것이다.

한국 전쟁 때 어느 장로님이 먹을 것이 없어서 굶주린 어린 아이를 위해 초가을에 누렇게 익어가는 남의 논 벼이삭을 익은 이삭만 골라 잘라서 쌀을 만들어 가지고 찾아가서 밥을 지어 먹도록 했다.

수 년 후에 살기가 나아진 장로님이 논 임자를 찾아서 굶주린 아이에게 갖다 주었던 쌀을 갚기 위해 논 임자를 찾았으나 그 지역에 농지 개혁이 되어 논 임자를 찾을 수 없어서 고생 고생하다가 겨우 찾아서 쌀 두 말을 전달하러 갔다.

불신자인 논 주인이 장로님에게 "예수 잘 믿으면 모든 사람이 당신처럼 될 수 있습니까?"하고 물었다.

얼마나 은혜 되는 말씀인가? 그 후에 논 임자는 장로님이 가져다 준 쌀 두 말을 다시 장로님에게 가져와서 "나는 이 쌀을 받을 수 없습니다. 굶어 죽어가는 어린 아이에게 익은 벼 이삭을 골라 잘라서 쌀을 만들어 갖다 주어 생명을 살린 그 선한 일에 사용한 쌀을 받는 것은 내 양심에 허락되지 않아 도로 가져 왔습니다."라고 말했다.

우리 인간의 죽음은 하나님 말씀에 3가지가 있다고 하였다. 육, 혼, 영의 죽음이다.

첫째, 육의 죽음은 육과 함께 거하던 영과 혼이 분리되는 것이다. 많은 사람들이 우리 몸의 주인이 육체인 것으로 생각하나 이는 잘못된 생각이다. 영과 혼이 우리의 주인이다. 그러므로 육체에서 영혼이 떠나면 육체는 죽는 것이며 육은 흙에서 왔으므로 흙으로 돌아가고 영은 하나님께로부터 왔으므로 하나님께로 돌아가되 새 영(성령)을 받아 새 생명을 얻는 자는 약속대로 주님의 품안(천국)에 안기며 영이 죽은 자는 성경에 약속 대로 음부(지옥)으로 분리시키는 권세가 이 세상을 5일 동안 지으시고 사람이 살 수 있도록 완전한 준비를 하시고 제일 마지막 날 인간을 창조하신 것이다.

둘째, 혼의 죽음이다. 예를 들면 말이나 행동으로 이웃에게 피해를 주고 가까운 가족에게 피해를 주었다면 양심의 가책 때문에 괴로워하는 것은 혼(양심)이 살아 있다는 증거이다.

　신앙생활을 못하여 비록 성령을 받지 못한 자도 양심이 살아 있는 사람이 있는가 하면 성령을 받은 것 같은데도 양심이 죽은 사람이 있는 것이다. 그 증거로 이런 사람은 이웃이나 심지어 가족에게 거짓말이나 거짓된 행동, 약속을 안지켜도 아무런 양심의 가책을 느끼지 못하게 되는 것이다.

　셋째, 영의 죽음이다. '영이 죽었다' 라는 것은 무엇을 말하는 것이가? 신학적으로는 **인간이 태어나면서 우리 조상 아담과 하와의 죄로 원죄인이 되었다는 것이다.**

　아담와 하와가 왜 원죄인이 되었는가? 그 이유를 알면 내가 영이 죽은 사람인가, 산 사람인가를 알 수 있다.

　그 원인은 에덴 동산에서 하나님이 "먹으면 죽으리라"는 선악과를 먹은 것이요, 궁극적으로는 먹지 말라는 하나님 말씀을 거역하고 불순종한 것이다.

　주일은 하나님의 날이다. 일 주일에 엿새는 네가 사용하고 주일은 내 날이니 거룩하게 구별하여 하나님을 예배하고 찬양하라는 말씀을 우습게 여기고 자기 마음대로 사용하고 또 마음대로 계획하고 사용해도 심령이 아무렇지도 않는 것은 심령이 죽은 까닭인 것이다.

　성령의 충만한 단계는 에스겔서 47장에 4단계로 잘 구별되어 있다.

　첫째, 물이 발목에 찼다. 물이 발목에 차면? 우리가 뛰는 데 약간만 물의 방해를 받는 것처럼 하나님의 말씀과 성령의 지배를 약간만 받고 3/4 정도는 내 마음대로 사는 경우요,

둘째, 물이 무릎에 찼다는 것은? 성령의 지배를 받되 1/3 정도를 받고 2/3은 육이 원하는 대로 살아가는 경우요,

셋째, 물이 허리에 찼다는 것은 하나님 말씀과 성령의 지배를 받되 1/2 정도를 받고 1/2은 육이 원하는 대로 살아가는 성도요,

넷째, 물이 목에까지 창일하다는 것은? 하나님의 말씀과 성령의 지배를 거의 100% 받은 충만한 상태를 의미하여 위로 하나님을 사랑하여 주님께서 기뻐하시는 대로 살아가는 자요, 아래로는 이웃을 사랑하여 영혼 구원하는 일과 어려운 이웃을 내 가족이나 자녀처럼 사랑하여 하나님께서 자신에게 선물로 주신 영육간의 모든 자원을 인색함 없이 하나님께나 이웃에게 드릴려고 노력하는 사람을 의미하는 것 아닌가?

나는 성령을 받았으되 위에 말씀한 4단계 중 어느 단계에 와 있는가를 냉정히 살펴서 하나님과 이웃을 기쁘게 하는 데 최선을 다해야 할 것이다.

이 글을 읽는 모든 분에게 하나님은 약속을 분명히 이행하시되 사람처럼 무엇이 부족하여 약속한 것을 못 지킬 이유가 없으시기 때문이다. 특히 성경의 약속은 하나님이 문서로 약속한 것이다. 세상에서도 중요한 것은 문서로 약속하지 않는가?

예를 들면 전세 계약, 매매 계약 등 중요한 것은 문서로 약속하는 이유가 무엇인가? 약속 후에 변동 할 수 없으며 변동하면 거기에 대한 법적 제재를 받게 되는 것으로 우리 모두 성경을 읽을 때 하나님의 헤아릴 수 없는 약속은 집 매매 계약서와 비교도 안 되는 변동할 수 없는 계약서임을 믿는다.

이 시간을 통해 나는 일생동안 몇 명이나 진실한 친구. 즉 나를 진정으로 사랑하되 내가 어려운 처지가 되었을 때, 나를 위해 희생(손해)해 줄 수 있는 친구가 몇이나 될까 생각해보자.

어디에서 읽었는지 기억이 희미하나 어느 곳에 아들과 아버지 두 부자가 친구 자랑을 하되 아버지가 아들에게 "널 위해 어려움을 만났을 때 대신할 친구가 몇 명이나 되느냐?" 하고 물었더니 아들은 "자신 있게 셀 수 없이 많습니다"라고 하였다.

아버지는 그러면 나와 같이 가서 돼지를 한 마리 잡아서 털을 싹 밀어서 메고 아들에게 네 많은 친구중에 가장 신임할만한 친구네 집에 같이 가보자고 하였다. 아들은 제일 친한 친구에게 가서 "내가 싸우다가 사람이 죽어서 메어 왔다. 친구야? 미안하다. 나좀 도와주라?"

그러자 그 친구는 "나는 지금 네 일보다 더 크고 바쁜 일이 있으니 다음에 만나자"라고 하는 것이 아닌가? 이번에는 아버지가 죽은 돼지를 메고 아버지 친구 집에 들어 갔다.

역시 아버지도 "싸우다가 실수하여 사람이 죽어서 메고 왔노라고 고백하였다. 그러자 아버지 친구는 우선 자리에 앉으라 하더니 차를 대접하면서 일부러 살인한 것이 아니니 과실치사는 죄가 가볍다니 우선 진정하고 우리 친구중에 변호사도 있지 않은가 같이 만나서 대책을 의논해 보세 하는 것이 아닌가!

수십 수백명의 친구가 있는 것도 중요하지만 이렇게 시련에 처한 친구에게나 가라 하지 않고 같이 고난의 십자가를 기쁨으로 질 수 있는 친구! 그 한 명이 소중하지 않겠는가?

나는 위로 하나님과 아래로 사람들과의 신용관계! 그리고 고난을 분담할 수 있는 친구는 몇 명이나 되며 나 자신도 그런 친구의 한 사람이 되어 있는가! 냉정하게 점검해 보자.

고향에서 맞는 명절

양력으로 1월 23일(2011년)이 구정이다. 이번에 서울의 자녀들은 신정에 다녀가고 또 사정이 있어서 구정에 못 온다고 연락이 왔다. 오겠다는 자녀도 신정에 왔다 갔으니 오지 말라고 하였다. 기름 값이 너무 비싸고, 또 명절 때면 평상시보다 몇 배의 시간이 소요되니 너무 희생이 크기 때문이다. 대신 구정에는 청주 큰집에 가기 위하여 괴산에서 오전 7시 20분에 출발하는 시외버스를 타기 위해 집에서 6시 50분에 출발했다. 그곳에서 (청주)형수님과 큰집 조카들, 넷째 여동생 가족, 서울에서 온 조카 가족 합하여 17명이 함께 예배를 드렸다.

본문은 히브리서 11장 6~7절 말씀으로 노아가 보이지 않는 세계지만 하나님의 물 심판의 경고하심을 받고 방주를 예비한 내용이다.

우리 사람은 3가지인 몸과 혼과 영으로 창조되었다. 참 재미있는 진리는 우리 몸은 흙으로 창조 되었기에 흙에서 나오는 곡식을 먹어야 살고 혼은 지식을 먹어야 살지만 영은 하나님께로 왔기에 하나님 말씀을 먹어야 사는 것이 당연하다는 사실이다.

불신자는 육의 눈에 보이는 피조물을 얻기 위해 사력을 다하지만 성령의 사람은 하나님이 기뻐하시는 예배를 드리며 하나님의 말씀으로 영이 기뻐하는 삶을 살다가 하나님 품으로 가는 것이다.

땅에서 노력한 대로 결실을 맺되 **육만 위해 살던 자는 이 땅에서 1백년을 산다 해야 36,500 일밖에 살지 못한다. 1백년 사는 자는 특별히 장수하는 자가 아니면 불가능하다.** 영이 산 자는 **하나님과 같은 영이기에 영원히 사는 것은** 너무나 당연하다.

노아도 물 심판을 위해 방주를 예비하라 할 때 물도 홍수도 보이지 않았지만 **보이지 않는 하나님의 말씀을 보이는 것처럼 믿고 순종한 것이다. 그러므로 보이는 것은 잠깐이요, 보이지 않는 것은 영원한 것이다.** 공기는 보이지 않지만 5분만 공기를 마시지 않아도 생명을 잃게 되는 것이 아닌가?

그러므로 육만 살아서 눈에 보이는 것만 위해 살다가 보이지 않는 지옥에 가지 말고 육의 눈에 보이지 않는 하나님의 말씀대로 살아서 보이지 않는 영원한 구원의 도성에 도착해야 하는 것이다.

그러므로 모든 성도는 육의 눈으로 볼 수 있는 것만 믿지 말고 보이지 않는 아버지 나라를 늘 신령한 눈으로 바라보면서 한 발자국씩 전진하되 먼저 "그의 나라와 그의 의를 구하는 삶"을 살면 이 땅에 것은 하나님의 약속대로 우리에게 필요한 것을 먼저 아시는 예수님께서 골고루 채워주실 것이다.

시편 50편 15절을 보면 다음과 같이 약속되어 있다.

① "환난 날에 나를 부르라"
② "내가 너를 건지리니"
③ "네가 나를 영화롭게 하리라"

그러나 환난 때에 아무나 하나님을 부르면 건져 주시겠다는 것으로 오산하지 말아야 한다. 조건을 말씀하셨기 때문이다.

첫째, 시편 34편 17절에 "의인이 부르짖으매 여호와께서 들으시고 그들의 모든 환난에서 건지셨도다"

둘째, 시편 50편 23절에 "감사로 제사 드리는 자가 나를 영화롭게 하나니 그의 행위를 옳게 하는 자에게 내가 하나님의 구원을 보이리라"

우리 집 사람은 어른이 된 후에는 여러 가지로 연단을 받은 것으로 아나 결혼 전에는 나와는 너무 상이한 환경에서 살았으므로 화장실 사용에 있어서 내가 사용하는 방법을 이해 못하는 것이 당연지사라고 생각된다.

아내는 좋은 대학을 졸업하고 장군의 딸로 유복한 가정에서 어려움을 모르고 자랐다. 또한 열심히 노력하여 복지사 자격증, 침술 자격증 등을 취득하였다.

어쨌든 노년의 축복으로 내가 바라고 원했던 사모를 예비하셨다가 보내주셨다. 그래서 나는 부족한 내가 더 많이 이해하고 사랑하고 존경할 수 있게 성령님이 도와주시기를 늘 기도한다.

얼마 전 7월 어느 날, 한여름 햇볕이 강하게 내려 쪼였다. 아내와 함께 걷던 중, 아내가 보니 내 발걸음이 똑바르지 못하다고 하였다. 나는 별로 느끼지 못했는데 평소 건강에 관심이 많은 아내 눈에는 그것이 보였던 것 같다. 아내의 권면으로 병원에 가게 되었고 그 병원의 안내로 청주에 있는 종합 병원에 가게 되어서 적절한 치료를 받을 수 있었다.

그 후 큰딸에게서 전화가 왔다. 어머님이 의학적으로 많이 아시는 분이니 하자는 대로 잘 하시고 평소에도 더 따뜻하게 대해 주라는 얘기였다. 아빠는 고향에 계시니 아는 사람도 많지만 엄마는 외지인 곳에, 아무도 아는 사람 없는 곳에 가셔서 너무 외로우실 것이니 과거보다 더 신경 쓰시라고 부탁했다. 딸의 그 말이 옳고 고맙게 생각되었다.

그래서 나는 그렇지 않아도 아내의 보살핌을 고맙게 생각하고 있고 더 존경하게 해 달라고 기도하고 있다고 대답했다.

지금은 별로 살림을 많이 해보지 않았다는 아내가 여러 가지 반찬을 맛있게 만들어서 식사가 너무 맛있어서 체중조절 하느라고 신경을 쓴다. 아내는 자랄 때에는 서울에서 좋은 음식을 먹고 호강스럽게 살았지만, 30여년 부교역자 시절에는 때거리를 걱정할 정도로 삶의 시련을 많이 겪었다.

어릴 적에 연단과 훈련이 없는 대신 결혼 후에 시련을 많이 겪은 셈이다. 사역은 하나님이 반드시 연단과 시련을 겪은 다음에 하게 하신다.

그 이유는 하나님 나라 사역은 고난이 있겠으나 특히 사람을 다루는 일이라 믿을만한 사람이 배신하는 사건은 세상에 어떤 어려움과도 비교할 수 없는 어려운 일이 많이 있기 때문이지 않겠는가? 그런 어려움 가운데서도 하나님이 아내를 사랑하는 증거를 많이 주셔서 위로하시되 하나님이 개인적으로 사랑하는 증거야말로 이 세상에서 육신의 생명과 바꿔도 아깝지 않은 귀한 사건이 아니겠는가?

그래서 많은 주님의 사람들이 순교하는 사건이 고금을 막론하고 일어나지 않겠는가? 그 중에 두 가지 하나님이 아내에게 베푸신 은혜로운 이적 두 가지만 소개하기로 한다.

그 첫번째 간증은 신우염(콩팥병)에서 하나님이 수술해 주신 은혜이다. 초기 때에 의사에게 고통을 호소하면 지금보다 더 심해지면 콩팥 이식수술을 해야 한다고 했다고 한다.

그럴 때 눈을 감으면 솜같이 부드러운 팔이 꼭 끌어 안으며 "내가 네곁에 있잖니"하며 속삭이는 것 같았는데 그때는 그것이 예수님의 음성인줄 몰랐다.

하루하루 시간이 갈수록 고통이 더해 와서 울며불며 "예수님! 살려주세요." 뒹굴며 예수님을 찾았다.

그러다가 잠이 깜빡 들었는데 비몽사몽 중에 침대에 누워있는데 **침대 머리 쪽에 흰 가운을 입은 두 사람이 서있고 침대 아래 쪽에는 검은 가운을 입은 두 사람이 있었다. 두 가지 색의 가운 입은 사람들은 서로 자기 쪽으로 데려가려고 옥신각신 했다.**

그 두 사람 하는 말을 들으니 콩팥 저장 창고로 나를 데려가려 하는데 흰 가운 입은 사람들이 한참 끌고 가고 있는데 검은 가운의 사람이 그 길이 아니라고 하면서 정 반대쪽으로 끌고 갔다. 흰 가운의 사람들이 그 길이 아니라고 했지만 계속 끌고 가는 것이 아닌가? 이와 같이 침대는 위로 갔다 아래로 갔다

한참 실갱이를 했다.

그때 본인이 크게 소리를 질렀다.

"흰 가운 입은 사람들이 가는 길로 가겠다. 그리로 데려가 달라!" 그때 검은 가운 입은 사람들이 본인을 얼마나 무섭게 노려 보았는지 지금도 생각하면 소름이 끼친다. 다시 흰 가운 입은 사람들이 힘있게 끌고 가니까 반대편 사람들이 발악을 하며 방해를 하였다. 그러나 검은 가운 입은 사람들이 힘을 잃으며 점점 사라졌다.

흰 가운 입은 사람들은 급하게 되었다 하면서 콩팥 창고로 급하게 갔다. 그곳에 가서도 콩팥이 맞는 것이 없으면 바꿔 낄 수가 없다고 했다. 콩팥 창고에서 여기저기서 분주히 찾던 그가 콩팥이 딱 하나가 남았는데 이것이 나에게 맞는지 검사를 해보아야 한다고 했다.

흰 가운 입은 사람이 검사를 하더니 딱 맞는다고 하면서 빨리 수술실로 데리고 갔다. 그러다가 깨어났는데 밤새 뒹굴면서 아팠던 고통이 싹 사라진 것이다. 그때 입에서 "할렐루야! 하나님 감사합니다!"가 저절로 나오면서 하나님이 나를 고쳐주셨다고 감사의 눈물을 흘렸다.

30년이 지난 오늘까지 건강케 해주심을 감사하며 집사람이 흰 가운 입은 사람들이 원하는 데로 가겠다 한 것은 믿음이 있어서 평소에 하나님 말씀에 흰 것은 예수님의 형상이요, 검은 것은 마귀의 형상임을 확신했기에 비몽사몽간에도 흰 가운 입은 사람 쪽을 따라가겠다고 확언한 것이 아니겠는가?

이와 같이 하나님이 사랑하는 자녀는 지금도 하나님이 원하시면 창조주인 하나님은 고장 난 우리 육신의 부속장기를 깨끗한 새 것으로 교환하여 고쳐주심을 믿습니다.

또 하나 빼놓을 수 없는 은혜로운 간증이 있다.

새로 전세 든 집에 이삿짐을 옮기는데 동네 사람들이 수군거렸다. 아니나 다를까 몇 달 후 법원으로부터 경매처분 통지서를 받았다.

나중에야 동네사람들이 왜 수군거렸는지 알게 되었다. 순위적으로 마지막이기에 전세금을 한 푼도 받지 못하게 될 것이라는 절망적인 소식이었다. 앞이 캄캄하였다.

세입자 6가구가 모여 대책회의를 했지만 아무 방법도 없었다. 설상가상으로 주인은 이미 찾을래야 찾을 길이 없게 되었다.

하나님을 의지할 수밖에 없었다. 교회에 가서 매일매일 기도했다. 처음에는 너무 황당하여 기도도 잘 되지 않았다. 차츰 상황이 긴박해 갈수록 간절한 기도가 되었다.

간절히 기도할수록 불안한 마음은 사라지고 오히려 내 집을 사야겠다는 마음이 자꾸 생기는 것은 무슨 의미인가? 전세도 쫓겨나게 된 처지에……. 낮에는 집을 보러 다니고 밤에는 기도했다. 그때 성도들은 뒤에서 이상하다고 수군거렸다.

며칠 후 우리 집을 찾아온 낯모르는 손님이 다른 이에게 우리 상황을 자세히 묻고 가셨다. 그런 일이 있은 후, 기적적으로 집 주인에게서 연락이 왔다.

다른 세입자에게는 말하지 말고 만나자고 했다. 그분은 자기는 ○○교회 권사님이라고 하였고 남편이 사업을 하다가 부도가 나서 모든 재산이 경매로 넘어가서 매일 철야기도 하던 중 분명한 **예수님의 음성이 "내 사랑하는 종을 억울하게 하지 말라"** 라는 음성이 연이어 들려 왔다는 것이다.

그래서 다음날 담임목사님께 상담했고 목사님께 말씀드리기를

"제가 혹시 목사님께 억울하게 한 것은 없나요?" 하고 물었더니 그런 사실은 없다고 하시면서

"피차 7일간 기도한 후에 다시 상담을 합시다"고 하셨다.

권사님은 7일 동안 기도하는 동안

"내 사랑하는 종을 억울하게 하지 말라"라는 음성을 또 다시 들었다고 했다.

목사님이 가르쳐 주시기를 경매 건물에 세든 사람 중에 주의 종이 살고 있는지 알아보라 말씀하셔서 아는 분을 보내어 알아보니 주의 종이 어려운 상황에 놓여있다는 말을 들었다.

그분은 "죄송합니다. 억울하게 하지 않도록 처리하겠습니다."하고 돌아가셨다.

며칠 후, 복덕방에서 계약서를 쓰러 나오라고 연락이 왔는데 나는 그때 계약금도 없었다. 어느 아파트 주인이 남편이 갑자기 미국으로 발령이 나서 가게 되었는데 집을 처분하고 가야 하는데 기간이 급하다고 하였다.

그 때 내 사정을 말했더니 그 집 주인은 어이가 없다는 듯이 돌아갔다. 며칠 후 그 아파트 주인에게서 다시 연락오기를 우선 전세로 들어오라고 했다.

그 후 살던 집은 경매가 되었고 먼저 살던 집 주인 권사님이 전세금을 주어서 무사히 이사를 하였다.

몇 달 후 미국에서 전화 오기를 돈이 필요해서 집을 팔아야 하겠다고 하였다. 전세금에서 나머지 돈을 주고 사라고 하였다.

그때 마침 가지고 있던 돈이 있어서(옛날 땅을 포기했던 보상금) 나와서 잔금을 치루게 되었다. 전세 돈도 경매에 넘어가게 된 내가 집을 사라는 응답받고 집 보러 다닐 때 교인들도 이상하다고 수군거렸지만 그때 집을 보러 다녔기에 복덕방에서 미국 가는 아파트 주인을 연결했고 그 아파트를 전세로 살게 되었고 결국 그 집을 사게 되는 기적이 일어나지 않았는가?

히브리서 4장 16절에 약속하셨다.

"은혜의 보좌 앞에 담대히 나아가면 긍휼하심을 받고 때를 따라 돕는 은혜를 주리라"

전능자는 문서로 약속한 것은 빈틈없이 이루어 주시는 분인 줄 믿고 확신한다. 혹시 이런 비슷한 시련과 고난이 있더라도 낙심하지 않고 은혜의 보좌에 열심히 나가 예배드리고 기도하면 그 시련을 통해 합력하여 선을 반드시 이루어 주실 줄 믿는다.

신령한 은혜 안에 거하라

2011년 6월 국민일보에 특별한 기사가 났다. 한국 교회에 한국 전쟁 당시 8곳의 순교지 중 5곳이 전라남북도에 있다. 많은 사람들이 전라도 사람들이 중심이 좋지 못하니, 잘 변하느니 해도 전라도 출신 분들이 현재에도 뜨거운 신앙 생활을 하며 헌신하고 충성한다는 생각이 든다.

전라도 '병촌 성결교회'에서는 전교인 66명이 다 순교했다.

전교인을 다 뒷산으로 끌고 가서 '계속 예수를 믿겠다'고 하는 자를 다 죽이겠다고 끌고가면서 총, 칼, 죽창으로 위협했다. 그런 와중에도 그 중 정수일 집사님, 시부모, 동생, 조카, 자녀 등 10여 명이 둘러 앉아 기도하고 찬송을 하면서 의연하게 죽음을 맞이했다.

얼마나 성령이 충만했으면 죽음 앞에서 기도하고 찬양했겠는가? 그것도 31살의 서리 집사님으로 31세의 꽃다운 나이로 만삭이었던 정 집사님은 이렇게 부르짖었다고 한다.

"인민군은 패전한다, 예수 믿고 구원 받아야 한다." 하면서 먼저 소천하되, 어린 아들을 꼭 끌어 안으면서 "하나님, 내 영혼을 받으세요."했다고 한다.

우리는 세상에서 오래 살려고 애쓰고 동분서주하고 있지는 않은지 살펴 볼 일이다. 하나님께서 나에게 남다른 영권, 물권, 인권, 건강, 자녀, 명예, 기도 응답의 복, 동행의 복을 넘치게 받게 하셨다. 다윗처럼 구원의 잔을 높이 들고

"무엇으로 주의 은혜를 갚사오리까?" 눈물로 외치며 갚으려 하되 어느덧 내 나이 70이 되었다.

하나님께서 허락하신 이 세상의 기간은 하루살이같이 잠깐이다. 우리는 잠깐 사이에 세상 것을 놓고 하나님 앞에 가게 될 것이다. 이 땅을 창조하시고 인간의 발걸음을 섭리하시는 전능자 앞에 서야 할 것이다.

그리고 몇 년이든 전능자가 주신 기간 동안 주의 나라를 위해 헌신하고 봉사, 희생한 것, 그리고 선악간 행한 것에 대한 보상을 틀림없이 받게 될 것이다. 이 세상은 잠깐이지만, 보이지 않는 세계는 영원한 것이요, 땅에서의 생활은 잠깐이지만 저 천국은 영원하기 때문이다.

어떤 종교를 믿었든, 무교주의자이든, 하나님께서 남달리 사랑하셔서 크게 사용했던 주의 종이든, '그때'에는 만왕의 왕이신 '하나님과 나' 일대일의 독대가 있게 될 것이라는 사실이다. 그 때 전능자는 이렇게 물으실 것이다.

첫째, 너는 성령 받고 신령과 진정으로 예배를 몇 년이나 드리다가 왔느냐?

둘째, 너는 세상에서 수 십년 간 바빴겠지만 주로 무엇하다가 왔느냐?

셋째, 네 이웃 중 불쌍한 영혼, 그리고 끼니를 거를 정도로 어려운 처지에 있는 자들을 보았을 때 얼마나 돕다가 왔느냐?

어린 아이가 세상에 막 태어날 때 누구나 두 주먹을 불끈 쥐고 나온다. 이 세상을 할 수 있는 대로 움켜쥐어야 산다고 믿기 때문이다. 누구든지 하나님께 마지막 부름 받아 갈 때는 양손바닥을 쫙 펴 보이고 간다고 한다. 이 세상을 떠날 때는 아무리 많이 소유했던 자도 아무 것도 가져갈 수 없다는 것을 만인에게 보여주기 위해서라고 한다.

히틀러는 말하기를 "내가 죽거든 양쪽 관을 뚫고 양손을 꺼내서 세상 사람에게 보여 주라!"고 했다 한다. 세계를 총칼로 다 차지한 자신도 하나님께 갈 때는 빈손으로 가고 있으니 그것을 본 사람들은 세상사에 너무 욕심 부리지 말고 현재 것으로 자족을 배우라는 뜻 아니었겠는가?

우리는 어떤 손을 마지막에 내밀 것인가? 세상 것을 모두 내려 놓는 손, 전능자께 모든 것을 맡기는 손, 사랑의 수고를 모두 놓고 전능자가 잡아 주시기를 바라는 손을 내밀어야 할 것이다. 우리의 인생의 첫걸음부터 마지막까지 인도하시고, 세세하게 섭리하셨던 하나님 아버지께 가는 행복한 손을 내밀어야 할 것이다.

그렇다. 그 분은 우리를 모태에서부터 지으셨고, 우리의 일생을 계획하셨으며, 지금까지 인도하셨고, 마지막 순간까지 품으시는 우리의 아버지이시다. 그 분께 가는 것이 무엇이 두렵겠는가? 이것이 믿는 자와 믿지 않는 자의 차이이다. 우리의 마지막은 언제나 기쁨과 감사로 끝나는 것, 그것이 우리 믿는 자의 결말이요, 축복인 것이다.

자범죄가 아무리 많더라도 사람은 자범죄 때문에 음부에 가는 것이 아니니 사랑의 원천이신 성경에 약속하시기를 베드로전서 4장 18절에 약속하셨다.

"무엇보다 뜨겁게 서로 사랑할지니 사랑은 허다한 죄를 덮느니라"

마지막으로 내 생각에 그리고 주님보시기에 제일 행복했던 아프리카지역에서 선교를 마치고 승리의 개선가를 부르며 귀국했던 선교사의 귀국하는 장면을 소개하며 우리는 다같이 그의 신앙을 본받았으면 한다.

그 목사님이 귀국했던 연도도 그리고 어느 대통령이 시무했던 때인지도 모르나 어쨌든 대통령이 여름 휴가를 마치고 돌아 오던 비행기에 합승했다. 대통령이 트랩에서 내리기 전에 보니 각 부의 요인이 마중나오고 밴드의 연주, 그리고 트랩 밑에는 빨간 카펫트가 깔려 있었다. 그런데 선교사는 자녀 두 명과 두 부부, 4명이 출발했다가 두 자녀와 사모는 열병으로 선교지에서 순교하고 목사님만 와이셔츠에 슬리퍼 차림으로 내리려고 했다. 그때 기도하기를

"아버지! 아무리 대통령이지만 여름 휴가 다녀오는 대통령이 내릴 때는 엄청나게 환영하더니 4명이 선교지에 갔다가 더운 나라에서 신던 신발 그대로 신고 혼자 내리는 나에게는 있던 카페트까지 걷어 가네요!"

눈물을 삼키는 목사님에게 주님의 음성이 심령에 들려오기를, 그래, 땅에서는 네가 냉대를 받는 것이 사실이지만,

"네가 아버지 나라에 올 때에는 내가 너를 마중나갈 것이며 카페트 대신 황금 길을 깔고 비행기 대신 황금마차를 보내주리라"

했다고 한다. 이제 붓을 놓고자 합니다. 이세상에서는 이미 증언한 것 같이 신령 복, 땅의 복, 너무너무 넘치게 받았습니다. 그러나 이것은 잠시 잠깐입니다. 그 반대로 시련과, 연단, 고난, 질고도 잠시 잠깐입니다.

사람은 짐승과 달리 영혼이 있는 것이요, 육과 세상은 잠깐이지만 영혼은 죽지 않는 것이지요. 그러므로 내세는 영원한 세계입니다. 우리 모두 그 나라를 사모하고 전진합시다.

"모든 영광을 주님께, 할렐루야!"